R.L.Wing

Das illustrierte I GING

Deutsche Erstveröffentlichung

WILHELM HEYNE VERLAG
MÜNCHEN

HEYNE SACHBUCH
01 / 7286

Aus dem Amerikanischen übertragen
von Jürgen Langowski

DANKSAGUNG

Ich bin allen, die mich unterstützt und die mich auf dem Weg zur Vollendung dieses Buches begleitet haben, sehr dankbar. Vor allem möchte ich Stephanie Rick danken, die detaillierte Informationen über die Künstler beschaffte, deren Werke in diesem Buch abgebildet sind. Außerdem stehe ich in der Schuld von Fred Cline von der Asian Art Library in San Francisco, der mich mit seiner Geduld, seiner Intelligenz und seiner Intuition bei meinen Forschungen unterstützte.

INHALT

VORBEMERKUNG
ZUR ENGLISCHEN ÜBERSETZUNG

Als ich einen Teil des *I Ging* übersetzte, verfolgte ich damit vor allem das Ziel, dem europäischen Leser eine gebrauchsfähige, entmystifizierte Version anzubieten, die eine Brücke über die dreitausend Jahre umfassende Kluft zwischen den Autoren und dem Leser schlägt. Daher habe ich einen Teil der typischen Knappheit der chinesischen Sprache beibehalten, wie sie in altertümlicher Form vor allem im *I Ging* zu finden ist. Allerdings erlaubte ich mir in bezug auf die Pronomen, die in dieser Form im Urtext nicht vorkommen, einige Freiheiten.

Wegen der einzigartigen Symbolkraft der chinesischen Sprache unterliegen fast alle Begriffe des *I Ging* letztlich der Interpretation des Übersetzers. Ich glaube, einige von ihnen wurden bisher noch nie sinnvoll ins Englische übersetzt; deshalb habe ich beispielsweise ›experience the collective flow‹ statt ›cross the great water‹* geschrieben. Die Übersetzung schließt im übrigen einige moderne Umschreibungen ein, die notwendig wurden, um dem heutigen Leser die wirkliche Bedeutung zugänglich zu machen. Würden die Verfasser ihren Text heute aufzeichnen, so hätten sie sicher dasselbe getan.

Das diesem Buch zugrunde liegende Material gliedert sich in zwei Teile. Der erste Teil mit dem Titel *Das Urteil* wird König Wen (um 1150 vor Christus) zugeschrieben. Der zweite Teil, bezeichnet als *Das Bild*, geht auf Konfuzius zurück (551 – 479 vor Christus). *Das Bild* schildert die Beziehungen zwischen den einzelnen Trigrammen; die eigentlichen Übersetzungen der Elemente der Trigramme habe ich dabei in Klammern gesetzt. Das Wort vor den Klammern

---

* ›Erfahren Sie die kosmische Ordnung aller Dinge‹ statt ›durchquere das große Wasser‹.

gibt die umgangssprachliche Bedeutung wieder. Dies soll dem Leser helfen, die ungewohnte Symbolik für sich umzusetzen.

Der chinesische Urtext, auf dem die Übersetzung beruht, ist jeweils ganz rechts abgedruckt. Der Text der Wandlungen, welcher König Wens Sohn, dem Fürsten Chou zugeschrieben wird, findet sich jeweils im Anschluß an die Zeichen. Die Namen der Hexagramme wurden eher interpretiert als übersetzt, und der Text zu jedem Hexagramm ist eine Auslegung, die aus den während der letzten fünfundzwanzig Jahrhunderte niedergeschriebenen Kommentaren zusammengestellt wurde.

Obwohl ich glaube, daß diese Übersetzung meinen Zielen gerecht wird, bleibt es Ihnen, dem Leser, überlassen, die Nützlichkeit dieses Buches zu prüfen. Wenn es Ihre Neugier erweckt, Ihre Einsichten vertieft oder Ihre Sicht der Welt schärft, dann ist es mir gelungen, den Geist des *I Ging* zu vermitteln.

R.L. Wing

San Francisco

Fels, bewachsen mit Epidendren, Bambus und Pilzen

Cheng Hsieh (1693 – 1765). Das Gemälde entstand 1761

Asian Art Museum San Francisco, Kalifornien Avery Brundage Collection

Dieses etwas geheimnisvolle Bild ist ein schönes Beispiel für die eigenartige Beziehung, die die chinesische Malerei mit der Kalligraphie, der Poesie und indirekt auch mit der Philosophie verbindet. Wir sehen eine Felsklippe, die von Grünpflanzen und Pilzen bewachsen ist; auf dem Fels sind die Gedanken des Künstlers zu lesen.

Cheng Hsieh, einer der acht großen Künstler Yangchows, hat fast ausschließlich Pflanzen, besonders Bambus und Orchideen gemalt. Er fiel nicht nur durch seinen Stil auf; in völligem Gegensatz zur Ethik der meisten Künstler-Gelehrten verkaufte er seine Werke öffentlich und pries sie in einer Art und Weise an, die sich nicht sehr von unserer modernen Werbung unterschied.

TEIL I

DIE KUNST UND DAS I GING

Das *Buch der Wandlungen* beinhaltet die Idee der Autoren, die wechselseitigen Beziehungen zwischen menschlichem Verhalten und dem sich ewig wandelnden Universum aufzuzeigen. Die im *I Ging* vermittelte Grundannahme ist die, daß Veränderung (das Handeln) kein isoliertes Phänomen sei, sondern im gleichen Augenblick alle anderen Facetten der Existenz beeinflusse. Der Physiker Werner Heisenberg erkannte, daß sich sowohl Experiment als auch Experimentator durch den Akt des Beobachtens verändern, und ein Vollendeter, ein Weiser, mag in der Lage sein, dem Lauf der Dinge die von ihm gewünschte Richtung zu geben, indem er gezielt auf bestimmte Phänomene der Umwelt, die er wahrzunehmen gelernt hat, Einfluß nimmt. Das *I Ging* wird in den Händen eines solchen Menschen ganz selbstverständlich zu einem kostbaren Werkzeug der Wahrnehmung. Dieses Werkzeug heißt Taoismus. Dem Nichteingeweihten erscheint es wie Magie.

Die Chinesen des Altertums betrachteten die Malerei als Magie, sicherlich aber als etwas Mystisches – der Geist der Natur konnte mit einem einfachen Pinselstrich isoliert, eine Stimmung mit einer Farbnuance eingefangen werden. Bei der Erforschung der Geheimnisse der Natur bot die Malerei einen ähnlichen Ansatz wie die Weissagung. Durch Beobachtung der Umwelt, der Jahreszeiten und des Wetters lernte der Maler, die Stimmungen der Natur zu erkennen. Es ist auch möglich, daß der Maler sich veränderte, während er seine Kunst ausübte. Das berühmte Buch aus dem siebzehnten Jahrhundert, *The Mustard Seed Garden Manual of Painting*, sagt dazu: »Wer aber die Malerei erlernen will, muß zuerst lernen, sein Herz zum Schweigen zu bringen, um sein Verständnis zu vergrößern und seine Weisheit zu vermehren.«

Um die Bedeutung der Malerei in der chinesischen Kultur wirklich würdigen zu können, sollte man sich vor Augen führen, daß die Malerei weniger Beruf als vielmehr Ausdruck des Lebens war – ein Ausdruck von Gedanken, Handlungen und der Harmonie, die der Künstler mit dem Kosmos erfuhr. Fast alle chinesischen Maler bezeichneten sich in erster Linie als Gelehrte, als Astronomen, Musiker oder Beamte, die den Pinsel erst dann zur Hand nahmen, wenn sie eine gewisse intellektuelle und spirituelle Reife erlangt hatten.

Der hochgeschätzte Maler Wang Wei, geboren 415 n. Chr., schrieb eine Abhandlung über die Malerei, in der es heißt: »Das Malen sollte mit dem *I Ging* in Einklang stehen.« Er untermauerte seine These mit der Erklärung, daß der Maler die Beschränkungen des Auges überwinden und tief in den Geist und die Vielfältigkeit der Natur eindringen müsse; Gemälde sollten die beständigen Wandlungen der Natur ebenso zum Ausdruck bringen, wie das *I Ging* die sozialen Aspekte dieser Prozesse behandelt.

Die Malerei erlaubte es den chinesischen Künstlern, die äußeren Formen so zu verändern, daß sie schließlich beiseite gelassen werden konnten und das verborgene Wesen der Realität freigelegt und der Betrachter zu einer Annäherung an die ›Wahrheit‹ geführt wurde, die nach Meinung der Künstler hinter den sichtbaren Dingen verborgen liegt.

Sowohl die Kunst als auch das *I Ging* benutzen Auslöser, mit denen bewußt gemacht wird, was im Unterbewußtsein begraben liegt. Beide zeigen eine intuitive, bemerkenswert exakte Klarheit darüber, wie die Dinge in einem bestimmten Augenblick wirklich sind – und wie sie sich verändern und neue Gestalten annehmen.

Beim Betrachten von chinesischen Kunstwerken kommt eine eigenartige menschliche Fähigkeit ins Spiel. Es ist eine Form des universellen Bewußtseins, das es uns ermöglicht, mit einem Grenzbereich unseres Bewußtseins die Gesamtheit der menschlichen Erfahrung zu berühren. Dieses intuitive Sehen befähigt uns, in dem vor uns liegenden Kunstwerk mehr zu erkennen, als tatsächlich auf dem Papier vorhanden ist.

Die chinesische Kunst durchbricht die Zeit und beinhaltet somit die unsichtbaren Samen zukünftiger Ereignisse: sie interpretiert die Wechselwirkungen zwischen universellen Gesetzen und individuellem Verhalten. Der Künstler versucht, den Betrachter ins Gemälde hineinzuziehen und ihn an der kosmischen Ordnung teilhaben zu lassen.

Diese tiefe, ausdrucksvolle Ebene der chinesischen Malerei ist dem westlichen Bewußtsein noch nicht sehr lange zugänglich. Bis vor kurzem waren chinesische Gemälde – von wenigen sehr dekorativen Werken abgesehen – selbst für die bestinformierten westlichen Kunstkenner zu fremdartig, um sie schätzen zu können. Und doch war es die Kunst, die dem westlichen Geist ein wirkliches Verständnis der östlichen Philosophie ermöglichte. Diese Gemälde, die während der philosophischen Blütezeit der Dynastien entstanden, bringen sehr deutlich die taoistische Vorstellung der sich ständig wandelnden Welt zum Ausdruck. Ein Bild von Bambus, der an einem Steilhang wächst, spricht eben nicht nur von Bambus an einem Steilhang – es spricht vom Kampf ums Überleben, von Anpassung und Harmonie, von langsamen Veränderungen in der unbelebten Natur, vom ungewissen Schicksal des Belebten.

Während die traditionelle westliche bildende Kunst häufig versucht, die Welt um uns so darzustellen, wie der Künstler sie mit seinen physischen Sinnen wahrnimmt, könnte die chinesische Malerei als Malerei der Träume bezeichnet werden. Sie entleiht nur, wenn nötig, Elemente aus der physischen Welt, um eine tiefe innere Wahrheit auszudrücken, die vom Künstler eigentlich nicht vermittelt werden kann – der Betrachter muß sie für sich selbst finden.

Die Wahrnehmung
der linken und rechten Hirnsphäre

Das *Chuang Tzu*, eine alte philosophische Abhandlung, sagt: »Das *Tao* kann weder durch Worte noch durch Schweigen vermittelt werden. In einem Zustand, der weder Reden noch Schweigen ist, kann man vielleicht seine transzendente Natur verstehen.« Möglicherweise ist es gerade die Malerei, die diesen Zustand, weder Sprechen noch Schweigen, am besten zum Ausdruck bringt. Sie erschließt uns eine einzigartige Stimmung, die uns unwillkürlich tief berührt und in der wir für intuitive Wahrnehmungen offen sind. Doch wenn wir westlichen Menschen das *Tao* in der chinesischen Malerei oder im *I Ging* erfahren wollen, müssen wir uns über gewisse Begrenzungen des Bewußtseins klar werden und diese überwinden.

Die Unterschiede zwischen östlichen und westlichen Lernmethoden kommen erst in letzter Zeit zunehmend ans Licht – im gleichen

Maße, wie die Eigenschaften der beiden Hemisphären des Gehirns erforscht werden. Ein wichtiger Unterschied betrifft die Schriftsprache. Die westlichen Sprachen sind phonetische Sprachen. Während Sie diese Worte lesen, formen Sie in Ihrem Bewußtsein den Klang der Worte nach. Diese unausgesprochenen Worte werden dann vom Bewußtsein mit den entsprechenden Bedeutungen verbunden. Dies spielt sich ausschließlich in der linken, analytisch arbeitenden Gehirnhälfte ab. Ab und zu ›lesen‹ wir auch mit der rechten Hemisphäre; zum Beispiel, wenn wir ein Stoppschild sehen und unser Verhalten darauf einstellen, ohne das Wort ›Stop‹ im Bewußtsein zu vernehmen. Das Zeichen wird von der visuell orientierten rechten Hemisphäre erkannt und verstanden. Und meist denken wir kaum über unsere reflexartigen Reaktionen auf derartige Zeichen nach.

Die chinesische Sprache dagegen ist eine Bildsprache. Sie besteht aus Ideogrammen, die im Grunde Symbole der Dinge und Ideen sind, für die sie stehen. Diese stark verdichteten Bilder werden zunächst von der rechten, intuitiv und ganzheitlich arbeitenden Hemisphäre aufgenommen. Das Lesen der chinesischen Schriftsprache entspricht dem Betrachten aufeinanderfolgender Bilder. Es ist, als würde ein winziger Film ablaufen, während unser Auge über die Seite wandert.

Diese Verbindung zwischen der Schriftsprache und der rechten Hemisphäre, die im Westen ohnehin vernachlässigt wird, erklärt die große Bedeutung der Kalligraphie im Osten und die Übertragung der Schriftzeichen in der Malerei. Für ein östliches Auge kann eine gelungene Kalligraphie des Wortes ›Wasserfall‹ ebenso ausdrucksvoll und lebendig sein wie ein Gemälde, das einen Wasserfall zeigt; ein kleines kalligraphisch durchdachtes Gedicht kann in China ein großes Kunstwerk sein.

Während das Lesen also für den westlichen Menschen im allgemeinen eine Funktion der linken, analytischen Hemisphäre ist, spricht die Kunst das westliche Bewußtsein vornehmlich über die rechte, visuell orientierte Hemisphäre an. Die Ideen des Künstlers werden dem Betrachter auf intuitive, symbolische, bildhafte Weise vermittelt. Im Bewußtsein dieser Unterschiede der Wahrnehmung wurden alle vierundsechzig Hexagramme im *Illustrierten I Ging* durch Bilder ergänzt, die die Stimmung und die Aussage des jeweiligen Hexagramms zum Ausdruck bringen. Das *Buch der Wandlungen* wird deshalb in einer Form vorgelegt, die beide Hemisphären gleichermaßen ansprechen soll.

Die Prinzipien der chinesischen Malerei

Um die chinesischen Gemälde in diesem Buch mit möglichst großem Gewinn betrachten zu können, sollte der Leser einige allgemeine Prinzipien kennen:

FARBE: Chinesische Bilder haben viel mit unserer Aquarellfarbenmalerei gemein. Ölbilder gibt es nicht, und die Werke können nicht verändert werden, weil sie meist auf Seide gemalt sind. Die bedeutendsten chinesischen Gemälde sind oft sehr schlicht – mit nur wenigen Farben – gehalten, und häufig ist der ›leere‹ Raum eines Gemäldes ebenso wichtig wie das Motiv selbst.

PERSPEKTIVE: Die Idee der wissenschaftlichen Perspektive, die den Westen so stark beschäftigt hat, war für die Chinesen nie wirklich interessant. Sie entwickelten eine eigene Technik, um mit dem ›Nahen‹ und dem ›Entfernten‹ umzugehen. Diese eigenwillige Auseinandersetzung mit der Perspektive hat zu einer einzigartigen Landschaftsmalerei geführt, die uns in ein und demselben Werk über Hügel, durch Täler und in Räume blicken läßt.

ORIENTIERUNG: Chinesische Gemälde werden von rechts nach links betrachtet. Bei Landschaften sollte das Auge von der Ferne (oben) zur Nähe (unten) gleiten. Viele Gemälde in diesem Buch sind Ausschnitte aus Handschriftenrollen – lange Bilder, die auf zwei Stäben hin- und herbewegt werden können. Beim Betrachten werden sie von rechts nach links gerollt, wobei jeweils nur etwa 30 Zentimeter sichtbar sind. Sie schildern häufig eine Phantasiereise oder eine Legende. In der westlichen Welt findet sich die einzige Parallele dazu in der Musik und im Tanz, die beide auch die Dimension der Zeit einschließen.

SIEGEL UND INSCHRIFTEN: Die zahlreichen Siegel auf chinesischen Gemälden sind die Siegel der Sammlerfamilien, die über Jahrhunderte hinweg die Gemälde besessen und gehütet haben. Oft finden sich auch Gedichte auf den Bildern; gelegentlich stammen sie vom Künstler selbst, weit häufiger aber von seinen Freunden oder den Sammlern, die von dem Werk tief berührt wurden – möglicherweise erst Jahrhunderte später. Der größte Teil der chinesischen Kunstwerke ist unsigniert und konnte deshalb erst in der letzten Zeit bestimmten Künstlern zugeordnet werden. Der Grund dafür liegt darin, daß die taoistische Kunst der Ausdruck einer Idee und nicht des Selbst ist. Der Historiker Dr. Ananda K. Coomaraswamy sagte: »Niemand kann für sich beanspruchen, eine Idee geschaffen zu haben. Es gibt nur Darstellungen, und es spielt keine Rolle, ob an ihr ein einzelner oder viele Menschen beteiligt sind.«

DARSTELLUNG: Ein chinesischer Maler zog nicht mit der Leinwand in die Natur, um eine Szene zu malen, die er sah. Er tauchte vielmehr tagelang, wochenlang, oder sogar für Jahre meditierend in die Umgebung ein, um schließlich in seinem Atelier die an jenem Ort gemachte innere Erfahrung festzuhalten. Aus diesem Grund haben viele Landschaftsbilder eine etwas phantastische und abstrakte Ausstrahlung. Zugleich besitzen die Bilder eine Klarheit, die von der Klarheit herrührt, die der Künstler in sich gefunden hat – lange, bevor er die Arbeit an seinem Werk aufnahm.

SCHMUCK: Chinesische Gemälde brachten ihren Besitzern große Freude, doch wurden sie nur selten als Dekoration für Wände benutzt. Sie waren auf Stoffe gemalt oder gespannt und nicht dazu bestimmt, gerahmt und aufgehängt zu werden. Ein chinesisches Bild wurde eher wie ein schönes Buch behandelt; der Besitzer bewahrte es zusammengerollt auf und holte es nur bei bestimmten Gelegenheiten hervor – vielleicht, um es würdigen Besuchern zu zeigen. Für Chinesen sind Bilder kostbare Schätze, die geheime Wahrheiten enthalten. Wir hoffen, daß diese Idee auch in diesem Buch übermittelt werden kann.

 Berge

jetzt geschrieben

 BERGE

Wellengekräusel

jetzt geschrieben

WASSER

*mit seinem Verebben und Strömen
steht für die Kraft, die aus Bewegung
geboren wird. »Nichts ist so sanft,
so geschmeidig wie Wasser (shui),*

*und doch kann es das Härteste und
Stärkste abtragen.« (Laotse)*

*Der Rhythmus der Natur –
Bewegung und Ruhe – wird in allen
chinesischen Landschaftsbildern
symbolisiert durch*

Berge (shan)

und Wasser (shui)

*und nie findet sich das eine ohne das
andere und deshalb –*

LANDSCHAFT

Die Entwicklung des chinesischen Ideogramms für ›Landschaft‹, entnommen dem Buch
Chinese Written Characters von Rose Quong.

TEIL II

Das I Ging – eine Erläuterung

Während der letzten dreitausend Jahre und wahrscheinlich noch länger wurde das *I Ging* als ein Buch der Weissagungen benutzt. Seine Frühgeschichte vermischt sich mit Legenden; doch wir wissen, daß es wahrscheinlich das älteste noch existierende Buch der Welt ist. Bereits einige Jahrhunderte vor Christi Geburt, während der Chou-Dynastie (1150 – 249 vor Christus) nahm das Buch seine endgültige Gestalt an und wurde seither unverändert überliefert.

Die Hexagramme

Das *I Ging* ist ein philosophisches System, das auf höherer Mathematik und den Prinzipien der Quantenphysik beruht. Es zeigt die rhythmischen Prozesse und Muster des Lebens auf und hilft dem Menschen zur harmonischen Übereinstimmung mit sich selbst und seinem Umfeld. Das *I Ging* besteht aus vierundsechzig Hexagrammen von jeweils sechs Linien. Die Linien gliedern sich in zwei Typen: starke, durchgezogene Linien (–) und schwache, unterbrochene Linien (– –). Die vierundsechzig Hexagramme enthalten alle möglichen Kombinationen der sechs Linien (2^6 = 64). Jedes dieser Hexagramme wird durch alte Texte und Kommentare ergänzt. Diese Texte beziehen sich auf vierundsechzig archetypische menschliche Situationen und lassen durch die Wandlungen Tausende von Variationen offen.

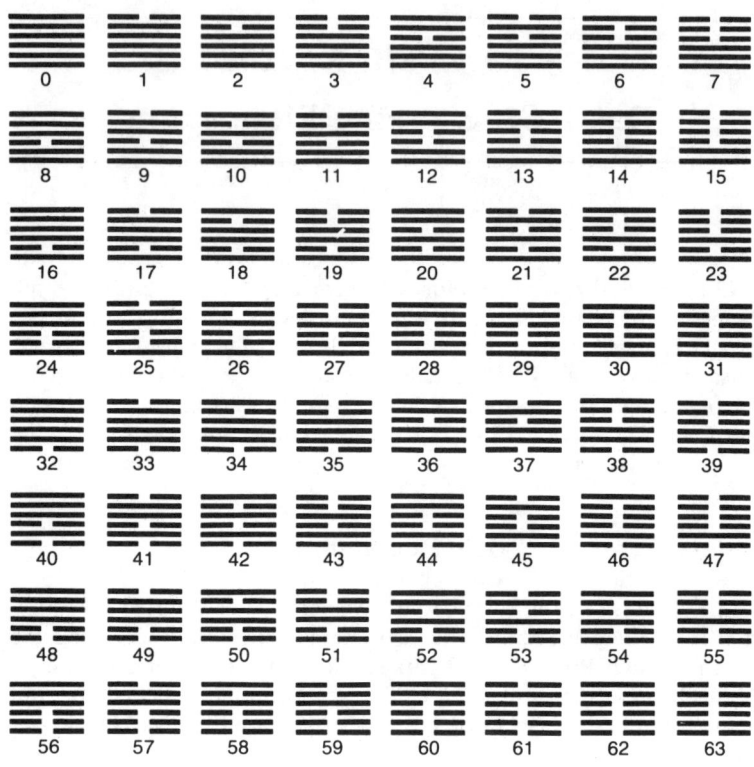

Bild A: Die Fu Hsi-Anordnung der 64 Hexagramme

Die Abfolge der Zeichen

Die Hexagramme des *I Ging* sind in zwei verschiedenen Sequenzen arrangiert. Bild A zeigt eine Anordnung aus dem elften Jahrhundert, die als Fu Hsi-Sequenz bekannt ist. Diese Anordnung war es, die im siebzehnten Jahrhundert den Mathematiker Gottfried Wilhelm Leibniz zur Entdeckung des Binärsystems führte. Der zu jener Zeit in China lebende Jesuitenpater Joachim Bouvet zeigte Leibniz diese Sequenz. Leibniz war fasziniert von der erstaunlichen Ordnung in den Zeichen. Wenn man jede durchgezogene Linie durch eine 0 ersetzt und jede unterbrochene mit einer 1 und anschließend die

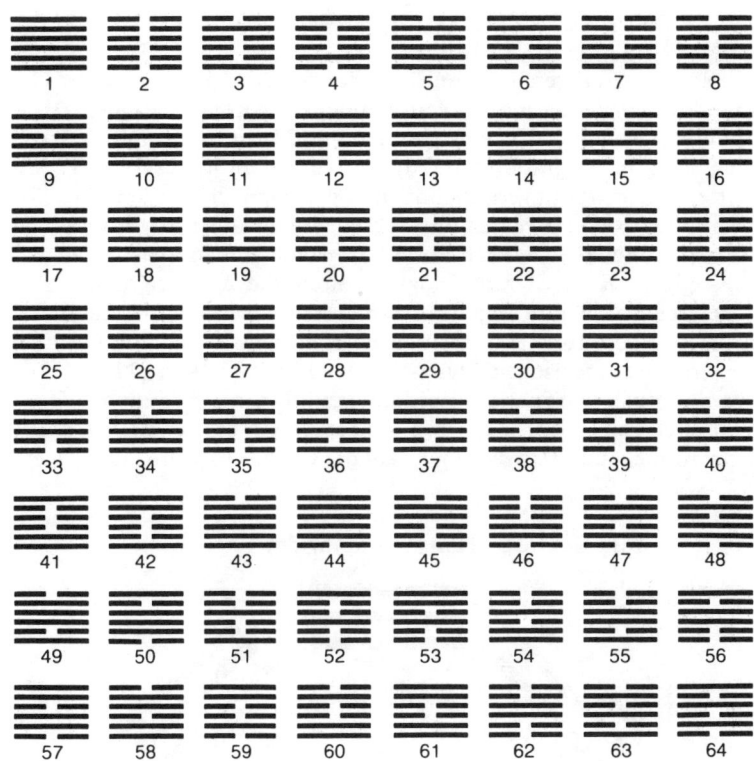

Bild B: Die Anordnung der 64 Hexagramme nach König Wen

Hexagramme der Reihe nach jeweils von unten nach oben* liest, erhält man die Ziffernfolgen 000000, 000001, 000010, 000011 und so weiter. Und dies ist nichts anderes als die binäre Notierung der Zahlen 0 bis 63! Die Entdeckung dieses Codes, auf den sich die Computersprache übrigens auch begründet, erlaubte es Leibniz, einen neuen Pfad der Mathematik zu beschreiten.**

---

* Gelesen wird, vom obersten linken Hexagramm ausgehend, die erste Reihe, dann die zweite usw.
** Da die Zahl 2 in allen physikalischen und natürlichen Strukturen vorkommt, konnten die chinesischen Gelehrten die 64 Hexagramme auf nahezu alles anwenden – von Kristallstrukturen bis hin zur DNS und den Bewegungen der ganzen Galaxis.

Die Trigramme

Die acht dreizeiligen Trigramme bilden die Grundbausteine der Hexagramme. Jede der in drei Zeilen möglichen Kombinationen (2^3 = 8) entspricht einer der acht elementaren Naturkräfte. Die Aufstellung zeigt die Trigramme und die Beziehungen, Jahres- oder Tageszeiten und Stimmungen, die mit ihnen verbunden werden. Die Trigramme werden zu Paaren zusammengesetzt und ergeben so die 64 Hexagramme (8^2 = 64) mit ihren unterschiedlichen Bedeutungen.

Es gibt zwei überlieferte Möglichkeiten, die acht Trigramme aufzuzeichnen und ihre gegenseitigen Beziehungen darzustellen. Die früheste Anordnung stammt von Fu Hsi, dem legendären Gründer der ersten chinesischen Dynastie, der Hsia-Dynastie (2205 – 1766 vor Christus). Die Fu-Hsi-Anordnung in Bild C zeigt das dynamische Verhalten von Gegensatzpaaren – oder das Gesetz der *Polarität*. Die Trigramme sind so angeordnet, daß die Gegensatzpaare auch gegen-

Bild C: Die Fu Hsi-Anordnung der Trigramme

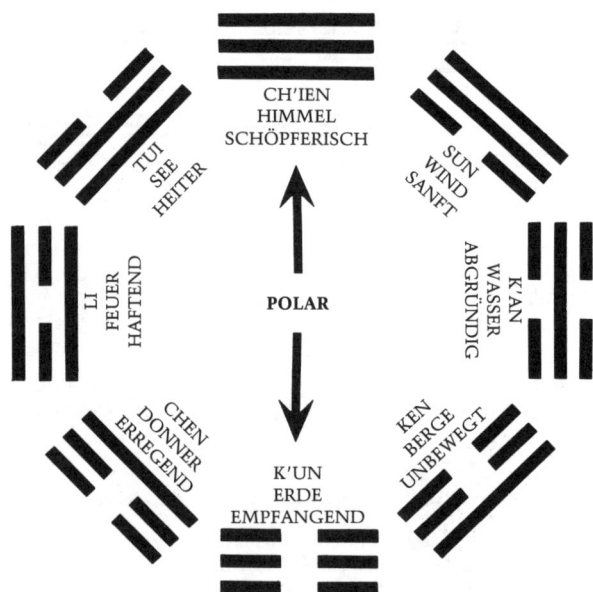

sätzliche Symbole besitzen: Der Himmel steht der Erde gegenüber, das Feuer dem Wasser und so weiter. Außerdem folgen die Trigramme entgegengesetzten mathematischen Gesetzen – jedes kann durch Umkehrung der Linien aus dem anderen entwickelt werden. Diese Anordnung, in deren Mitte oft das kreisrunde *Yin/Yang*-Symbol abgebildet ist, ist im ganzen Orient verbreitet.

Die König Wen-Anordnung in Bild D spiegelt das Gesetz der Regelmäßigkeit wider. Diese Anordnung beschreibt Zyklen und Rhythmen der Natur wie zum Beispiel die Abfolge der Jahreszeiten, und legt den Gedanken an die ständige Veränderung aller Dinge nahe. Im Süden beginnend, der üblicherweise oben dargestellt ist, und im Uhrzeigersinn weitergehend, stehen die Trigramme für Sommer, Herbst, Winter und Frühling. Die König Wen-Anordnung wird als Spiegel der kosmischen Ordnung betrachtet. Bei unserer Beschäftigung mit dem *I Ging* halten wir uns hauptsächlich an diese Anordnung.

Bild D: Die Anordnung der Trigramme nach König Wen

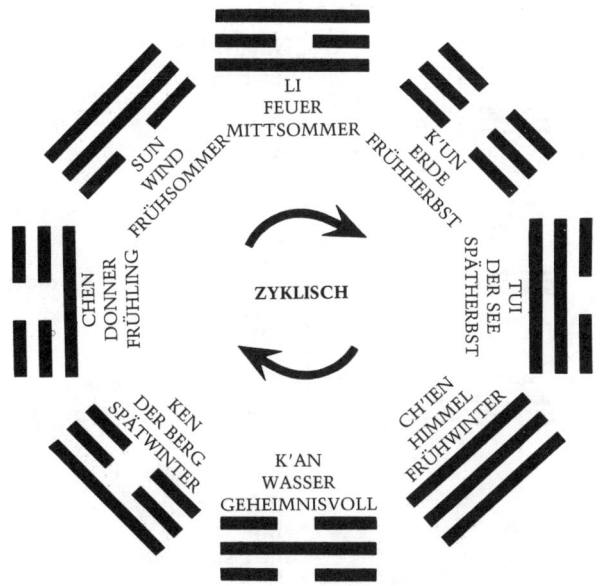

Die Linien

Die beiden Linienarten, aus denen die sechszeiligen Hexagramme gebildet werden, zeigen ein fundamentales Konzept und stehen für eine Grundlage der chinesischen Philosophie: das paradoxe Prinzip der Dualität. Die gebrochenen Linien entsprechen dem *Yin* oder dem weichen, passiven Prinzip, während die durchgezogenen Linien für das *Yang* oder das starke, aktive Prinzip stehen. *Yin* und *Yang* reprä-

Name	Trigramm	Bild	Eigenschaften	Himmels-richtung
Ch'ien	☰	Himmel	schöpferisch stark Tageslicht Festigkeit	Nord-west
Chen	☳	Donner	erregend aktiv Aufregung Wachstum ausdehnend	Ost
K'an	☵	Wasser Wolken Regen Quelle	abgründig gefährlich tief Angst geheimnisvoll	Nord
Ken	☶	Berg	ruhig unbeweglich still; wartend reglos	Nordost
K'un	☷	Erde	schwach nachgebend dunkel; nährend empfänglich aufnehmend anpassungsfähig	Südwest

sentieren den Dualismus zwischen Negativem und Positivem in allen Dingen – von den Elektronen und Protonen der Atome bis hin zum Unbewußten und Bewußten der menschlichen Psyche. Und doch werden sie nicht als Gegensätze verstanden, sondern als voneinander abhängige Pole; das eine macht die Existenz des anderen erst möglich.

Die nachstehende Übersicht zeigt die Eigenschaften der Trigramme.

Familien-mitglied	Körper-teil	Jahres-zeit	Tages-zeit
Vater	Kopf	Früh-winter	Tag
Ältester Sohn	Fuß	Frühling	Früher Morgen
Mittlerer Sohn	Ohr	Mitt-winter	Mitternacht
Jüngster Sohn	Hand	Spät-winter	Dämmerung
Mutter	Bauch	Früh-herbst	Nacht

Name	Trigramm	Bild	Eigenschaften	Himmels-richtung
Sun		Wind Holz	sanft durchdringend allmählich aufrichtig schlicht	Südost
Li		Feuer Sonne Blitz	Klarheit bewußt intelligent abhängig erleuchtend	Süd
Tui		See	Zufriedenheit Fülle ausufernd offen Freude	West

Familien- mitglied	Körper- teil	Jahres- zeit	Tages- zeit
Älteste Tochter	Schenkel	Früh- sommer	Morgen
Mittlere Tochter	Auge	Mitt- sommer	Mittag
Jüngste Tochter	Mund	Spät- herbst	Zwielicht

Lesen des I Ging im Schatten der Fichten

Liu Sung-nien (zwischen 1190 und 1224)

National Palace Museum   Taipeh, Taiwan

Diese Szene vermittelt einen Eindruck von Ordnung und Ruhe. Ein Mann studiert das I Ging und versucht, die zyklischen Wandlungen, denen das Universum unterworfen ist, zu verstehen und aufzunehmen. Sein Diener fegt den vorderen Hof und erlegt der Natur seine Ordnung auf. Oder erlegt die Natur umgekehrt ihm die Ordnung auf?

Liu Sung-nien war ein sehr geachteter Maler, dessen Landschaftsbilder immer auch Menschen als gleichberechtigte Motive enthielten. Er wurde hoch geehrt; der Kaiser Ning Tsung, der von 1195 bis 1224 regierte und der Südlichen Sung-Dynastie entstammte, verlieh ihm die höchste Auszeichnung der damaligen Zeit, den Goldenen Gürtel. Obwohl das Land von Invasoren aus dem Norden bedrängt wurde, wird dieses Herrschergeschlecht als die innerlich stabilste chinesische Dynastie betrachtet.

TEIL III

WIE DAS I GING BEFRAGT WIRD

Abgesehen von seiner Bedeutung für menschliche Belange wurde das
I Ging zunächst benutzt, um die Zeit und die Jahreszeiten zu bestimmen, um Naturphänomene zu erforschen und um die Tiere und
Pflanzen, die der Ernährung dienten, ins richtige Verhältnis zu
bringen. Wenn Sie mit sechs Münzwürfen die sechs Linien eines Hexagramms aufbauen, bedienen Sie sich der ältesten Weissageform
der Welt.

Wie funktioniert es? Stellen Sie sich bitte einen Augenblick unsere
Realität als Zeitröhre vor, die sich in den Raum erstreckt. Wir fließen
– zusammen mit allem, was wir wahrnehmen – in einem beständigen Strom durch diese Röhre. Wenn es uns nun in einem gewissen
Moment gelingen würde, eine Scheibe aus der Röhre zu schneiden,
mit uns selbst im Mittelpunkt, dann könnten wir alle Elemente
sehen, die im Augenblick neben uns existieren, und ebenso ihre unmittelbaren Verknüpfungen untereinander. Durch die Bewertung
der augenblicklichen Bezüge der Dinge müßten wir bestimmen
können, welche Kräfte in eben dieser Situation unser Leben beeinflussen, und wie wir umgekehrt auf die Situation zurückwirken.

Interessanterweise gibt es gewisse Parallelen zwischen der Fragemethode und einigen Prinzipien der modernen Physik, die ja in ihre
Überlegungen die Tatsache einbeziehst, daß es zwischen dem beobachtenden Wissenschaftler und dem Verlauf des Experiments eine
unvermeidliche Beziehung gibt. Beim *I Ging* dringt man mit seinen
Weissagungswerkzeugen – meist drei Münzen, die wie ein Zufallszahlengeber wirken – in die mathematisch exakte Welt der vierundsechzig Hexagramme mit ihren 4096 Kombinationsmöglichkeiten
ein. Durch das Zufallsmuster der fallenden Münzen wird der Ratsuchende mit seiner Frage zu einem Mikrokosmos, der dem Makrokosmos des Universums gegenübersteht. Genau wie die Bewegun-

gen der Himmelskörper den Bewegungen im Atom ähneln, ähnelt auch die Situation des Fragers der Gesamtsituation auf der Erde; sie ist ein Produkt der im Augenblick im Universum wirkenden physikalischen Kräfte, die die Münzen so fallen lassen, wie sie fallen.

Die Frage

Das Formulieren und Niederschreiben der Frage ist ein wichtiger Schritt im Prozeß der Weissagung. Sie stimmen auf diese Weise Ihr Bewußtsein auf die nötige Aufnahmebereitschaft ein und entdecken zugleich, was Sie wirklich wissen wollen. In dem Maße, in dem Sie lernen, Ihre Fragen genauer zu formulieren, werden auch die Antworten genauer und präziser. Als Grundregel gilt, in bezug auf die Zeit und die beteiligten Menschen sowie den Gesichtspunkt der Fragestellung so konkret wie möglich zu sein. Vor allem Fragen vom Typ ›Ja/Nein‹ beziehungsweise ›Entweder/Oder‹ sollten vermieden werden; fragen Sie besser nach den Auswirkungen einer bestimmten Handlung, nach dem Weg zu einem bestimmten Ziel, nach der Bedeutung einer bestimmten Beziehung und so weiter.

Schreiben Sie Ihre Frage nieder und fügen Sie das Datum hinzu, sobald Sie sie formuliert haben. Sie sollte kurz und prägnant sein. Versuchen Sie beim Schreiben, in Ihrem Bewußtsein einen starken Bezug zu Ihrer Frage zu entwickeln. Legen Sie das Buch in Ihren Schoß und beginnen Sie damit, das Hexagramm zu bilden, das Ihrer augenblicklichen Situation entspricht.

Die Münzmethode

Eine der ältesten Methoden, ein Hexagramm zu erstellen, ist die des Münzwerfens. Sie wurde im Orient entwickelt und zählt sicher zu den leichtverständlichsten Orakelpraktiken. Um sie anzuwenden, brauchen Sie drei gleichgroße Münzen. Zehnpfennigstücke sind gut geeignet. Halten Sie Papier und Bleistift bereit, rufen Sie sich Ihre Frage ins Bewußtsein und konzentrieren Sie sich. Umschließen Sie die Münzen mit beiden Händen, schütteln Sie sie und lassen Sie sie auf eine flache Unterlage fallen. Der erste Wurf ergibt die unterste Linie des Hexagramms. Lesen Sie die Münzen so ab, wie es in Bild E dargestellt ist. Dann zeichnen Sie die entsprechende Linie auf Ihr

Blatt und werfen noch fünfmal, bis Sie, von unten nach oben, ein komplettes Hexagramm entwickelt haben.

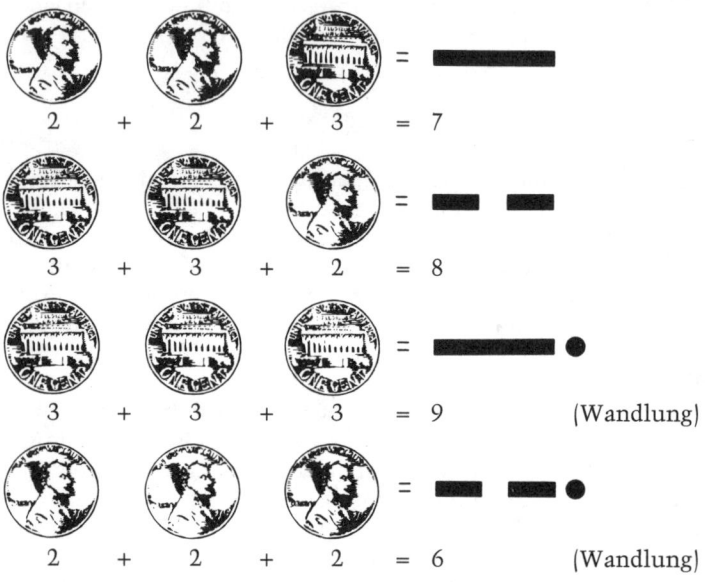

Bild E: Die Münzmethode. Die beiden Seiten der Münzen werden benutzt, um einen Binärcode zu formen. Die Kopfseite entspricht dem Zahlenwert 2; die Zahlseite der 3.

Die Wandlungen

Wenn das Hexagramm, das Sie erhalten, keine Wandlungslinien enthält (eine durchgezogene oder unterbrochene Linie, hinter der ein Punkt steht), so haben Sie ein statisches Hexagramm vor sich, das eine stabile Situation beschreibt. In diesem Fall ist nur der Text zu einem Hexagramm zu lesen. Treten aber eine oder mehrere Wandlungslinien auf, so sind zwei Hexagramme zu beachten. Zum Beispiel wird eine starke Wandlungslinie (——• = 9) im ersten Hexagramm als starke Linie gelesen, im zweiten jedoch entgegengesetzt als schwache (– –). Alle anderen, nicht gewandelten Linien, werden unverändert in das zweite Hexagramm übernommen.

Die folgende Zeichnung dient als Beispiel für dieses Verfahren. Nehmen wir an, Sie hätten das Hexagramm Nr. 26 bekommen, und (von unten gezählt) die zweite und vierte Linie seien Wandlungslinien. Diese beiden Linien werden nun umgekehrt, und Sie erhalten neben Nr. 26 das Hexagramm Nr. 30.

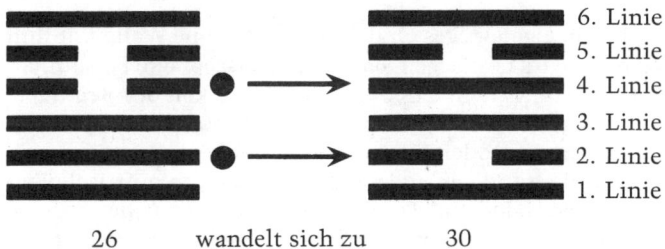

6. Linie
5. Linie
4. Linie
3. Linie
2. Linie
1. Linie

26   wandelt sich zu   30

Lesen Sie zuerst den Text des Hexagramms Nr. 26. Dort wird die Ausgangssituation oder die Grundsituation Ihrer Frage erläutert. Dieser Teil bezieht sich gewöhnlich auf die Gegenwart oder die jüngste Vergangenheit. Als nächstes wird der Text der beiden Wandlungslinien, der zweiten und vierten Zeile, gelesen. Sie werden in der Reihenfolge behandelt, in der sie erzeugt wurden. Diese Linien könnten den Grund für die bevorstehende Veränderung schildern; sie enthalten möglicherweise einen Rat, wie Sie Ihre Ziele erreichen können, warnen vor kommenden Schwierigkeiten oder sagen künftiges Glück voraus. Lesen Sie als letztes das neu entstandene Hexagramm Nr. 30. Dieses Hexagramm beschreibt die neuen Tendenzen auf Ihrem augenblicklichen Weg. Im zweiten Hexagramm werden die Wandlungslinien nicht beachtet.

Das Finden des Hexagramms

Die Nummer Ihres Hexagramms können Sie der Abbildung G entnehmen. Da das Hexagramm von unten nach oben gelesen wird, bilden die unteren drei Linien das untere Trigramm, die oberen drei Linien das obere. Das Hexagramm Nr. 14 finden Sie zum Beispiel, indem Sie es in seinen unteren und oberen Teil zerlegen. Betrachten

Sie dazu Bild F. Suchen Sie in der linken Spalte Ihr unteres Trigramm *(Ch'ien)* und gehen Sie von dort nach rechts, bis Sie das obere Trigramm gefunden haben *(Li)*. Im Schnittpunkt finden Sie die Nummer 14. Um den Umgang mit diesem Buch zu erleichtern, ist am Ende dieselbe Tabelle noch einmal abgedruckt.

Die Lehren aus der Antwort

Das *I Ging* ist ein eigenartiges Orakel. Jeder, der eine Weile mit ihm umgegangen ist, wird bestätigen, daß es eine ausgeprägte Persönlichkeit besitzt. Es ist möglich, daß es die Persönlichkeit des Benutzers annimmt, doch gewöhnlich nimmt es eine verblüffende, unvorhersagbare Gestalt an. Zuweilen führt es mit uns eine gewitzte und vielschichtige Unterhaltung; ein anderes Mal läßt es sich mürrisch über einen Einzelpunkt oder ein Teilproblem aus. Wenn Sie dieselbe Frage immer wieder stellen, werden Sie oft dieselbe Antwort in verschiedenen Nuancen erhalten. Es kann aber auch aufreizend und beleidigend werden, wenn Sie zu sehr drängen. Allgemein wird die Antwort, die Sie erhalten, genauso klar und eindeutig sein wie Ihr Bewußtsein beim Formulieren der Frage.

Es ist eine gute Übung, die erhaltene Antwort in knappen Worten unter der Frage festzuhalten. Wenn Sie dann, nach der Auflösung der Situation, wieder das Orakel befragen, können Sie im Nachhinein die wirkliche Bedeutung Ihres letzten Hexagramms bewerten. Auf diese Weise fördern Sie Ihr Verständnis für die sehr persönliche Sprache, die Sie mit dem *I Ging* entwickeln.

Denken Sie auch daran, daß das *I Ging* möglicherweise gar nicht direkt auf Ihre Frage eingeht, sondern sich auf die Motive oder unbewußten Wünsche bezieht, die in Ihrer Frage mitschwingen. Wenn das Orakel eine Krise oder eine bedeutsame Veränderung erkennt, könnte es auch die Gelegenheit ergreifen, das von Ihnen angeregte Gespräch für eine Warnung zu benutzen. Sie werden feststellen, daß es ein sehr eigenwilliges Buch ist; man kann es nicht leichthin abtun, und sollte es vor allen Dingen nicht ziellos benutzen. Wenn Sie mit dem *I Ging* vertrauter werden, mag es Sie auch in Verlegenheit bringen, Sie erschrecken, necken, ängstigen und ab und zu auch lauthals mit Ihnen lachen.

Wenn Sie feststellen, daß Sie sich mit dem *I Ging* wohlfühlen und daß es Ihnen etwas sagt, werden Sie sicher Ihr Verständnis für dieses ungewöhnliche Orakel vertiefen wollen. Das Arbeitsbuch zum *I Ging* (Diederichs Verlag) bietet hier wertvolle Hilfen. Im Arbeitsbuch können Sie Ihre Erfahrungen festhalten, und Sie finden dort detaillierte Erlärungen zu den Trigrammen und Kernzeichen, zu den beherrschenden Linien und verschiedenen Aspekten der einzelnen Linien. Zwei weitere wichtige Übersetzungen des *I Ging* sind *Das Buch der Wandlungen* von Richard Wilhelm (Diederichs Verlag), und *I Ging* von John Blofeld (O.W. Barth Verlag). Das Buch, *The Portable Dragon* von R.G.H. Siu (MIT Press), untersucht das *I Ging* im Verhältnis zur westlichen Literatur. Alle diese Bücher sind, ein ernstes Interesse am *Buch der Wandlungen* vorausgesetzt, sehr empfehlenswert.

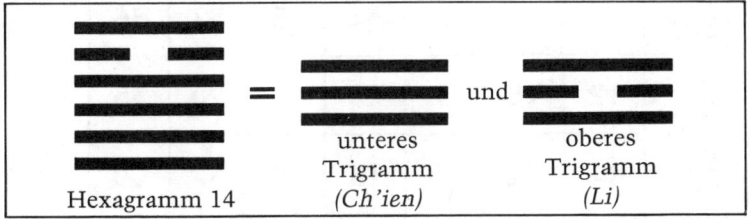

Bild F: Beispiel für das Zerlegen und Finden eines Hexagramms

oberes Trigramm → unteres Trigramm ↓	CH'IEN ☰	CHEN ☳	K'AN ☵	KEN ☶	K'UN ☷	SUN ☴	LI ☲	TUI ☱
CH'IEN ☰	1	34	5	26	11	9	14	43
CHEN ☳	25	51	3	27	24	42	21	17
K'AN ☵	6	40	29	4	7	59	64	47
KEN ☶	33	62	39	52	15	53	56	31
K'UN ☷	12	16	8	23	2	20	35	45
SUN ☴	44	32	48	18	46	57	50	28
LI ☲	13	55	63	22	36	37	30	49
TUI ☱	10	54	60	41	19	61	38	58

Bild G: Die Hexagrammtafel

TEIL IV
DIE 64 HEXAGRAMME

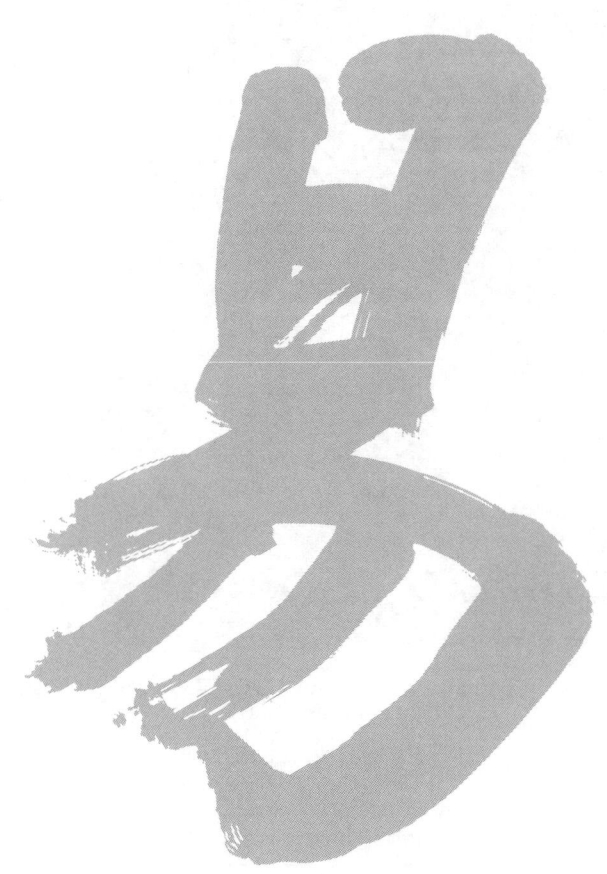

DAS SCHÖPFERISCHE

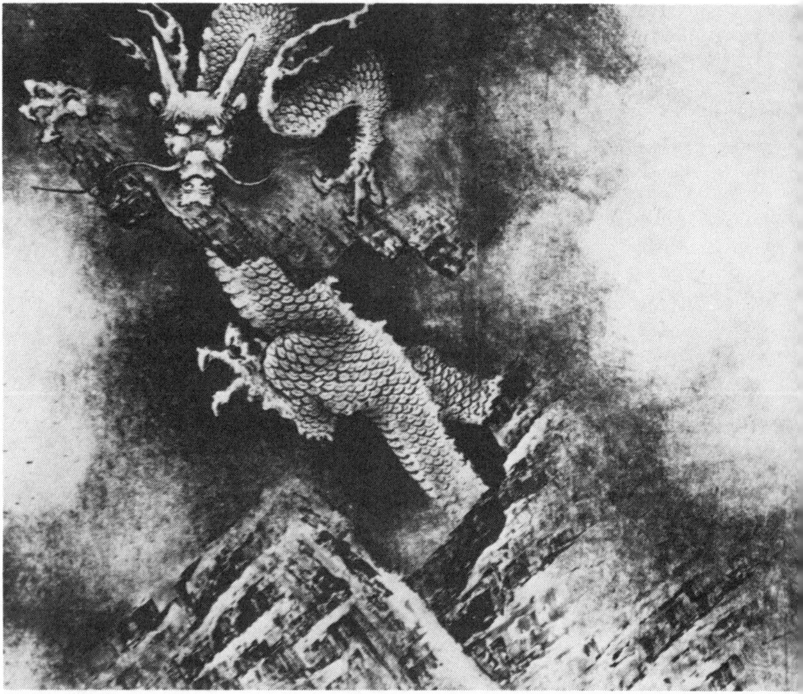

Neun Drachen erscheinen durch Wolken und Wellen
(Ausschnitt)

Ch'en Jung. Um 1244

Museum of Fine Arts   Boston, Massachussetts

Im dreizehnten Jahrhundert hatten die Chinesen die Kunst, Bewegungen in Bildern festzuhalten, gemeistert, und die Drachenmalerei erreichte ihren Höhepunkt. Dieser Drache, einer von neun, die auf einer über vierzig Fuß langen Handschriftenrolle abgebildet sind, springt durch den Himmel – eine dynamische Kraft als Vorbote des Regens und seiner lebensspendenden Wirkung. Der Drache ist ein Symbol für spirituelle Kraft und ein Hinweis auf ständige Bewegung und Wandlung in menschlichen Belangen.

Ch'en Jung stieg nach vielen Jahren als Beamter zu einer hohen Stellung im Gefolge des Kaisers Li Tsung (Regierungszeit 1225 – 1264) auf. Er galt als ein Meister der Drachenmalerei, der oft wie betrunken mit seinem Hut auf seinen Werken herumwischte, um sie dann mit einem feinen Pinsel zu vollenden. China war zu jener Zeit dramatischen Veränderungen unterworfen; die Mongolen drangen in den Norden ein, und die überlebenden Mitglieder des kaiserlichen Hofes blickten in die Vergangenheit und versuchten, im Süden des Landes zu überleben.

1

乾。元亨利貞。

象曰。天行健。君子以自強不息。

**Schöpferische Kraft bringt
außergewöhnlichen Fortschritt.
Von Vorteil ist die rechte Beharrlichkeit.**

**Die Bewegung des Kosmos ist voller Kraft.
Deshalb müht sich der Edle beständig,
seinem Willen Geltung zu verleihen.**

Diese Zeit ist deshalb außergewöhnlich, weil sie Anregungen von außen bringt und Ihre Energie und Willenskraft verstärkt. Alles, was Sie sich vorstellen können, ist realisierbar. Setzen Sie diese Kraft weise ein. Entscheiden Sie sich für Unternehmungen, die nützlich und zukunftweisend sind. Gerechte und uneigennützige Pläne werden erfolgreich umgesetzt.

In politischen oder geschäftlichen Fragen werden Sie als führende Kraft betrachtet. Andere vertrauen Ihrer Anleitung und Ihrem Rat. Sie haben die Chance, Ihre persönlichen Wünsche mit den Erfordernissen der Gesellschaft in Übereinstimmung zu bringen und auf diese Weise Ordnung und Frieden zu schaffen. Sie können neue Aufgaben und Regeln einführen und andere Menschen mit leichter Hand leiten und sie auf diese Weise zu Wohlstand und Glück führen. Geben Sie Ihren Mitmenschen ein Beispiel auf dem Weg zu ihrem höheren Wesen. Dies ist ein einzigartiger, unvergleichlicher Augenblick.

Befreien Sie sich von allem unnötig Störenden und versuchen Sie herauszufinden, was Ihnen wirklich wichtig ist. Sie sollten diese Zeit weise nutzen und daher die außergewöhnliche Schöpferkraft nicht auf ungezielte Handlungen verschwenden. Alles, was Sie jetzt unternehmen, wird Sie zu noch größeren Zielen führen. Die sorgfältige Planung ist dabei ein besonders wichtiger Faktor. Seien Sie offen für die Zeichen der

Zeit, und bleiben Sie handlungsbereit. Wahren Sie Ihre Unterscheidungskraft und Integrität. Machen Sie sich klar, wohin Ihre Handlungen führen können und seien Sie sich des richtigen Augenblicks bewußt.

Sie werden zum Mittelpunkt persönlicher Beziehungen. Ihre Familie oder Ihre Gefährten erkennen Sie als Führer an. Übernehmen Sie zuversichtlich die Initiative. Zugleich ist in Ihrem Selbst das Wachstum beschleunigt. Entwickeln Sie die innere Kraft, edlen und fairen Grundsätzen zu folgen und weitblickende Ziele in Angriff zu nehmen. Die Grundlage für den sicheren Erfolg ist gelegt.

Die Wandlungen

Alle Linien: Ihr Charakter ist gefestigt und im Gleichgewicht. Sie können jetzt nachhaltig und vorteilhaft auf die Welt einwirken.

Oberste Linie: Ihr Ehrgeiz übertrifft die Möglichkeiten Ihrer schöpferischen Kraft bei weitem. Sie könnten den Bezug zur Realität verlieren. Wenn Sie sich nicht angemessen verhalten, werden Sie ins Unheil laufen.

Fünfte Linie: Ihre Gedanken sind klar. Ihr Einfluß ist groß. Die Menschen in Ihrer Umgebung werden bei Ihnen nach Anregungen suchen.

Vierte Linie: Die Verstärkung Ihrer schöpferischen Kraft stellt Sie vor die Entscheidung, entweder in die Öffentlichkeit zu treten und der Gesellschaft zu dienen, oder sich zurückzuziehen und an Ihrer persönlichen Entwicklung zu arbeiten. Folgen Sie Ihrer Intuition, und Sie werden keinen Fehler begehen.

Dritte Linie: Ihnen eröffnet sich eine neue Welt voller schöpferischer Kraft. Darin liegen einige Gefahren; denn Ihre Energien könnten sich zerstreuen, bevor sie stabilisiert sind. Wenn Sie eisern an Ihrer Vision und Integrität festhalten, werden Sie gut geschützt sein.

Zweite Linie: Suchen Sie nach einem gleichgesinnten Menschen. Es wäre für Sie von Vorteil, sich ihm anzuschließen.

Unterste Linie: Die Zeit zum Handeln ist noch nicht reif. Sie haben zwar die nötige Schöpferkraft, um Ihr Ziel zu erreichen, der richtige Augenblick ist aber noch nicht erreicht.

DAS EMPFANGENDE

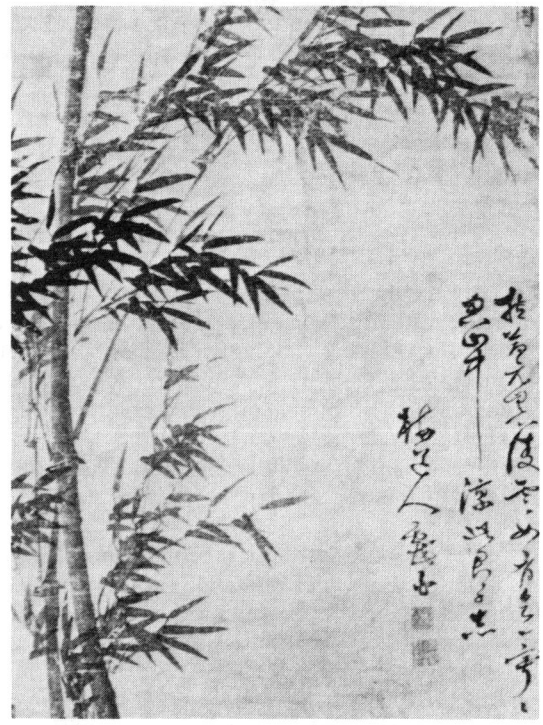

Bambus im Wind

Wu Chen (1280 – 1354)

Museum of Fine Arts   Boston, Massachussetts

Die federnde Elastizität des Bambus ermöglicht ihm das Überleben auch in wechselnden Winden. Bambus, ein beliebtes Motiv der chinesischen Malerei, ist ein lebendes Beispiel für das Empfangende. Wu Chen hat in diesem Gemälde das Wesen seiner Philosophie eingefangen: Sich beugen ohne am Willen eines anderen zu zerbrechen. Eine Inschrift auf dem Gemälde lautet: Bambus ohne Bewußtsein, der dennoch Gedanken zu den Wolken fliegen läßt. Allein steht er am Berg, still und würdig, und zeigt den Willen eines Edelmannes.
Geschrieben und gemalt mit leichtem Herzen
Mei Tao-jen (Wu Chen)

Wu Chen, ein Einsiedler und Mystiker in der Tradition des Taoismus, gilt als einer der sechs großen Meister der Yuan-Dynastie (1280 – 1367). Während dieser Periode paßten sich die Chinesen, wenn auch widerwillig, ihren mongolischen Herrschern an. Zugleich entwickelten sich die Mongolen von Stammesführern zu chinesischen Kaisern. Unter ihnen wurde China ein kosmopolitisches Zentrum, in dem künstlerische und religiöse Toleranz geübt wurde.

2

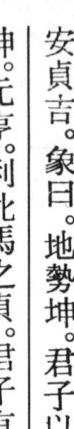

坤。元亨。利牝馬之貞。君子有攸往。先迷後得主。利。西南得朋。東北喪朋。

安貞吉。象曰。地勢坤。君子以厚德載物。

Empfänglichkeit bringt großen Fortschritt. Im rechten Beharren wie dem einer Stute liegt Vorteil. Ein Edler mit einem Ziel vor Augen mag zunächst verwirrt sein; dann findet er seine Richtung. Von Vorteil ist es, Gefährten im Südwesten zu gewinnen (Empfänglichkeit) und die im Nordosten (Unbeweglichkeit*) zu meiden. Ruhe und Zuversicht bringen gutes Gelingen.

Aus dem mächtigen Einfluß des Empfänglichen (Erde) entsteht die Bedingung für die Empfänglichkeit. Deshalb nutzt der Edle seine moralische Makellosigkeit, um die Außenwelt zu fördern.

In der Zeit des Empfangenden sind Sie eher mit Wirklichkeiten als mit Möglichkeiten konfrontiert. Sie erkennen zwar die Situation, nicht aber die dahinter verborgenen Kräfte. Deshalb sollten Sie nicht alleinverantwortlich handeln oder andere anführen. Wenn Sie es tun, werden Sie den Weg verlieren und sich verirren. Da Sie mit den bestimmenden Kräften der Situation nicht in Verbindung stehen, brauchen Sie Freunde und Helfer, um Ihre Ziele zu erreichen. Wenn Sie das akzeptieren, werden Sie Führung finden. Handeln Sie empfangend wie die Erde und lassen Sie zu, daß Sie geführt werden; dann können auch die größten Ziele erreicht werden.

Bewahren Sie auch in komplizierten geschäftlichen Dingen und in der Politik eine empfängliche Haltung. Durch die Hilfe von Freunden und Gefährten werden Sie in die bestmögliche Position geführt. Widerstehen

---

* Der Südwesten ist die natürliche Position des Trigramms *K'UN* (Erde). Es ist aufnehmend und empfänglich. Im Nordosten finden wir *KEN* (Berg), der unbeweglich und störrisch ist. (Bild D)

Sie vor allem dem Impuls, in dieser Situation im Vordergrund zu stehen und die Führung zu übernehmen.

Sie könnten Gefahr laufen, sich zu sehr auf Ihre eigene Kraft zu verlassen und dabei vergessen, daß Stärke verhängnisvoll ist, wenn sie nicht richtig eingesetzt wird. Dieser Augenblick ist ein Moment des Lernens und Abwartens, in dem Sie Ihrem Leben einen echten Sinn geben können. Beziehungen sind ein Prüfstein dieser Erneuerung. Es ist jetzt wichtig, auf Gefühle zu achten und besonders gegenüber denen, die Sie schätzen, offen zu sein. Halten Sie sich in Beziehungen an die Muster, die Sie durch Ihre Erfahrung gewonnen haben.

Betrachten Sie Ihr Selbst unabhängig von eigenen oder fremden Erwartungen und versuchen Sie, Ihrem Leben eine Richtung zu geben. Seien Sie aufnahmebereit für alles Neue und Unerwartete und sehen Sie die Welt mit offenen Augen.

Die Wandlungen

Alle Linien: Ihre persönliche Kraft wächst, indem Sie an Ihrer Vision festhalten. Sie werden durch Beharrlichkeit Ihre Ziele erreichen.

Oberste Linie: Es kommt zu einem übertrieben selbstsicheren und ehrgeizigen Versuch, einer Autorität die Macht zu entreißen. Darauf folgt ein heftiger Kampf; beide Seiten werden verletzt.

Fünfte Linie: Stellen Sie Ihre Fähigkeiten und Tugenden nicht zur Schau, sondern lassen Sie sie durch all Ihre Handlungen dringen. Bescheidenheit und Diskretion erbringen das höchste Heil.

Vierte Linie: Es ist eine schwierige Zeit, die viel Vorsicht erfordert. Halten Sie sich zurück und stellen Sie sich nicht in den Vordergrund. In diesem Augenblick führen Konfrontationen zu Feindseligkeiten und unerwünschten Verpflichtungen.

Dritte Linie: Überlassen Sie es den anderen, dem Ruhm hinterherzujagen. Konzentrieren Sie sich statt dessen darauf, das Nötige auf bestmögliche Art zu tun. Die Zeit, sich und Ihre guten Werke offen zu zeigen, wird noch kommen.

Zweite Linie: Lassen Sie alles Gekünstelte in Ihren Handlungen beiseite. Suchen Sie nach der Wahrheit, und der Erfolg wird gewiß kommen.

Unterste Linie: Wenn Sie genau hinschauen, erkennen Sie bereits die ersten Anzeichen des Niedergangs. Der völlige Untergang ist nicht mehr weit. Bereiten Sie sich auf eine Veränderung vor.

DIE ANFANGSSCHWIERIGKEIT

Die rote Klippe

Li Sung (1166 – 1243)

Nelson Gallery-Atkins Museum   Kansas City, Missouri

46

Dieses Blatt zeigt den Dichter Su Shih mit seinen Freunden bei einer Bootsfahrt auf dem gefährlichen Jangtse. Der Ausflug inspirierte ihn zu einem seiner berühmtesten Prosagedichte, ›Die Rote Klippe‹, aus welchem der folgende Auszug stammt: »Wir lassen das winzige Rohr auf dem Wasser treiben, über die zehntausend Morgen weite Fläche, die dem Horizont entgegenströmt. Es ist, als beugten wir uns, von den Winden getrieben, über den Abgrund, und niemand weiß, wohin uns das Wasser führt...«

Auf dem Gebiet der erzählenden Malerei wurde Li Sung als Meister betrachtet; er hielt nicht nur Landschaften, sondern auch Ereignisse fest. China befand sich zu seiner Zeit in großer Unruhe. Die Jurchen, die später von den Mongolen geschlagen wurden, waren von Norden eingedrungen und hatten den Kaiser abgesetzt. Ein junger Prinz, Kao-tsung, floh in den Süden und errichtete einen nostalgischen und luxuriösen Hofstaat. Seine Sicherheit wurde eine Zeitlang durch große Tribute an die den Norden kontrollierenden Fremden gesichert, doch die Zukunft war ungewiß.

3

屯。元亨。利貞。勿用有攸往。利建侯。

象曰。雲雷。屯。君子以經綸。

Anfangsschwierigkeit führt zu außergewöhnlichem Fortschritt. Im rechten Beharren liegt Vorteil; doch weitreichende Ziele sollten nicht verfolgt werden. Es ist von höchstem Nutzen, sich Unterstützung zu verschaffen.

Heftige Aktivität (Wolken und Donner) bilden die Bedingung für die Anfangsschwierigkeit. Deshalb widmet sich der Edle der Politik und der Organisation.

Die Geburt jeder Unternehmung ist mit Verwirrung verbunden, denn wir betreten das Reich des Unbekannten. Aus diesem Grund kann ein erster falscher Schritt die ganze Situation hoffnungslos machen. Obwohl dieses Hexagramm nicht weniger als das absolute Chaos darstellt, sagt es letzten Endes doch eine Zeit der Ordnung und des Gelingens voraus. Genau wie das aufgewühlte Chaos eines Gewitters den nährenden, lebensspendenden Regen bringt, gibt es auch im Menschen Fortschritte zu einer höheren Ordnung, denen eine Zeit der Unordnung vorausgeht. Erfolg kommt zu denen, die diesem Sturm widerstehen, ohne ihre Prinzipien aufzugeben.

Die Anfangsschwierigkeit ergibt sich, wenn allzuviele Elemente sich vereinigen, um etwas Neues zu schaffen. Sie stehen jetzt in einer solchen Situation. Da Ihre neue Umgebung noch nicht ganz gefestigt ist, entsteht beim Versuch, die Situation zu meistern, große Verwirrung. Konzentrieren Sie sich auf das Naheliegende und ordnen Sie zunächst die weltlichen Dinge. Die Grundlage, auf der Sie Ihre neuen Unternehmungen beginnen, muß gefestigt sein. In der Zwischenzeit sollten Sie auf keinen Fall mit Gewalt neuen Boden in Besitz nehmen wollen. Ihre Hände sind mit unzähligen Details gefüllt, die gesichert werden müssen, bevor Sie weiterschreiten. Bei der Anfangsschwierigkeit ist es klug, fähige Mitarbeiter zu gewinnen. Wenn Sie sich dann weiter persönlich um Ihre Unternehmungen kümmern, werden Sie außergewöhnlichen Erfolg haben.

Dies ist auch eine Zeit, in der die Dinge in Ihrem Selbst um eine Form kämpfen. Die Anfangsschwierigkeit könnte eine Identitätskrise markieren, die sich in Verwirrung, Unentschlossenheit, neuen Vorlieben und Wünschen äußern mag. Akzeptieren sie diese Veränderungen. Verwirrung und Unordnung können auch in persönlichen Beziehungen auftreten. Suchen Sie außerhalb der Beziehungen nach Anleitung. Es spielt keine Rolle, ob Sie sich professionelle Hilfe oder die von Freunden holen; allein die Handlung, Schwierigkeiten nach außen zu tragen und zu benennen, hilft Ihnen, die Dinge erfolgreich zu ordnen.

Die Wandlungen

Oberste Linie: Sie haben Ihre Perspektive verloren und können Ihre Anfangsschwierigkeiten nicht mehr realistisch einschätzen. Sie finden keinen Ausweg. Das ist eine mißliche Lage, die ins Unheil führt. Sie müssen noch einmal beginnen.

Fünfte Linie: Obwohl Sie Ihr Leben im Griff haben, müssen Sie noch vieles tun, bevor Sie fest im Sattel sitzen. Kleine Anstrengungen versprechen gutes Gelingen. Aber seien Sie vorsichtig: Versuchen Sie sich nicht an großen Unternehmungen.

Vierte Linie: Sie haben nicht genug Kraft, um unabhängig zu handeln; doch mit ein wenig Hilfe erreichen Sie Ihre Ziele. Wenn Sie dabei zögern, machen Sie keine Fortschritte.

Dritte Linie: Sie können die vor Ihnen liegenden Schwierigkeiten spüren. Wenn Sie sich dennoch ohne erfahrenen Führer ins Ungewisse wagen, werden Sie sich verirren. Dies wäre beschämend. Ein kluger Mensch wird sich an diesem Punkt anderen Zielen zuwenden.

Zweite Linie: Verwirrung und Schwierigkeiten nehmen zu, Entscheidungen werden unmöglich. Deshalb ist es das Beste, so lange zu warten, bis die Situation sich normalisiert hat. Dann können Sie mit Ihren Plänen fortfahren.

Unterste Linie: Es scheint, als würden Sie gleich am Beginn Ihres Weges vor einem verwirrenden Hindernis stehen. Versuchen Sie nicht, es ohne Hilfe zu meistern. Behalten Sie aber stets Ihre Ziele im Auge.

DIE JUGENDTORHEIT

Ein Gelehrter unterweist Schülerinnen in den Künsten

Lao-ch'ih (1599 – 1652)

University Art Museum   Berkeley, California

50

An einem Steintisch sitzt ein Gelehrter und unterrichtet zwei Schülerinnen in den Künsten der Malerei, des Blumensteckens und der Musik. Er schickt sich an, seine Laute zu spielen, während ein Mädchen einen blühenden Zweig arrangiert. Das zweite Mädchen studiert ein Bambusbild. Der Künstler benutzt in diesem Bild feine, fast übertriebene Details, um die Unerfahrenheit der Mädchen und ihr Bemühen, sie zu überwinden, herauszustellen.

Lao-ch'ih war der Name, den Ch'en Hung-shou im Jahre 1646 annahm. Er gab sein Leben in Überfluß auf und wurde ein in Armut und Selbstzucht lebender buddhistischer Mönch – eine Verkleidung, die er annahm, um vor dem Chaos und den Gefahren der Zeit zu fliehen. Er hatte den größten Teil seines Lebens unter den Ming-Kaisern gelebt, und jetzt mußte er zusehen, wie die Mandschuren China überrannten.

4

象曰。山下出泉。蒙。君子以果行育德。

蒙。亨。匪我求童蒙。童蒙求我。初筮告。再三瀆。瀆則不告。利貞。

Jugendtorheit bringt Fortschritt. Nicht ich suche den Unerfahrenen, sondern der Unerfahrene sucht mich. Fragt er das Orakel, so antworte ich, doch wenn er noch einmal fragt, ist es unhöflich und lästig. Dem Unhöflichen und Lästigen antworte ich nicht. In der rechten Beharrlichkeit jedoch liegt ein Vorteil.

Das Eigensinnige (Quelle) sammelt sich am Fluß des Stillen (Berg). Deshalb fördert der Edle seinen Charakter durch entschlossenes Betragen.

Sie sind fähig, mit nahezu jedem Aspekt Ihres Lebens angemessen umzugehen, nur nicht mit den Dingen, vor denen Sie augenblicklich stehen. Ihre Verwirrung angesichts der Schwierigkeiten und Kompliziertheit der vor Ihnen liegenden Ereignisse wird nicht durch Unwissenheit, durch Bosheit oder Faulheit verursacht, sondern eher durch Ihre völlige Unerfahrenheit mit diesen Problemen. Und doch kann Ihnen die Unerfahrenheit den Erfolg bringen, denn sie zwingt Sie, zu wachsen und neue Einsichten zu erlangen und Ihren Charakter weiterzuentwickeln.

Machen Sie sich zunächst klar, daß Sie nicht wissen, was Sie in der jetzigen Situation tun sollen. Suchen Sie dann Hilfe von außen. Wenn Sie sich nicht eingestehen, daß es etwas gibt, das Sie lernen müssen, können Sie auch keine Lehre annehmen. Suchen Sie einen erfahrenen Lehrer und folgen Sie seinem Rat und seiner Weisheit. In diesem Augenblick um Hilfe zu bitten, ist in zweierlei Hinsicht wichtig. Zuerst werden Sie damit anderen zeigen, daß Sie ein williger und empfänglicher Schüler sind und auf diese Weise die nötigen Informationen erhalten. Zweitens wird der Prozeß des Bittens um Informationen Sie in eine Position versetzen, die Ihnen bei der Weiterentwicklung Ihres Charakters hilft.

Wenn Sie nach Anleitung suchen, sollten Sie sich zuvor darüber im klaren sein, sie auch wirklich finden zu wollen. Wenden Sie sich an einen Lehrer, der Ihre Probleme weiser beurteilen kann als Sie und bitten Sie ihn offen und demütig um Rat. Wenn Sie den Rat, den Sie erhalten, nicht verstehen oder die Antwort des Lehrers nicht die ist, die Sie hören wollten, können Sie dies Ihrer Unerfahrenheit zuschreiben. Hätten Sie die Antwort vorher gekannt, wäre die Ratsuche überflüssig gewesen. Profitieren Sie aus den Erfahrungen und der Objektivität Ihres Lehrers, denn dies ist die einzige Hilfe, die Sie haben. Und vor allem, streiten Sie nicht mit Ihrem Ratgeber!

Wenn Sie derjenige sind, der um Rat gefragt wird, so zeigt Ihnen dieses Hexagramm – genau wie dem Ratsuchenden – die richtige Verhaltensweise. Wenn Ihr Schüler es nicht ernst meint, vielleicht sogar streitet oder nicht zuhört, so verschwenden Sie nur Ihre Energien. Wenden Sie sich wichtigeren Dingen zu.

Die Wandlungen

Oberste Linie: Ein Unerfahrener muß vielleicht für seine Fehler bestraft werden, um den rechten Weg zu finden. Strafe ist kein Selbstzweck, sondern nur sinnvoll, um zukünftige Vergehen zu verhindern und eine in die Zukunft blickende Haltung zu erwerben.

Fünfte Linie: Wenn Sie die Ratschläge anderer Menschen akzeptieren, verspricht Ihnen das Zeichen gutes Gelingen.

Vierte Linie: Ihre Haltung ist unrealistisch, und deshalb können Sie keine Lehre annehmen. Sie können gerettet werden, wenn Sie die darauf folgende Erniedrigung in voller Größe erfahren.

Dritte Linie: Sie laufen Gefahr, sich selbst in einem törichten Versuch fortzuwerfen, wenn Sie weiterhin versuchen, Ihren Wünschen näherzukommen. Auf diese Weise können Sie nichts Bedeutendes erreichen.

Zweite Linie: Der Lehrer (Ratgebende) hat eine tiefe Liebe für die Menschheit mit all ihrer Verrücktheit und Schönheit entwickelt. Ein solcher Mensch kann andere mit Weisheit führen, er ist mitfühlend und erleuchtet und wird den Erfolg erringen, wie er großen und weisen Führern zusteht.

Unterste Linie: Es ist ein wenig Disziplin vonnöten. Doch denken Sie daran, daß zuviele Beschränkungen die Kreativität hemmen. Geben Sie sich gerade soviele Leitlinien, daß die Dinge sich in die richtige Richtung entwickeln.

DAS WARTEN

Han-shan und Shih-te

Lo P'ing (1733 – 1799)

Nelson Gallery – Atkins Museum · · · · · · · · · · · · Kansas City, Missouri

Han-shan, der Dichter der T'ang-Dynastie, und Shi-te, ein Zen-Mönch, werden hier wartend gezeigt. Sie kichern miteinander, während sie darauf vertrauen, daß sich nach einer Weissagung der Lauf der Dinge ändert. Das Gedicht über den Gestalten mahnt den Betrachter, seine Sorgen aufzugeben, sich zu entspannen und glücklich zu sein; denn die Weissagung verspricht gutes Gelingen unabhängig davon, wie die Dinge im Augenblick aussehen mögen.

Die Gestalten in Lo P'ings Bildern scheinen traumhaft und von der Wirklichkeit gelöst, als berührten sie eine fremde, geheimnisvolle Welt. Lo P'ing war nicht nur ein talentierter Maler, er genoß auch hohes Ansehen als Dichter. Während der Regentschaft des Kaisers Chi'ien Lung (1736 – 1796) war China ein starkes, expandierendes Reich, in dessen Inneren als Reaktion auf die kaiserliche Nachgiebigkeit und Nachlässigkeit große Unruhe entstand. Viele der brillantesten Gelehrten hielten sich vom kaiserlichen Hof fern, weil sie fürchteten, ungebetene Ratschläge zu erteilen und daraufhin unangenehme Konsequenzen auf sich nehmen zu müssen.

5

象曰。雲上于天。需。君子以飲食宴樂。

需。有孚。光亨。貞吉。利涉大川。

Zuversichtliches Warten bringt strahlendes Gelingen. Rechtes Beharren ist von Vorteil. Weiterhin ist es günstig, die kosmische Ordnung in allen Dingen zu spüren.

Das Unruhige (Wolken) steigt zum Tageslicht (Himmel) empor und bildet die Bedingung für das Warten. Der Edle wird deshalb zufrieden und behaglich essen und trinken.

Bevor Ihre Bedürfnisse befriedigt werden können, muß eine Zeit des Wartens vergehen. Es ist eine schwierige Zeit, denn die beteiligten Elemente unterliegen nicht Ihrer direkten Kontrolle. Möglicherweise sehen Sie sich einer Bedrohung gegenüber, oder warten auf eine Entscheidung, die Ihr Leben stark beeinflussen kann. Wenn Sie sich zuviele Sorgen darum machen, verlieren Sie Ihr inneres Gleichgewicht und werden in Chaos und Furcht untergehen.

Bevor Sie Ihr Ziel erreichen können, müssen erst günstigere Umstände eintreten. Warten Sie auf den richtigen Augenblick, nähren und stärken Sie sich für die Zukunft. Versuchen Sie, alles, was Ihnen widerfährt, ohne Illusionen oder Furcht zu betrachten. Am Ende wird der Erfolg stehen.

In der Zwischenzeit ist das, was Sie nach außen tragen, von größter Bedeutung. Die Zeit des Wartens wird Ihrem Selbstvertrauen eine Prüfung auferlegen. Zeigen Sie in diesem Augenblick Geistesklarheit und Festigkeit. Bringen Sie Ihre Zweifel über die Vergangenheit oder die Zukunft nicht zum Ausdruck. Versinken Sie völlig in der Gegenwart. Behalten Sie in Gedanken und Worten einen positiven Ton bei und wahren Sie ein sicheres und fröhliches Auftreten. Auf diese Weise werden Sie das Vertrauen anderer Menschen gewinnen und Ihre Selbstsicherheit verstärken. In Gruppen oder Beziehungen stehen alle Beteiligten in einer Situation, die überlegtes und wachsames Warten erfordert. Die mit Ihnen verbundenen Menschen sollten sich klarmachen, daß die Situation in diesem Augenblick nicht von ihnen gelenkt werden kann. Das Schicksal ist am Werk. Jede Handlung wäre eine närrische Überreaktion. Unterstützen Sie einander mit Freude und geben Sie sich gegenseitig Sicherheit.

Ein äußerer Ansatz für eine innere Entwicklung kann mit Yoga-Übungen verglichen werden. Indem man durch gewisse physische Haltungen Balance und Disziplin übt, wird im Geist eine Saite zum Mitschwingen gebracht. Eine solche Abstimmung zwischen Innerem und Äußerem schafft einen offeneren Bewußtseinszustand, eine erleuchtete Bewußtheit und eine insgesamt ausgeglichene Atmosphäre.

Die Wandlungen

Oberste Linie: Ihnen stehen Schwierigkeiten bevor. Die Situation scheint ausweglos. Und doch kommt Hilfe, falls Sie fähig sind, sie zu erkennen. Nehmen Sie diese unerwartete und ungewohnte Unterstützung würdig an. Sie wird die ganze Situation zum Guten wenden.

Fünfte Linie: Ihre Schwierigkeiten befinden sich augenblicklich in der Schwebe; dies ist ein guter Moment, um sich zu entspannen und einen Überblick zu gewinnen. Fahren Sie jedoch mit der rechten Beharrlichkeit fort. Gutes Gelingen.

Vierte Linie: Sie warten mitten im Chaos. Ziehen Sie sich sofort unauffällig aus der Situation zurück.

Dritte Linie: Aufgrund Ihres früheren Verhaltens, das vielleicht von Angst getragen war, sind Sie gegen Angriffe nicht geschützt. Nur außergewöhnliche Vorsicht kann Ihnen helfen.

Zweite Linie: Was Sie beabsichtigen, wird Schwierigkeiten in Ihr Leben bringen. Außerdem können Sie dem Klatsch zum Opfer fallen. Wenn dies geschieht, sollten Sie sich auf keinen Fall verteidigen, denn jede Rechtfertigung würde nur nähren, was an sich ohne Gehalt ist. Mit der Zeit wird der Erfolg kommen.

Unterste Linie: Lassen Sie sich nicht beirren, auch wenn Sie glauben, ein Problem lösen zu müssen. Wenn es Probleme gibt, dann nur in der Zukunft. Tun Sie nichts Außergewöhnliches.

DER STREIT

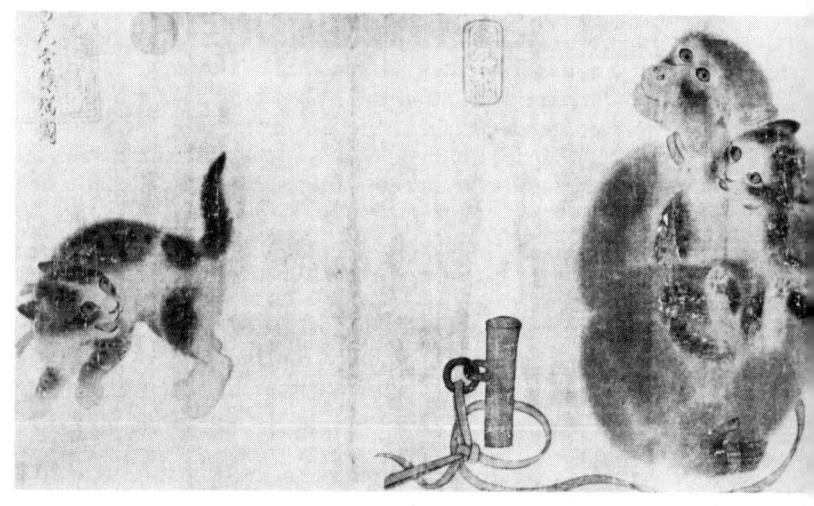

Affe und Katzen

I Yuan-chi (gestorben etwa 1065)

National Palace Museum   Taipeh, Taiwan

Das Bild zeigt eine Katze, die wütend einen Affen anfaucht, der eine verblüffte Artgenossin umklammert. Der Affe scheint mit seiner neuen Spielgefährtin zufrieden zu sein und wird sich des Streites nicht bewußt, der aus seiner Handlung entsteht. Die Katzen sind unsicher; die Situation gefällt ihnen nicht, allerdings wissen sie auch nicht, wie sie aufzulösen wäre.

I Yuan-chi war ein Lehrer der Sung-Dynastie, der in einem konfuzianischen Tempel arbeitete. Er wurde durch seine Affenbildnisse berühmt und zweimal damit beauftragt, die Wände des Kaiserpalastes zu bemalen. Er starb während der Ausführung des zweiten Auftrages. Zu seinen Lebzeiten war die chinesische Wirtschaft in einem raschen Aufschwung begriffen und die Menschen sammelten sich in den Städten. Der Adel verlor seine absolute Macht, während eine neue Klasse von Händlern entstand.

6

訟。有孚。窒惕。中吉。終凶。利見大人。不利涉大川。

象曰。天與水違行。訟。君子以作事謀始。

Der Streit. Selbstvertrauen geht mit Hindernissen einher. Vorsichtiges Nachgeben bringt gutes Gelingen. Fortfahren bis zum Ende führt zum Scheitern. Es ist vorteilhaft, den Führer aufzusuchen. Es ist nicht günstig, die kosmische Ordnung aller Dinge zu spüren.

Das Starke (Himmel) und das Abgründige (Wasser) fließen in entgegengesetzte Richtungen und bilden die Bedingung für den Streit. Deshalb plant der Edle, der seine Pflichten sorgsam ausführt, behutsam den Beginn.

Sie fühlen sich im Recht und schreiten deshalb mit großem Selbstvertrauen weiter. Der von Ihnen gewählte Weg wird jedoch zum Streit führen. Hindernisse und Widerstände bauen sich vor Ihnen auf, und es gibt keine Möglichkeit, sie zu umgehen. Ob es sich dabei um innere oder um äußere Widerstände handelt; sie repräsentieren in jedem Falle eine starke Gegenbewegung, denn vom gegenwärtigen Standpunkt aus ist die andere Seite ebenfalls im Recht. Dieser Streit wird Sie auf sich selbst zurückwerfen und Ihre ursprünglichen Einschätzungen neu bedenken lassen.

Es wäre klug gewesen, vorsichtig alle möglichen Schwierigkeiten und Widerstände abzuwägen, bevor Sie Ihre Unternehmungen begannen. Solch sorgfältige Überlegungen sind der einzige Weg, um einen Streit abzuschwächen, der Ihre Bemühungen hemmen könnte. Sie sollten sich mit Ihren Gegnern nicht auf den Streit einlassen, da Sie in diesem Fall auf der Verliererseite stehen. Alle aggressiven oder geplanten Strategien führen zu einem bösen Ende.

In Fragen von Macht oder Politik wäre es günstig, den Konflikt vor eine unparteiische Autorität zu bringen, die eine vorurteilslose Entscheidung fällen kann. Auf diese Weise ist es Ihnen möglich, den Mißklang aufzuheben, bevor er verletzend wird. Geschäftliche Angelegenheiten können in diesem Augenblick nicht zu einem fruchtbaren Abschluß gebracht werden. Selbst sorgfältig geplante Vorhaben werden im Streit enden. Warten Sie, bis die Zeit günstiger ist.

Zu einer Zeit, da gerade die soziale Einheit gefordert ist, wird ihr Fehlverhalten am deutlichsten auffallen. Es gibt Mißverständnisse, die durch grundlegende philosophische Verschiedenheiten entstehen, und die man nicht mit Gewalt überwinden kann.

Versuchen Sie, sich in persönlichen Beziehungen aus offenen Streitigkeiten herauszuhalten. Dies ist eine Zeit spiritueller Reife. Treiben Sie nichts mit Gewalt weiter.

Die Wandlungen

Oberste Linie: Wenn Sie sich jetzt auf einen heftigen Streit einlassen, könnten Sie als Sieger daraus hervorgehen.

Jedoch werden Sie damit eine Situation unendlichen Wetteiferns schaffen. Immer wieder wird man Sie in Ihrer Position herausfordern. Solche Triumphe sind letzten Endes bedeutungslos.

Fünfte Linie: Tragen Sie den Sie beschäftigenden Konflikt einer mächtigen und gerechten Autorität vor. Wenn Sie im Recht sind, wird die Situation für Sie glücklich und erfolgreich beigelegt werden.

Vierte Linie: Sie sehen vielleicht eine Möglichkeit, durch einen Streit mit einem schwächeren Element Ihre Position zu verbessern. Jedoch können Sie aus einer solchen Strategie keine innere Befriedigung gewinnen. Die Rückkehr zu einem Gefühl der Würde und des Inneren Wertes, gepaart mit einem Hinnehmen Ihres Schicksals, wird Ihnen den Seelenfrieden und gutes Gelingen bringen.

Dritte Linie: Halten Sie sich an Ihre bewährten Verhaltensmuster. Drängen Sie sich nicht in den Vordergrund, auch wenn Sie sich davon großes Ansehen versprechen. Nur Ihr innerer Wert ist von wirklicher Bedeutung.

Zweite Linie: Ihr Gegner ist Ihnen überlegen. Lassen Sie sich nicht durch Stolz oder Ehrgefühl in einen offenen Streit verwickeln. Ziehen Sie sich zurück und vermeiden Sie einen verhängnisvollen Ausgang für sich selbst und Ihre Nächsten.

Unterste Linie: In Ihrer Position müssen Sie jeden Konflikt vermeiden oder rasch beenden. Sie fühlen sich dabei vielleicht als Opfer, doch schließlich wird es gut ausgehen.

DIE VEREINTE KRAFT
(DAS HEER)

Wettfahrt der Drachenboote
(Ausschnitt)

Wang Chen-p'eng (etwa 1280 – 1329)

National Palace Museum   Taipeh, Taiwan

Es gibt nichts, das so angenehm und aufregend wäre wie ein Wettrennen, und dieses Rennen zwischen Drachenbooten ist mit seinen geschmückten Schiffen, den wehenden Bannern und der gut abgestimmten, vereinten Kraft der Ruderer besonders schön.

Die Zuschauer auf dem Pavillon sehen gespannt zu, feuern ihre Favoriten an und hoffen, ihre Unterstützung möge ihnen den Sieg bringen.

Wang Chen-p'eng war während der Yuan-Dynastie (1279 – 1368) ein Meister detailreicher Malerei. Er wurde vom Mongolenkaiser Jen-tsung begünstigt, der ihm den Titel ›Einsiedler der einsamen Wolken‹ verlieh. Zu dieser Zeit hatten die Mongolen die Herrschaft in China völlig übernommen; sie waren so mächtig, daß sie selbstbewußt nicht nur fremde Besucher, sondern auch neue religiöse Einflüsse dulden konnten.

7

䷆

師。貞。大人吉。无咎。

象曰。地中有水。師。君子以容民畜衆。

Die vereinte Kraft des Heeres erfordert rechte Beharrlichkeit. Mit einem starken Führer kommt gutes Gelingen. In diesem Fall gibt es keinen Fehler.

Mitten im Empfänglichen (Erde) liegt das Abgründige (Wasser) und bildet die Bedingung für vereinte Kraft. Deshalb ist der Edle seinem Gefolge gegenüber großzügig und bezieht seine Kraft aus dessen Zahl.

Die Zeit der vereinten Kraft erfordert große Disziplin, gute Organisation und würdige Ziele. Sie müssen sich um das Vertrauen von Freunden und Kollegen bemühen. Gewinnen Sie zunächst die Unterstützung der Menschen in Ihrer Umgebung, bevor Sie in Ihren Unternehmungen fortschreiten. Die Energie vieler Menschen, die an das gleiche Ziel glauben, kann genutzt werden. Machen Sie sich verständlich und achten Sie darauf, daß Ihre Ziele mit den Gefühlen Ihrer Umgebung übereinstimmen.

Durch die Bereitschaft, andere zu unterstützen und durch Großzügigkeit kann die schwierige Aufgabe, die Menschen zu vereinen, gelöst werden. Manchmal trägt dieses Hexagramm auch den Titel ›Das Heer‹. Es unterstreicht die Notwendigkeit, vereinte Kräfte zu spüren und zu organisieren, während es zugleich davor warnt, die entstandene Energie in gefährliche und kriegerische Unternehmungen einzusetzen, solange noch andere Möglichkeiten bestehen. Für diese Aufgabe wird offenbar ein starker Führer gebraucht. Somit ist die Zeit für jene, die Autorität besitzen, äußerst günstig. Die Menschen können jetzt besonders wirkungsvoll durch Vorbilder, Großzügigkeit und Nachsicht beeinflußt werden. Zugleich muß das Volk durch eine edle Vision begeistert und durch feste Prinzipien beeindruckt werden.

In diesem Augenblick erfordert jede Unternehmung eine starke innere Gewißheit, die nur entstehen kann, wenn Sie von der Richtigkeit Ihrer Absichten überzeugt sind. Wenn Sie sich mit Ihrer Umgebung nicht verbunden fühlen, sollten Sie zunächst diese mächtige Kraftquelle finden und erschließen.

Seien Sie jetzt in persönlichen Beziehungen großzügig und entgegenkommend. Versuchen Sie, Ihre Rolle im Kontext der gesamten Menschheit zu sehen. Halten Sie zu denen, die Sie lieben und versuchen Sie gemeinsam mit ihnen, alle Schwierigkeiten mit vereinter Kraft zu überwinden.

Dies ist ein guter Augenblick, um Idealvorstellungen und Erwartungen auszudehnen und größere Ziele anzustreben – Ziele, die der ganzen Menschheit dienen. Dies wird Ihre Fähigkeit stärken, sich in Augenblicken der Gefahr der vereinten Kraft zu bedienen. Gleichermaßen werden Sie lernen, den Ruf dieser Kraft zu vernehmen und sehen, wie sie wächst, sich verändert und sich Ihnen und anderen mitteilt.

Die Wandlungen

Oberste Linie: Wenn Ihr Ziel erreicht ist, vergewissern Sie sich, daß Ihre Vorsätze auf lohnende Ziele gerichtet sind. Oberflächliche Menschen und Ideen sollten auf den ihnen entsprechenden Platz verwiesen werden. Lassen Sie nicht zu, daß sie in Ihren persönlichen Dingen Einfluß gewinnen.

Fünfte Linie: Verlassen Sie sich auf die Führung eines erfahrenen Menschen, der bei der Veränderung der Situation vorangeht. Unerfahrene sind nicht fähig, bewußt und mit starker Hand zu führen.

Vierte Linie: Die vor Ihnen liegenden Hindernisse sind unüberwindlich. Gegen sie ankämpfen zu wollen, wäre sinnlos. Deshalb ist die klügste Handlung der Rückzug.

Dritte Linie: Es mangelt an Visionskraft und Führerschaft. Ob dies an unterschiedlichen Zielen oder einem unfähigen Führer liegt, ist gleichgültig: beides führt ins Unheil.

Zweite Linie: Sie sind in einer Position, in der Sie sich hervorragend mit anderen austauschen können. Da die Konstellation so günstig ist, kommt gutes Gelingen.

Unterste Linie: Vergewissern Sie sich, daß Sie vorbereitet sind, ehe Sie handeln. Ohne Ordnung werden Ihre Angelegenheiten zu Chaos und Unheil führen. Disziplin ist der richtige Schlüssel.

DIE EINHEIT
(DAS ZUSAMMENHALTEN)

Acht Herren auf einem Frühlingsausflug

Vermutlich Chao Yen (gestorben 922)

National Palace Museum   Taipeh, Taiwan

Diese Handschriftenrolle zeigt acht Männer auf einem Vergnügungsritt. Sie sind guter Dinge, angeregt durch den Zusammenhalt ihrer Gruppe und ihrer willigen Pferde.

Chao Yen, dem dieses Bild zugeschrieben wird, lebte während und nach der Auflösung der späteren T'ang-Dynastie (755 – 907) und zu der Zeit der fünf Dynastien und der zehn Königreiche (907 – 960). Es war eine Epoche großer Uneinigkeit. Die militärischen Befehlshaber rangen um die Macht und bauten starke Stützpunkte auf, die unabhängigen Königreichen glichen. Immer wieder gab es Schlachten untereinander. Nie zuvor brauchte China so dringend einen Führer, der das Volk unter einer Regierung einen konnte.

8

比。吉。原筮。元永貞。无咎。不寧方來。後夫凶。

象曰。地上有水。比。先王以建萬國。親諸侯。

Zusammenhalten bringt gutes Gelingen. Weitere Befragungen des Orakels klären die Dauerhaftigkeit und die Richtigkeit des Ziels; dann wird es keinen Fehler geben. Jene, die unsicher sind, sollten zu ihrer inneren Kraft zurückkehren; wer zögert, wird scheitern.

Über dem Empfänglichen (Erde) ist das Abgründige (Wasser) und bildet die Bedingung für das Zusammenhalten. Die alten Herrscher mahnten deshalb zu allgegenwärtiger Achtsamkeit und pflegten persönliche Beziehungen zu anderen Führern.

Als Teil der Zivilisation ist der Mensch auch ein Produkt der Zivilisation. Er teilt mit anderen Mitgliedern wesentliche Erfahrungen, die für eine Gemeinschaft bezeichnend sind. Dies schafft Verbindungen über Sprache, Ordnung und Tradition, die für die gemeinschaftliche als auch individuelle Weiterentwicklung von Bedeutung sind.

In diesem Augenblick ist Ihre ganze Umgebung sehr aufmerksam. Was immer Sie anstreben, stellen Sie sich zuerst dieser Tatsache. Es ist von großer Wichtigkeit, die Notwendigkeit des Zusammenhaltens zu erkennen. Der einzelne menschliche Geist wird durch das Gefühl des kollektiven Unbewußten geprägt. Diese Perspektive vertieft in Ihnen das Gespür für Ihren ganz persönlichen Lebensweg. Sie werden fähig sein, sich selbst als Teil des Ganzen zu verstehen.

Der Urtext legt nahe, daß auf einem gewissen Niveau dann ein Zusammenhalt entsteht, wenn sich die Notwendigkeit dafür ergibt. Dies ist bei der Entwicklung des Charakters eine wichtige Erfahrung. Wenn Sie weiterhin diese Chancen mißachten, werden Sie mehr und mehr aus der Gemeinschaft ausgeschlossen und Ihren Einfluß verlieren. Ob Sie dieses Zeichen als Aufforderung betrachten, sich politisch zu engagieren, in einer gemeinnützigen Organisation mitzuarbeiten oder ein kulturelles Ereignis zu unterstützen, bleibt Ihrer Interpretation überlassen. Vielleicht wollen Sie auch einfach nur eine verantwortlichere Haltung einnehmen – nun ist die Zeit zum Handeln gekommen.

Suchen Sie auch in persönlichen Beziehungen nach einem Zusammenhalt.

Dieses Hexagramm hat noch einen weiteren wichtigen Aspekt: Es könnte sein, daß es Ihre Aufgabe ist, die Mitglieder der Gesellschaft um sich zu sammeln, zu beeinflussen und ihnen vorauszugehen. Vergessen Sie dabei nicht, daß diese Position ein großes Verantwortungsgefühl erfordert. Das *I Ging* betrachtet die Führungsrolle als eine so wichtige, daß es jedem, der einen solchen Ruf vernimmt, vorschlägt, er möge das Orakel noch einmal befragen, um die Verfassung seines Charakters, die Lauterkeit seiner Motive und seine Harmonie mit dem Kosmos zu überprüfen.

Die Wandlungen

Oberste Linie: Der Augenblick des Zusammenhaltes ist vergangen. Schon von Anfang an fehlte etwas, und alle Versuche, den Zusammenhalt zu erreichen, schlugen fehl. Dies ist unglücklich.

Fünfte Linie: Sie können in diesem Augenblick darauf vertrauen, daß das Schicksal Sie mit Menschen zusammenbringt, die Sie fördern. Die Atmosphäre ist freizügig, und vieles kann erreicht werden.

Vierte Linie: Sie sind in engem Kontakt mit einem Führer in Ihrer Gemeinschaft. Zeigen Sie offen, daß Sie ihn unterstützen, doch vergessen Sie nicht, wer Sie selbst sind. Gutes Gelingen.

Dritte Linie: Die Menschen, die mit Ihrer Frage zusammenhängen, sind in diesem Augenblick nicht die richtige Gesellschaft für Sie. Mit diesen Menschen verbunden zu sein, könnte Ihrer weiteren Entwicklung schaden.

Zweite Linie: Wenn Sie der Anerkennung anderer Menschen nachjagen, verlieren Sie Ihre Würde. Hören Sie statt dessen auf Ihre innere Stimme und folgen Sie Ihren Überzeugungen. Gutes Gelingen.

Unterste Linie: Eine aufrichtige, unbeeinflußte Haltung ist die beste Grundlage für die Bildung von Gemeinschaften. Mit einer solchen Haltung können Sie sicher sein, daß Sie andere Menschen anziehen. An dieser Stelle wird auf ein unerwartetes Heil hingewiesen.

小畜

BESCHRÄNKUNG
(DER KLEINEN ZÄHMUNGSKRAFT)

Dame am Ankleidetisch

Su Han-ch'en (zwischen 1115 und 1170)

Museum of Fine Arts   Boston, Massachussetts

Auf diesem fächerförmigen Blatt wird eine schlanke Frau gezeigt, die an ihrem lackierten Frisiertisch sitzt. Vor ihr liegen Toilettenartikel, ihre Dienerin steht neben ihr und ist bereit, ihr zu helfen. Die Dame blickt in den Spiegel und scheint von ihrem Anblick gebannt. Vielleicht denkt sie über die Beschränkungen nach, die den Frauen in China auferlegt sind. Sie kann allerdings an dieser Situation nichts tun, außer sich äußerlich zu verschönern.

Su Han-ch'en, ein für seine Frauen- und Kinderbildnisse berühmter Maler, war ein Günstling an der Akademie des Kaisers Hui Tsung. Als der Kaiser 1126 von den Jurchen gefangen und in die Mandschurei verbannt wurde, wurde Su gezwungen, mit den jüngeren Angehörigen des Kaiserhofes nach Südchina zu fliehen. Danach diente er, mit Ehren überhäuft, als Maler und Lehrer.

9

象曰。風行天上。小畜。君子以懿文德。

小畜。亨。密雲不雨。自我西郊。

Beschränkung bringt Fortschritt. Dichte Wolken, doch von der westlichen Grenze wird kein Regen erwartet. (Befriedigung*)

Das Sanfte (Wind) bewegt sich durch das Feste (Himmel) und bildet die Bedingung für die Beschränkung. Deshalb muß der Edle sogar sein tugendhaftes Verhalten verbergen.

Es ist, als würden Ihre starken Impulse, Ihre guten Absichten und Ihre ernsthaften Pläne von irgendeinem unbekannten, äußeren Detail in Schach gehalten. Mit einiger Frustration können Sie alle Elemente sehen, die nötig sind, um Ihr Ziel zu erreichen – und doch paßt nichts so zusammen, wie es passen sollte. Was auch immer Sie versuchen, Sie werden daran gehindert, etwas Bedeutendes zu unternehmen. Der Urtext zu dem Hexagramm lautet: »Dichte Wolken, doch kein Regen« – eine ausgesprochen unbefriedigende Situation. Doch es gibt Zeichen, daß der Erfolg durch kleine, sanfte Verbesserungen erreicht werden kann. Große Pläne sind zur Zeit nicht möglich.

Sie können jetzt nur den allergeringsten und sanftesten Einfluß auf andere ausüben. Die Kräfte der augenblicklichen Lage sind zu groß, um mit ihnen herumzuexperimentieren. Ihr bester Plan während dieser Zeit der Beschränkung kann nur sein, der Situation, die Sie beeinflussen wollen, nahe zu bleiben. Benutzen Sie die Kraft freundlicher Überzeugung, um den Einfluß, den Sie noch besitzen, aufrecht zu erhalten. Nur so können Sie verhindern, daß sich die augenblickliche Lage verselbständigt. Unterdrücken Sie jeden Impuls, etwas gewaltsam ändern zu wollen.

---

* Der Westen ist die natürliche Position des Trigramms *TUI*, das offen und zufrieden ist (Bild D)

Wie Sie vielleicht bereits bemerkt haben, ist dies eine schlechte Zeit für neue geschäftliche Wagnisse. Obwohl die Aussichten vielversprechend sein können, ist es besser, auf die Zeichen eines sicheren Erfolges zu warten. In der Zwischenzeit halten Sie sich an das Naheliegende. Verbessern Sie das Ansehen der Dinge und Projekte, für die Sie verantwortlich sind. Versuchen Sie auf keinen Fall, eine umfassende Veränderung vorzunehmen.

Es wird viel Geduld erfordern, persönlichen Beziehungen eine erfolgreiche Wendung zu geben. Sie haben keinerlei Kontrolle über die Angelegenheit, und Streitereien oder Drohungen führen zu nichts. Jetzt haben Sie die Wahl, entweder die Dinge anzunehmen wie sie sind und die Zeit der Beschränkung mit freundlichem Warten zu überdauern, oder die Beziehungen ganz aufzugeben.

In dieser Zeit können Sie in der äußeren Welt sehr wenig erreichen. Dennoch gibt es Aussicht auf Erfolg, wenn Sie sich so lange zurückhalten, bis die Situation für Ihren Plan günstig ist.

Die Wandlungen

Oberste Linie: Sie haben die Schlacht gewonnen. Ruhen Sie jetzt und festigen Sie Ihre Position. Vorsicht: Feindseligkeiten können sich entwickeln. Wenn Sie weiterdrängen, werden Sie scheitern.

Fünfte Linie: Durch eine kooperative und loyale Beziehung mit einem anderen Menschen können Sie Ihre Kräfte verstärken. Auf diese Weise ist es möglich, Ihr Ziel zu erreichen.

Vierte Linie: Wenn Sie ehrlich und aufrichtig sind und anderen mit uneigennützigen Ratschlägen helfen, können Sie die Gefahr vermeiden. Furcht und Ängstlichkeit sind nur mit der Wahrheit zu bezwingen. Dann wird kein Unheil geschehen.

Dritte Linie: Die Gegnerschaft scheint schwach, das Fortschreiten möglich. Und doch, wenn Sie darauf bestehen, allzu selbstbewußt weiterzudrängen, werden Sie endlose Rückschläge in Kauf nehmen müssen. Dies bedeutet Unheil.

Zweite Linie: Obwohl Sie jetzt gern handeln würden, wäre es klug, die Situation noch einmal zu überdenken. Das Zeichen sagt, daß ein Rückzug gutes Gelingen verspricht.

Unterste Linie: Wenn Sie Ihren Weg erzwingen, werden Sie auf Hindernisse stoßen. Es ist das Beste, sich in einer Position zurückzuhalten, in der Sie sich über Ihre Situation klarwerden können. Gutes Gelingen.

DAS AUFTRETEN

Tiger

Ch'en Chu-chung, Südliche Sung-Dynastie (1126 – 1279)

Britisches Museum   London

Dieser Tiger, der auf einem Hügel ruht, scheint uns gespannt zu beobachten; vielleicht zur Flucht bereit, wahrscheinlich aber eher zum Angriff. Sein Auftreten ist das eines selbstbewußten, starken Herrschers, unbändig und dennoch kontrolliert; er schätzt zunächst seine Situation ein, um dann angemessen zu handeln. Tiger wurden in China verehrt; sie waren ein Sinnbild des Paradieses, während man sie zugleich sehr fürchtete: Wenn ein Mensch von einem Tiger gefressen wurde, war seine Seele auf ewig im Tiger versklavt und dazu verdammt, anderen Menschen nachzustellen.

Ch'en Chu-chung war im frühen dreizehnten Jahrhundert ein Mitglied der Akademie für Malerei. Er zeichnete sich durch seine Tierportraits, besonders von Pferden, aus, und lebte während einer der zivilisiertesten Zeiten Chinas. Wissenschaften, Künste und Wirtschaft erlebten in dieser Zeit eine Blüte.

10

履虎尾。不咥人。亨。

象曰。上天下澤。履。君子以辨上下。定民志。

Das Auftreten. Trittst du dem Tiger auf den Schwanz, wird er nicht beißen. Gutes Gelingen.

Festes (Himmel) ist oben, das Heitere (See) ist unten und bildet die Bedingung für das Auftreten. Deshalb unterscheidet der Edle zwischen Hohem und Minderem und festigt die öffentliche Meinung.

Dies kann eine brillante, anregende Zeit, aber auch eine Zeit der Gefahr sein. Alles hängt davon ab, wie Sie auftreten. Die besten Möglichkeiten für Fortschritt und Erfolg entstehen durch Ihr persönliches Empfinden für Würde und Haltung. Unordnung und Chaos können Ihnen nichts anhaben, wenn Sie sich selbstbewußt und gesittet verhalten.

Achten Sie besonders auf Ihr Verhalten im zwischenmenschlichen Bereich. Wenn Sie an der Loyalität der anderen zweifeln, halten Sie Ihre Würde aufrecht. Sie könnten ganz plötzlich die Notwendigkeit erkennen, bei der Wahl Ihrer Freunde schärfer zu unterscheiden. Vor Ihnen liegt eine Zeit sozialer Neuanpassung. Einige steigen auf, andere fallen. Das ist ein natürlicher Vorgang.

In geschäftlichen Dingen sollten Sie mit großer Vorsicht und Selbstsicherheit auftreten. Menschen, die unter Ihnen stehen, nähern sich Ihnen kühn oder unerwartet. Wenn Sie Ihren Reaktionen den inneren Wert dieser Menschen zugrunde legen, kann Ihre Autorität nicht angezweifelt werden. Auf diese Weise vermeiden Sie vorschnelle Handlungen und lassen sich weder durch Vorurteile noch ausgefallene Launen leiten. Wenn Sie selbst ehrgeizige Pläne verfolgen, könnten Sie Erfolg haben. Halten Sie sich aber trotz Ihres Wagemutes an gewohnte Verhaltensmuster.

Für persönliche Beziehungen ist die Zeit sehr problematisch. Nehmen Sie Rücksicht auf die Ziele und Wünsche der Menschen, mit denen Sie zusammen sind. Lassen Sie sich nicht durch Mißverständnisse oder Verwirrung ablenken. Wahren Sie Ihre Fassung. Gutes Gelingen entsteht durch überlegtes und höfliches Verhalten.

Bleiben Sie stets sachlich, überlegt und objektiv. Die Art, wie Sie jetzt auftreten, bestimmt den Ausgang aller äußeren Situationen. Sie können streßbedingte Krankheiten vermeiden, indem Sie eine wohlwollende Haltung einnehmen. Vor allem nutzen Sie die Zeit, um Ihr Selbstwertgefühl zu entwickeln. Beachten Sie Ihre positiven Charakterzüge und fördern Sie Ihr inneres Wachstum in die Richtung dieser wertvollen Tugenden.

Die Wandlungen

Oberste Linie: Analysieren Sie sorgfältig, was Sie in der Situation durch Ihr bisheriges Auftreten erreicht haben. Wenn Sie auf dem richtigen Weg sind, werden Sie es an dem Guten messen können, das Sie bewirken. Beim Überprüfen der Vergangenheit können Sie einen Ausblick auf künftiges gutes Gelingen tun.

Fünfte Linie: Was Sie beabsichtigen, ist gefährlich, doch Ihre Wachsamkeit gibt Ihnen die Kraft zum Erfolg. Wenn Sie nicht wirklich im Herzen entschlossen sind, sollten Sie Ihren Weg neu bewerten.

Vierte Linie: Sie können jetzt selbst gefährliche Dinge in Angriff nehmen. Gehen Sie aber mit großer Vorsicht vor.

Dritte Linie: Sie sind noch nicht bereit für Ihre ehrgeizigen Ziele. Ihre Kräfte sind nicht groß genug. Eigenwilligkeit könnte sich verhängnisvoll auswirken. Ein derartiges Verhalten bezeichnet einen Menschen, der sich für einen Höherstehenden fortwirft.

Zweite Linie: Behalten Sie eine bescheidene und mäßige Einstellung bei. Nähren Sie keine Erwartungen, klammern Sie sich nicht an allzu ehrgeizige Ziele. Auf diese Weise gutes Gelingen.

Unterste Linie: Treten Sie im Bewußtsein Ihrer grundlegenden Werte auf, wenn Sie Ihrem Ziel entgegengehen. Verpflichten Sie sich bei Ihren Unternehmungen nicht gegenüber anderen. Einfachheit in Ihrem Verhalten wird helfen, Fehler zu vermeiden und ermöglicht Ihnen den Fortschritt.

DAS GEDEIHEN (DER FRIEDE)

Taoistisches Pantheon: Der Gott der Erde und sein Gefolge

Anonym. Dreizehntes Jahrhundert

Museum of Fine Arts   Boston, Massachussetts

Der taoistische Gott der Erde sitzt auf einem Pferd und ist von seinem Gefolge, von Wachen und Dienern, umgeben. Während er das Reich bereist, bringt er der fruchtbaren Erde das Leben und seinen Untergebenen Gedeihen. Er nimmt den Dämonen des Streits und der Verwirrung, die machtlos hinter ihm schreiten, die Kraft.

Diese anonyme Handschriftenrolle stammt aus dem dreizehnten Jahrhundert, einer Zeit, in der der Kaiserhof in Südchina gedieh. Obwohl im Norden gefährliche Feinde waren, blieb die Regierung für mehr als ein Jahrhundert stabil.

11

泰。小往大來。吉。亨。

象曰。天地交。泰。后以財成天地之道。輔相天地之宜。以左右民。

Gedeihen. Das Niedere schwindet. Das Höhere kommt. Gutes Gelingen und Fortschritt.

Ein direkter Austausch zwischen dem Schöpferischen (Himmel) und dem Empfänglichen (Erde) bildet die Bedingung für das Gedeihen. Deshalb kann ein wahrer Führer die Harmonie zwischen Himmel und Erde vorteilhaft nutzen. Er ist fähig, die Dinge zu lenken und kosmische Ereignisse zu interpretieren; indem er die Entwicklung voraussieht, kann er anderen helfen.

Die Situation erinnert an den Frühlingsanfang, wenn die kosmischen Kräfte in fruchtbarer Harmonie sind. Sie bilden ideale Bedingungen für das Erwachen der Erde, für gesundes Wachstum und beflügelte Pläne. Es ist eine einträchtige Umgebung, die alles Entstandene zum Blühen und Gedeihen bringt. Wenn in irgendeiner Situation der Frühling kommt, nutzt der Edle sein Wissen um das Wachstum, um den vorgefundenen, fruchtbaren Boden zu kultivieren. Er trennt, reguliert und begrenzt die reichen Anfänge, um die Zukunft zu gestalten und sein Leben zu organisieren.

Es ist jetzt möglich, mit starken und guten Ideen fortzuschreiten, während das Innere reformiert wird und die Elemente der Vergangenheit abgestreift werden. Ihre Interaktionen mit anderen können außergewöhnlich nutzbringend sein. Wenn Sie sich in der Vergangenheit etwas zurückgezogen haben, sollten Sie jetzt zuversichtlich neue Kontakte knüpfen.

Viele Dinge werden möglich, wenn die weisesten Führer ohne Schwierigkeiten in bestimmende Positionen kommen. Solche Menschen sind großmütig und zukunftsweisend, so daß selbst die bösesten Elemente zum Guten verändert werden können. Geschäftliche Transaktionen werden aus dieser glücklichen Zeit den größten Nutzen ziehen. Verwenden Sie die kreative Energie Ihrer Mitarbeiter, um Ihre Unternehmungen zu organisieren. Die augenblickliche Klarheit läßt Zusammenhänge entstehen, die auch weiterhin, selbst in schweren Zeiten, Nutzen bringen werden. Menschen, die in dienstleistenden Berufen beschäftigt sind und Dienstleistungsbetriebe werden in dieser Zeit besonders erfolgreich sein.

Zwischen Ihrer Intuition und den kosmischen Kräften besteht jetzt eine harmonische Übereinstimmung. Selbst einfachste Handlungen werden ein Segen für Sie selbst und andere sein. Ihre persönlichen Beziehungen bleiben vielleicht äußerlich dieselben, doch Ihre innere Haltung verändert sich zum Positiven. Diese Zeit bringt einen Seelenfrieden und eine innere Ausgeglichenheit. In dieser Atmosphäre gedeiht der Erfolg.

Die Wandlungen

Oberste Linie: Ein Niedergang hat begonnen. Er kommt von außen, und Sie können nichts tun, um ihn aufzuhalten. Derartige Versuche bringen nur Erniedrigung. Nutzen Sie Ihre Zeit statt dessen, um Beziehungen zu denen, die Ihnen nahe sind, zu festigen.

Fünfte Linie: Sie können Ihr Ziel erreichen, wenn Sie sich unparteiisch verhalten. Wenn Sie Ihre Angelegenheiten objektiv behandeln, werden Sie bei Ihren Unternehmungen Unterstützung finden.

Vierte Linie: Das Wichtigste ist jetzt, mit Ihrer Umgebung fest verbunden zu bleiben und sich mit Ihren Freunden und Mitarbeitern auszutauschen. Denken Sie nicht an ferne Belohnungen, sondern schreiten Sie beständig auf Ihr Ziel zu.

Dritte Linie: Sie sehen vielleicht eine Veränderung auf sich zukommen. Alle Schwierigkeiten können mit Vertrauen an die eigene Stärke und Beharrlichkeit überstanden werden. Inzwischen genießen Sie das Jetzt.

Zweite Linie: In Zeiten des Gedeihens ist es wichtig, an Bewährtem festzuhalten. Sie haben jetzt die Verantwortung, schwierige Aufgaben in Angriff zu nehmen und allen Menschen gegenüber tolerant zu sein. Nur so sind die Dinge, die Sie sich vorstellen können, auch realisierbar.

Unterste Linie: Im Augenblick bringen vor allem jene Handlungen, die mit dem Wohlergehen anderer verbunden sind, gutes Gelingen. Sie werden andere Menschen anziehen und finden Unterstützung bei jenen, die ähnliche Ziele verfolgen wie Sie.

DIE STOCKUNG

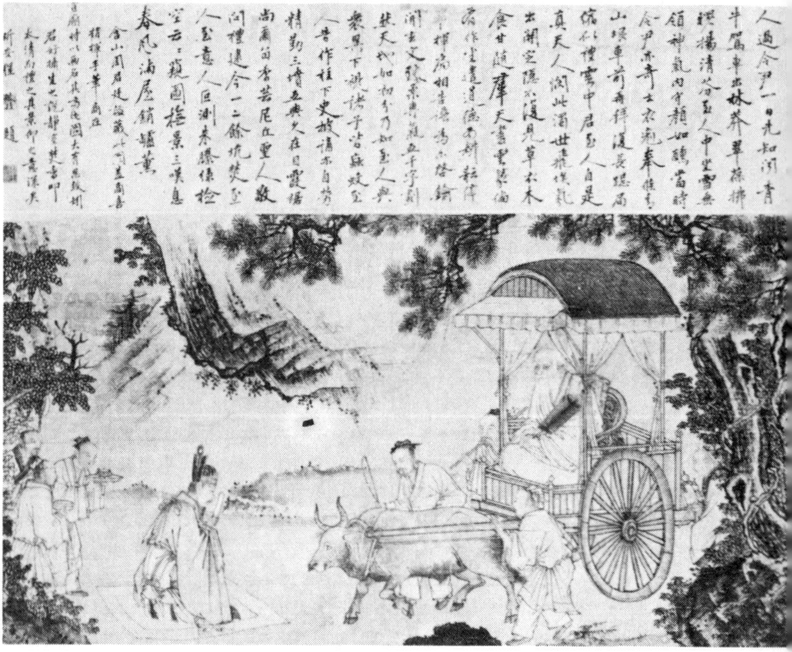

Lao-Tse überschreitet die Grenze

Shang Hsi (zwischen 1430 und 1440)

Museum of Art   Atami, Japan

Dieses Bild zeigt ein legendäres Ereignis. Lao-tse, der berühmte taoistische Philosoph, hat sich entschlossen, die Stagnation und Korruption des Kaiserreiches zu verlassen und Einsiedler zu werden. Als er die letzte Grenze erreicht, wird er von einem Wächter aufgehalten, der von ihm verlangt, den Text des Tao-te-King zurückzulassen. Er ist so fest entschlossen, zu gehen, daß er es freudig hergibt.

Shang Hsi war Kommandeur der kaiserlichen Wache und Maler; seine Gemälde von Tigern, Blumen und Landschaften mit Menschen machten ihn berühmt. Obwohl er hier ein lange zurückliegendes Ereignis schildert, stammen der Wagen, die Kleidung und das Zaumzeug aus seinem Jahrhundert. Es war die Ming-Ära; eine Zeit, in der der Staat innerlich verfiel und abermals Rebellionen das Kaiserreich schwächten.

12

否之匪人。不利君子貞。大往小來。

象曰。天地不交。否。君子以儉德辟難。不可榮以祿。

Stockung entsteht durch oberflächliche Menschen. Kein Vorteil – auch nicht für Menschen von besonderem Charakter und großer Tugend. Der Höhere geht; der Niedere kommt.

Das Schöpferische (Himmel) und das Empfängliche (Erde) vermischen sich nicht und bilden die Bedingung für die Stockung. Deshalb hält sich der Edle zurück und vermeidet auf diese Weise das Unglück. Er lehnt ehrende Geschenke ab.

Die Naturkräfte sind reglos in einer Sackgasse gefangen. Zwischen den Dingen gibt es kein Agieren und Reagieren. In der Situation dieses Stillstandes kann nichts Produktives erreicht werden. Die natürliche Ordnung, die alle Dinge nährt und stärkt, ist aus den Fugen geraten. Verständigung ist unmöglich. Aus diesem Grund gibt es keine Übereinstimmung für das Nötige, und das Wachstum hält inne. Wenn das Wachstum innehält, beginnt die Stockung.

Allen nützlichen Ideen oder Einsichten, die Sie vielleicht haben, wird mit Apathie oder Ablehnung begegnet. Die Atmosphäre Ihrer Umgebung ist selbst für altruistische, selbstlose Energien unempfänglich. Die Stockung ist eine Zeit und absurder Mißverständnisse.

Oberflächliche Menschen und Ideen können großen Einfluß gewinnen. Die politische und soziale Umgebung neigt zur Korruption, und ein Mensch mit Prinzipien kann kaum etwas tun, um dieser Strömung entgegenzuwirken. Die Führer haben keine Verbindung mehr zu denen, die sie führen. Soziale Systeme greifen nicht mehr. Die Menschen sind voller Mißtrauen. Deshalb kann ihnen nicht geholfen werden.

Versuchen Sie nicht, andere zu beeinflussen; das ist zur Zeit unmöglich. Geben Sie aber weder Ihre Prinzipien, noch Ihre Werte auf; denn in dieser chaotischen Situation ist keine vernünftige Lösung möglich. Sie würden nur weiter und weiter in die vielfältige Unordnung hineingezogen. Lassen Sie sich weder mit Versprechen noch mit Belohnungen oder Geschenken dazu verlocken, die stockende Situation zu unterstützen. Der Preis für Ihre Integrität wird zu hoch sein. Verbergen Sie statt dessen Ihre Überzeugungen und ziehen Sie sich so lange aus jeder Situation zurück, die Sie in Konflikte stürzen könnte, bis die Zeit der Stockung vorbei ist.

Beziehungen erweisen sich in dieser Zeit als schwierig und könnten sogar in einem Meer von Mißverständnissen untergehen. Bleiben Sie mutig und halten Sie unauffällig an Ihren Werten und an Ihrem Selbstvertrauen fest. Die Zeit der Stagnation wird vorübergehen. Dies gilt auch für die Gesundheit. Innere Festigkeit wird Ihnen helfen.

Die Wandlungen

Oberste Linie: Es bietet sich die Chance, eine Situation der Stockung in eine des Fortschreitens zu verwandeln. Ein starker und beharrlicher Sinn für das Richtige ist erforderlich, um den größtmöglichen Erfolg zu erzielen.

Fünfte Linie: Ein rascher Wechsel zum Besseren steht bevor. Die Dinge wenden sich zum Positiven und machen Fortschritte. Bleiben Sie trotzdem gerade in diesem Augenblick vorsichtig und zurückhaltend. Eine abwartende Einstellung sichert Ihnen den Erfolg und bildet für die neue Zeit eine starke Grundlage.

Vierte Linie: Es ist möglich, dem Fortschritt und der Ordnung zu neuem Leben zu verhelfen. Wenn Sie sicher sind, einen Ruf für eine Aufgabe zu vernehmen und sich mit dem Kosmos in Harmonie befinden, werden Sie und Ihre Freunde Erfolg haben.

Dritte Linie: Um Ihre Position zu erlangen, wurden fragwürdige Methoden und Motive benutzt. Darin liegt Beschämung.

Zweite Linie: Es ist besser, die Stockung ruhig hinzunehmen, als zu versuchen, die Situation zu ändern. Wenn Sie sich abseits halten, brauchen Sie Ihre Prinzipien nicht zu verraten. Erfolg ist möglich.

Unterste Linie: Wenn es nicht möglich ist, die augenblickliche Umgebung zu beeinflussen und gleichzeitig Ihren Prinzipien treu zu bleiben, ziehen Sie sich besser völlig zurück. Wichtige Verbündete könnten mit Ihnen gehen. Gutes Gelingen.

DIE GEMEINSCHAFT

Reinigung am Orchideenpavillon
(Ausschnitt)

Fan I (zwischen 1658 und 1671)

Cleveland Museum   Cleveland, Ohio

Dieser Ausschnitt aus einer Handschriftenrolle zeigt eine Gruppe von Menschen, die während eines Gedichtschreibewettbewerbs am Ufer eines Flusses miteinander reden und trinken. Auf den schwimmenden Lotosblättern stehen gefüllte Weinbecher. Wann immer eines der Blätter das Ufer berührte, mußte der nächste Gast ein Gedicht komponieren und den Wein trinken. Aus dieser kultivierten Nachmittagszerstreuung spricht ein starkes Gemeinschaftsgefühl.

Fan I war der relativ unbekannte ältere Bruder Fan Ch'us, eines großen Künstlers aus Nanking. Und doch hat Fan I mit diesem Bild eines der schönsten Portraits von Menschen in der frühen Ch'ing-Dynastie geschaffen. Als dieses Bild entstand, wurde China nach Jahren innerer Konflikte und Rebellionen durch die Mandschuren wieder geeint.

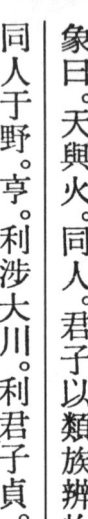

13

同人于野。亨。利涉大川。利君子貞。

象曰。天與火。同人。君子以類族辨物。

Gemeinschaft mit Menschen im Freien bringt Fortschritt. Es ist vorteilhaft, die kosmische Ordnung aller Dinge zu fühlen. Weiterer Vorteil liegt im rechten Beharren, wie es sich einem Edlen geziemt.

Das Starke (Himmel) bildet zusammen mit dem Abhängigen (Feuer) die Bedingung für die Gemeinschaft. Deshalb erkennt der Edle den Platz seines Mitmenschen in der Welt an.

Die Gesellschaft funktioniert am besten, wenn jedes Mitglied an seinem Platz in der sozialen Struktur Sicherheit findet. Wenn alle Mitglieder zum Nutzen des Gesamten eingesetzt werden und gleichzeitig ihre individuelle Initiative behalten, wenn sie sich in der ihnen gemäßen Tätigkeit auszeichnen können und auf diese Weise zu den Zielen der gesamten Gesellschaft beitragen, entsteht Harmonie und Gemeinschaftsgeist. Im gleichen Maße, wie die Mitglieder Interesse am Fortbestehen ihrer Gemeinschaft zeigen, können große Taten vollbracht werden.

Es ist möglich, daß Sie sich nun in einer Position befinden, in der Sie dazu aufgefordert werden, Ihr Gemeinwesen zu organisieren. Diese Rolle erfordert große Charakterfestigkeit und den völligen Verzicht auf selbstsüchtige Motive. Die Zeit zum Erreichen sozialer Ziele ist günstig, doch würde diese Gunst verschwendet, wenn man selbstsüchtigen Interessen und einzelgängerischen Unternehmungen nachginge. Wenn man anderen Menschen beim Aufbau vorangeht, ist es wichtig, jedem Mitglied seinen Platz in der Gruppe zuzuweisen. Ohne Ordnung, Rang und System wird der Zusammenschluß eine bloße Ansammlung von Menschen, die wenig erreichen kann. Beurteilen Sie klug und umsichtig die verschiedenen Fähigkeiten der anderen. Stellen Sie jeden an den Platz, an dem er am wirkungsvollsten arbeiten kann und an dem er Befriedigung in seiner Arbeit findet. Gehen Sie nicht davon aus, daß dies wie von selbst geschieht; wenn die Bedürfnisse der Menschheit gestillt werden sollen, muß es einen überlegenen Führer geben, der die soziale Ordnung herstellt. Sind Sie aber ein Mitglied der Gemeinschaft, dann nehmen sie gegenüber Ihrem Handwerk oder Ihrer Arbeit eine prinzipientreue Haltung ein. Ihr eigener Erfolg wird anderen ein Beispiel geben und auf diese Weise Ihnen selbst und allen anderen dienen.

Allgemein ist dies eine gute Zeit für neue Unternehmungen. Die Kräfte, die in diesem Hexagramm zutage treten, begünstigen die Erschaffung neuer Strukturen und vernünftiger Regelungen.

Die Familie ist ein Mikrokosmos in der größeren Gemeinschaft, und auch hier sollten Sie Ihre Ziele überdenken. Berücksichtigen Sie das Wohlbefinden Ihrer Nächsten? Dies ist nicht der Augenblick, als Individuum in den Vordergrund zu treten.

Die Wandlungen

Oberste Linie: Die Einheit und der Zusammenhalt, die von dieser Position ermöglicht werden, sind in bezug auf universelle Bedürfnisse nicht wesentlich. Es ist aber kein Fehler, sich auch in kleinen Dingen mit anderen zusammenzuschließen.

Fünfte Linie: Schwierigkeiten und Hindernisse in der gegenwärtigen Situation machen Ihnen große Sorgen. Wenn Sie Ihre Nöte offen aussprechen, werden Sie feststellen, daß Ihre Mitmenschen ähnlich fühlen.

Vierte Linie: Je mehr Sie Ihrem Traum folgen, desto weiter entfernen Sie sich von der Gemeinschaft. Mit der Zeit wird die Einsamkeit Sie zur Vernunft bringen. Gutes Gelingen.

Dritte Linie: Es besteht die Möglichkeit, daß die Beteiligten selbstsüchtige Interessen verfolgen. Das sich daraus entwickelnde Mißtrauen wird alles zum Stehen bringen. Bevor nicht die Ziele wieder in Übereinstimmung sind, ist kein Fortschritt möglich.

Zweite Linie: Es gibt eine Tendenz zu einzelgängerischem Verhalten. Eine solche Situation führt ins Unheil.

Unterste Linie: Die Zeit ist so, daß sich eine Gruppe von Gleichgesinnten offen treffen kann. Dies ist der Beginn einer Gemeinsamkeit. Wenn die Interessen der Beteiligten nicht auseinanderlaufen, wird alles gut gehen.

大有

UNABHÄNGIGKEIT
(DER BESITZ VON GROSSEM)

Selbstbildnis

Shen Chou (1427 – 1509)

Museum im Kaiserpalast   Peking

Shen Chou malte dieses Selbstbildnis im Alter von achtzig Jahren. Er war einer der beliebtesten Maler Chinas, und die Käufer seiner Bilder standen vor seinem Tor Schlange. Obwohl er keinen Wert auf Bekanntheit legte, wurde die Schönheit und Kraft seiner Werke im ganzen Land gerühmt. Er war ein wohlwollender alter Herr, der Freude darin fand, bedürftigen Freunden zu helfen. Er hatte Hunderte von Bewunderern.

Erst spät in seinem Leben gründete er die Wu (Soochow)-Malereischule. Er wird als der erste der vier großen Ming-Meister bezeichnet.

Shen Chou war der Sproß einer alteingesessenen Familie von Gelehrten und Malern. Folglich hatte er eine starke Abneigung gegen die despotischen, verantwortungslosen Regenten seiner Zeit. Er lehnte einen Posten am Kaiserhof ab, weil er sich nicht daran beteiligen wollte, den Glanz, der über den Verfall und die Korruption seiner Zeit gebreitet wurde, zu unterstützen. Seine Unabhängigkeit und seine ehrbare Haltung garantierten ihm seine Souveränität im Volk.

14

象曰。火在天上。大有。君子以遏惡揚善。順天休命。

大有。元亨。

Unabhängigkeit bringt außergewöhnlichen Fortschritt.

Intelligenz (Feuer) im Starken (Himmel) bildet die Bedingung für Unabhängigkeit. Deshalb weist der Edle böse Einflüsse zurück, indem er deutlich macht, was gut ist. Er bringt sich mit den Einflüssen des Himmels in Übereinstimmung.

Durch einen Glücksfall werden Sie überragenden Erfolg haben. Innerhalb der Situation, auf die sich Ihre Frage bezieht, sind Sie sehr einflußreich; doch fahren Sie mit einer Haltung unaufdringlicher Bescheidenheit fort. Mit dieser Haltung sind Sie für Ihre Mitmenschen keine Bedrohung. Deshalb schließen diese sich willig Ihrer Führung an. Auf diese Weise wird Ihre Unabhängigkeit garantiert.

Sie stehen im Rampenlicht, im Blickfeld derer, die Sie führen. Gleichzeitig werden Sie von jenen über Ihnen beobachtet. Deshalb ist es wichtig, sich angemessen zu verhalten. Halten Sie Ihr Ego in Schach. Überprüfen Sie sich auf Zeichen von Stolz, der für einen unabhängigen Menschen nicht angemessen ist. Sie müssen nun darum ringen, das Böse in Ihnen selbst und in der Gesamtsituation zu unterdrücken, indem Sie die Dinge, die gut sind, in den Vordergrund stellen.

Auch in weltlichen Angelegenheiten werden Sie Erfolg haben. Das kann eventuell materiellen Wohlstand bedeuten. Selbst Ihre Vorgesetzten werden sich mit Ihrer Unabhängigkeit abfinden, wenn Sie fortschreiten.

Im sozialen Bereich nehmen auch die stärksten Mitglieder Ihrer Gemeinschaft auf Sie Rücksicht. Mit Sanftheit und Güte werden Sie die Herzen Ihrer Mitmenschen gewinnen. Durch Mitfühlen – das heißt, indem Sie sich mit anderen identifizieren und deren Schwächen in sich selbst wiederentdecken – , werden Sie sie zur Loyalität bewegen und ihre Zuneigung gewinnen. Als Künstler sind Sie nun besonders kreativ und können ein Projekt in Angriff nehmen, das großen Erfolg haben wird. Außerdem sind Ihre persönlichen Beziehungen, auch wenn es ihnen an Leidenschaftlichkeit mangelt, in Ordnung. Wahren Sie auch hier Ihre Unabhängigkeit. Bleiben Sie freundlich und selbstlos. Dann blühen Ihre Beziehungen auf.

Innerhalb Ihres Selbst ist die Unabhängigkeit zugleich eine Last und ein Segen. Wenn Sie materiellen Erfolg haben, könnten Sie leicht Lastern wie Stolz, Gier und Unbescheidenheit zum Opfer fallen. Sie müssen sich jetzt besonders bemühen, alle Handlungen, die Ihren Charakter schwächen könnten, zu vermeiden. Konzentrieren Sie sich statt dessen darauf, Ihr Mitgefühl und Ihr Verständnis für andere zu entwickeln.

Die Wandlungen

Oberste Linie: Hier liegt das Potential für großes Heil und gutes Gelingen. Lernen Sie, die Dinge im Gleichgewicht zu halten; gehen Sie mit Hingabe Ihren Unternehmungen nach und danken Sie jenen, die Ihnen helfen. Auf diese Weise haben Sie außergewöhnlichen Erfolg.

Fünfte Linie: Das Band der Aufrichtigkeit zieht Menschen an, mit denen Sie zusammenarbeiten können. So entstehen vertrauensvolle Beziehungen. Gradliniges Verhalten verspricht gutes Gelingen.

Vierte Linie: Unterdrücken Sie Ihren Stolz und Neid und versuchen Sie nicht, mit anderen zu wetteifern. Richten Sie Ihre volle Aufmerksamkeit auf die vor Ihnen liegenden Geschäfte, dann können Fehler vermieden werden.

Dritte Linie: Ein offenherziger Mensch wird seine Talente oder Möglichkeiten in den Dienst seiner Gemeinschaft stellen. Ein selbstsüchtiger Mensch kann dies nicht tun.

Zweite Linie: Sie besitzen nicht nur außergewöhnliche Fähigkeiten, sondern auch die Möglichkeit, diese Talente für sich arbeiten zu lassen. Ihre schöpferische Kraft wird es Ihnen erlauben, ehrgeizige Unternehmungen furchtlos zu beginnen.

Unterste Linie: Obwohl Sie viel besitzen, sind Sie bisher in Ihrer Position noch nicht herausgefordert worden. Deshalb unterliefen Ihnen auch noch keine Fehler. Denken Sie daran, daß Sie erst am Anfang stehen. Auf dem Weg vor Ihnen könnten Schwierigkeiten liegen.

DIE BESCHEIDENHEIT

Literarische Versammlung
Ausschnitt

Han Huang (723 – 787)

Museum im Kaiserpalast   Peking

Diese Herren geben sich keinem müßigen Geplauder hin, sondern sie diskutieren besinnlich ihre Welt. Ihre Rolle und Verantwortung als Gelehrte trägt Ihnen auf, Ereignisse, reale oder solche der Phantasie, zu beobachten und aufzuzeichnen. Sie tun dies mit einer Bescheidenheit, die aus innerer Aufrichtigkeit und Harmonie erwächst.

Han Huang war während der T'ang-Dynastie ein hoher Beamter und Maler. Er zeichnete sich besonders durch seine Bilder mit menschlichen Gestalten aus. Er wurde Herzog und versuchte, trotz der Herrschaft eines unberechenbaren und paranoiden Kaisers, ein ruhiges Leben zu führen.

15

謙亨。君子有終。

象曰。地中有山。謙。君子以捊多益寡。稱物平施。

Bescheidenheit bringt Fortschritt. Der Edle vollendet die Dinge.

Das Stille (Berg) inmitten des Empfänglichen (Erde) bildet die Bedingung für Bescheidenheit. Deshalb nimmt der Edle alles Übertriebene zurück und stärkt das Unzulängliche. Er wägt die Welt ab und fördert die Gleichheit.

Die in diesem Augenblick im Kosmos vorherrschenden Kräfte sind bemüht, Extreme auszugleichen und die verschiedensten Interessen in Übereinstimmung zu bringen. Die Tendenz zu Gleichgewicht und Mäßigung ist ein natürlicher Impuls des Universums. Auf der Erde werden Berge abgetragen und Täler gefüllt. Extreme Pole ziehen ihre Gegenspieler magnetisch an und neutralisieren und dämpfen sich selbst. Die Natur balanciert sich mit Seuchen, Trockenperioden und Zeiten des Überflusses selbst aus. Auch die menschliche Natur strebt nach Bescheidenheit und Mäßigung. Den allzu Mächtigen wird der Reichtum genommen, um die Nöte der verzweifelt Bedürftigen zu lindern.

Weltliche Dinge können jetzt mit Bescheidenheit zum Erfolg gebracht werden. Führer sollten darauf achten, ihre Pläne unbeirrt zur Vollendung zu bringen, ohne dabei außergewöhnliche Kraft zu demonstrieren. Es kommt darauf an, mit einer festen Ernsthaftigkeit vorzugehen, die ihrer wahren Natur entspringt. Die sich selbst beweisende, selbstverständliche Ausstrahlung der guten Absicht ist das Kennzeichen großer Führer, die mit Bescheidenheit handeln.

In sozialen Beziehungen sollten Sie Extreme vermeiden. Außergewöhnlich intelligente oder außergewöhnlich unwissende Menschen neigen zu Extremen in Verhalten und Einstellungen. Konzentrieren Sie sich jetzt darauf, ein harmonisches Gleichgewicht mit

Ihren Mitmenschen herzustellen und Bescheidenheit und Ordnung in soziale Institutionen zu tragen. Dies bedeutet nicht nur, prahlerische Einstellungen zu meiden, sondern auch, schwache und mindere Elemente zu tolerieren. Tun Sie alles in Bescheidenheit.

Dies ist eine gute Zeit, um persönliche Beziehungen ins Gleichgewicht zu bringen. Überprüfen Sie Ihre tiefsten Gefühle. Versuchen Sie, alle unrealistischen Ideale zu mäßigen.

Lernen Sie zu verstehen, daß Bescheidenheit auch bedeutet, sich selbst neuen Erfahrungsbereichen zu öffnen. Auf diese Weise nutzen Sie die harmonisierende Tendenz der augenblicklichen Kräfte, um sich selbst zu zentrieren. Dieses innere Gleichgewicht bringt Sie in Übereinstimmung mit dem *Tao*, das heißt, es bringt Sie mit den Kräften in Einklang, die für Sie wirken können.

Die Wandlungen

Oberste Linie: Ihre innere Entwicklung ist noch nicht vollendet. Die Zeit ruft nach Selbstdisziplin. Wenn sich Schwierigkeiten ergeben, schieben Sie die Schuld nicht anderen zu. Sobald Sie beginnen, die Verantwortung für Ihr Schicksal selbst zu übernehmen, können Sie Ordnung in Ihre Umgebung bringen.

Fünfte Linie: Trotz des empfindlichen Gleichgewichts, das durch Bescheidenheit erreicht wird, ist es vielleicht nötig, energisch zu handeln, um Ihre Ziele zu erreichen. Dies sollte nicht mit protzender Darstellung Ihrer Kräfte geschehen, sondern mit festen, entschlossenen und zielstrebigen Taten. Alles, was Sie unternehmen, wird gut ausgehen.

Vierte Linie: Sobald das Gleichgewicht wahrer Bescheidenheit erreicht ist, muß es aufrecht erhalten werden. Bemühen Sie sich um Ausgeglichenheit in Ihrem Charakter und um Verantwortungsgefühl gegenüber Ihrer Gesellschaft.

Dritte Linie: Mit unbeirrter Verpflichtung und harter Arbeit werden Sie Ehre und Ruhm gewinnen. Wenn Sie die Beharrlichkeit, die Sie an den jetzigen Punkt brachte, aufrecht erhalten, finden Sie andauernde Unterstützung.

Zweite Linie: Halten Sie an einer umsichtigen, inneren Bescheidenheit fest; so gewinnen Sie nach außen Einfluß und Gewicht. Gründliches Überdenken Ihrer Handlungen bringt gutes Gelingen.

Unterste Linie: Wenn Sie Ihr Vorhaben überzeugt und gründlich ausführen können Sie bedeutende Ziele erreichen. Gutes Gelingen.

DIE BEGEISTERUNG

Der Ch'in lauschen

T'ang Yin (1470 – 1523)

Museum im Kaiserpalast   Peking

»Der Ch'in lauschen« spielt auf ein legendäres Ereignis an: Während Chi Kang eines Abends der Ch'in (der Laute) lauschte, suchte ihn ein Fremder auf, der ihm eine liebliche Melodie vorspielte. Die Harmonie dieses Liedes war so ergreifend, daß Chi Kang den Komponisten für einen Gast aus der Welt der Geister hielt. Der Künstler illustriert das Ereignis mit Besuchern aus einer anderen Welt, die aus dem Untergrund auftauchen, angezogen durch den Klang von Chi Kangs Laute.

Während der frühen Ming-Dynastie verschloß China sich gegenüber der Außenwelt und versuchte, den Glanz, den es vor der Invasion der Mongolen besessen hatte, zurückzugewinnen. Die Malerei wurde ›literarisch‹ und begann, Geschichten zu erzählen. T'ang Yin war Gelehrter, Dichter und erfolgreicher Maler. Sein soziales Verhalten jedoch verletzte die moralischen Werte seiner Zeit. Viele bedeutende Gelehrte bewunderten seine Werke, beklagten aber gleichzeitig die Verwirrung seines Geistes.

16

豫。利建侯行師。

象曰。雷出地奮。豫。先王以作樂崇德。殷薦之上帝。以配祖考。

Die Begeisterung. Es ist vorteilhaft, sich um Unterstützung zu bemühen und die Meisterschaft zu erreichen.

Erregendes (Donner) hallt aus dem Empfänglichen (Erde) wider und bildet die Bedingung für Begeisterung. Deshalb komponierten die alten Herrscher eine Musik, die im Gedenken an den universellen Plan tugendhafte Ideale vermittelte. Sie waren ihrer Ahnen würdig.

Innerhalb der Gesellschaft gibt es festgelegte Traditionen, verbreitete Meinungen und Vorlieben, die der Natur der Menschen entspringen. Wenn Sie Einfluß auf Ihre Umwelt nehmen oder andere begeistern wollen, müssen Sie sich zuerst mit den Werten Ihrer Gesellschaft in Übereinstimmung bringen. Auf diese Weise gewinnen Sie die Aufmerksamkeit, die Begeisterung und die Unterstützung anderer. Verhalten, das dem Gefühl und dem Lebensstil der Menschen zuwiderläuft, stößt auf Ablehnung.

Während dieser Zeit sollten Sie sich darum bemühen, das Wesen des Augenblicks zu erfassen. Wenn Sie die Energien dieser Zeit in sich aufnehmen, ist es Ihnen möglich, sich selbst mit ihnen in Einklang zu bringen und vieles zu bewirken. Neue Ideen, Erfindungen und Projekte können jetzt erfolgreich entwickelt und begonnen werden. Erfassen Sie die Strömung der Zeit und die Stimmung der Menschen. Sehen Sie voraus, was gebraucht und unterstützt werden wird, und wählen Sie fähige Helfer, die voller Begeisterung Ihrer packenden Inspiration folgen.

Die Chinesen verglichen diese Zeit mit der Komposition eines Musikstückes. Die überzeugende und mathematische Reinheit musikalischer Harmonien ergreift die Herzen der Zuhörer. Das mächtige Geheimnis dieser Kompositionen kann als unsichtbare Sprache einer nicht sichtbaren Wirklichkeit demonstriert werden. Die Menschen werden von der Harmonie inspiriert und nähern sich dem Verständnis der Vollkommenheit. Diese Momente der Übereinstimmung sind so mächtig, daß Konfuzius sagte: »Wer diese Gnade völlig versteht, könnte die Welt regieren, als drehte sie sich in seiner Hand.«

Dieses Hexagramm legt den Gedanken nahe, daß Sie jetzt fähig sind, im sozialen Bereich Begeisterung und Harmonie zu wecken und Ihre Ideen und Interessen umfassend zu vermitteln.

Sie können jetzt mit Ihrer wahren Natur in Kontakt treten, um die Entwicklung Ihres Charakters zu fördern. Beobachten Sie Ihre Verhaltensmuster und hören Sie auf Ihre innere Stimme. Außerdem kann dieser harmonische Zustand Ihre Gesundheit und Ihr Wohlbefinden fördern. Bringen Sie Ihren Körper und Ihren Geist mit der kosmischen Ordnung in Einklang.

Die Wandlungen

Oberste Linie: Die Person in dieser Position verliert sich in Erinnerungen an eine harmonische Erfahrung. Doch die Zeit des Einklangs ist vergangen. Glücklicherweise steht jedoch eine Umstellung bevor. Es bietet sich die Chance zu erneutem Wachstum.

Fünfte Linie: Völlige Harmonie wird behindert und unmöglich gemacht. Doch das Bewußtsein dieser Tatsache verhindert, daß Sie im Chaos versinken und eine Niederlage erleiden.

Vierte Linie: Harmonische Zeiten stehen bevor. Es ist wichtig, der Zukunft zu vertrauen. Ihre Haltung wird andere Menschen anziehen. Auf diese Weise können Sie Großes bewirken.

Dritte Linie: Sie haben zu lange geduldig auf einen Hinweis von außen gewartet. Was auch immer die Gründe für Ihr Zögern waren, Sie verlieren dabei Ihre Unabhängigkeit und Ihr Selbstvertrauen. Sie können sich noch retten. Bewegen Sie sich!

Zweite Linie: Während andere vielleicht von packenden Rhythmen und Launen davongeweht werden, sollten Sie fest an den tiefen Prinzipien Ihrer Natur festhalten und angemessen auf die Erfordernisse der Zeit reagieren. Gutes Gelingen.

Unterste Linie: Obwohl Sie vielleicht eine harmonische Verbindung mit einem für Sie wichtigen Menschen haben, heißt dies nicht unbedingt, daß Sie die Lage beherrschen. Sie würden das Unheil herausfordern, wenn Sie mit Ihrem Vorteil prahlten.

DIE ANPASSUNG (DIE NACHFOLGE)

Bambus im Schnee

Zugeschrieben T'an Chih-jui, Yuan-Dynastie (1279 – 1367)

Freer Gallery of Art   Smithsonian Institution   Washington, D.C.

Die Äste dieses Bambusgehölzes sind unter dem Gewicht des Schnees gebeugt. Doch sie brechen nicht, und der Bambus überlebt. Er hat sich aus dem Kampf gegen die Elemente zurückgezogen und sich statt dessen Bedingungen angepaßt, die ihm augenblicklich von der Umwelt auferlegt werden. Das Ergebnis ist, daß er wächst und stärker wird. Die Oberfläche dieses Bildes ist im Laufe der Zeit gebrochen, so daß der Eindruck von fallendem Schnee entsteht.

Es ist nicht sicher, ob T'an Chih-jui wirklich je existierte. In den chinesischen Quellen gibt es keine Aufzeichnungen über ihn, und alle seine Arbeiten wurden in japanischen Sammlungen gefunden. Zur Entstehungszeit dieses Bildes paßte China sich gerade der Fremdherrschaft der Mongolen an. Es sollte fast einhundert Jahre dauern, bis die Chinesen sich so weit erholt hatten, daß sie ihr Land zurückfordern konnten.

17

隨。元亨利貞。无咎。

象曰。澤中有雷。隨。君子以嚮晦入宴息。

Anpassung bringt außergewöhnlichen Fortschritt. Im rechten Beharren liegt Vorteil. Dann wird es keinen Fehler geben.

Wachstum (Donner) im Heiteren (See) bildet die Bedingung für die Anpassung. Deshalb findet der Edle selbst in der Dunkelheit den Weg zu behaglicher Ruhe.

Sobald der Herbst kommt, paßt sich alles Leben, das weiterbestehen wird, der Jahreszeit an. Die Pelze der Tiere verdichten sich angesichts des nahenden Winters, und die Samen der Pflanzen werden von den Herbstwinden verstreut, um den Frühling abzuwarten. Die Borke der Bäume wächst, um Schutz vor der Kälte zu bieten, während sich tief in ihr Insekten zum Überwintern verbergen. Durch Anpassung an die vorherrschenden Kräfte ist das Leben im Ruhen geschützt und kann neue Energien sammeln.

Sie sollten sich jetzt darauf konzentrieren, das Bestmögliche zu tun. Überlassen Sie es anderen, die Situation zu kontrollieren. Selbst wenn Sie das Gefühl haben, Sie hätten die Kraft und die Energie, den Lauf der Dinge zu verändern, so ist es doch in Ihrem Interesse, sich zurückzuhalten. Wahre Kraft liegt darin, anderen zu dienen. Mit solchem Verhalten gehen Fortschritt und Erfolg einher.

In weltlichen Dingen werden die Menschen nur den Führern folgen, die ihre Visionen an die Gefühle der Gesellschaft anpassen können. Wenn die Ideale dieser Führer aber zu weit von der Hauptströmung entfernt sind, oder sich das, was sie tun, nicht den Interessen der Zeit anpaßt, könnte es sogar gefährlich sein, ihnen zu folgen. Wenn ihre Ziele aber mit den Erfordernissen der Zeit in Einklang sind, können Sie sich ihrer Führung anschließen. Sobald Sie sich der Führung eines anderen Menschen anvertrauen, können Sie sich entspannen und erholen.

Versuchen Sie, in Ihren sozialen und persönlichen Beziehungen flexibel zu bleiben. Es ist jetzt wichtig, sich der gegebenen Situation anzupassen, denn dies ist der einzige Weg, um wirklichen Erfolg zu erringen. Verschwenden Sie Ihre Energien nicht auf einen Kampf gegen die vorherrschenden Kräfte. Suchen Sie statt dessen Ihre Beziehungen so bereichernd wie möglich zu gestalten, indem Sie sich den Strömungen der Zeit anpassen.

Befreien Sie sich von alten Vorurteilen und Meinungen, die Ihr Verhalten kontrollieren und Sie einschränken. Ihr Fortschritt hängt jetzt von der Realität Ihrer Umgebung ab. Indem Sie ruhig und gelassen Anpassung üben, werden Sie Seelenfrieden und Erfolg finden.

Die Wandlungen

Oberste Linie: Sie werden aufgrund Ihrer Weisheit und Erfahrung dazu berufen, andere anzuleiten. Sie werden nicht umhin können, sich dieser Forderung zu stellen. Ihre selbstlose Verpflichtung wird belohnt.

Fünfte Linie: Wenn Sie ernsthaft an das glauben, was Sie sich vorstellen, sind Ihre Chancen gut, es auch zu bekommen. Setzen Sie Ihre Ziele hoch an. Gutes Gelingen.

Vierte Linie: Die Menschen, die Sie zu beeinflussen scheinen, haben in Wirklichkeit Hintergedanken bei einem Zusammenhalt mit Ihnen. Blicken Sie hinter die augenblickliche, schmeichelhafte Situation und berücksichtigen Sie Ihre ursprünglichen, grundlegenden Ziele. Streben Sie danach, unabhängig zu handeln.

Dritte Linie: Sie werden feststellen, daß Sie sich von früheren, hemmenden Elementen Ihres Lebens trennen, während Sie mit wichtigen Menschen oder Idealen in Berührung kommen. Wenn Sie diesem höheren Weg unbeirrt folgen, finden Sie das, was Sie suchen.

Zweite Linie: Prüfen Sie Ihre Ziele und die Maßstäbe, die Sie sich selbst gesetzt haben. Sind Ihre Ideale oberflächlich, so werden Sie den Kontakt zu produktiven, fördernden Einflüssen verlieren.

Unterste Linie: Eine Veränderung steht bevor; sei es nun in Ihren Zielen oder in Ihrer Situation. Um etwas zu erreichen, sollten Sie sich jetzt mit Menschen aller Überzeugungen und Meinungen austauschen. Bleiben Sie aber Ihren inneren Prinzipien treu und unterscheiden Sie genau.

DIE WIEDERHERSTELLUNG
(DIE ARBEIT AM VERDORBENEN)

Das Kleid wird geflickt

Liu Sung-nien (1190 – 1224)

National Palace Museum   Taipeh, Taiwan

Ein Mann mit den langen Fingernägeln eines Gelehrten sitzt in einem reich möblierten Raum und flickt mit Nadel und Faden sein Kleid, um es weiterhin tragen zu können. Ein Gefährte schaut ihm zu, während im Hintergrund zwei Männer etwas mischen und brauen; möglicherweise einen Heiltrank aus Kräutern oder gewürztem Tee.

Liu Sung-nien, einer der Lieblingsmaler des Kaisers Ning Tsung (Regierungszeit 1195 – 1224) gilt als der erste der vier großen Maler der Südlichen Sung-Dynastie. Seine fein detaillierten Bilder, in denen oft ein Bild innerhalb des Bildes zu sehen ist, wurden wegen ihrer Beschreibung des ruhigen, auf innere Werte gerichteten Lebensstils bekannt. In jener Zeit festigte sich der Zusammenhalt des Volkes.

18

象曰。山下有風。蠱。君子以振民育德。

蠱。元亨。利涉大川。先甲三日。後甲三日。

Wiederherstellung kann außergewöhnlichen Fortschritt bringen. Es ist vorteilhaft, die kosmische Ordnung aller Dinge zu spüren. Prüfen Sie vor dem Beginn die Zukunft (drei Tage).

Das Durchdringende (Wind) mischt sich unter das Feste (Berg) und bildet die Bedingung für die Wiederherstellung. Deshalb regt der Edle andere zum Handeln an, während er seine eigenen Tugenden pflegt.

Ihre Frage beschäftigt sich mit einem Zustand der Unordnung. Dies kann eine ererbte Schwierigkeit sein, oder die Lage entstand, weil Sie es versäumten, sich ständig die Details der Situation vor Augen zu führen, zu analysieren und ihnen die erforderliche Aufmerksamkeit zu widmen. Alle Dinge haben ihre schwachen Punkte, Stellen, die nachgeben und schließlich zum Zusammenbruch führen können. Dies gilt besonders in menschlichen Angelegenheiten.

Halten Sie jetzt inne und denken Sie darüber nach. Ihre Probleme scheinen überwältigend; es sieht so aus, als würden Ihnen die Dinge aus der Hand gleiten. Doch dieses Hexagramm, die Wiederherstellung, verspricht großen Erfolg. In Ihrem Tun haben Sie die Chance, die frühere Gleichgültigkeit, aus der sich die augenblickliche unbehagliche Situation entwickelte, völlig zu überwinden. Arbeiten Sie hart. Sie können die Probleme deutlich sehen. Die Zeit ist richtig für Verbesserungen. Scheuen Sie sich nicht vor energischem Handeln. Äußere Kräfte können die Situation nicht beeinflussen. Ihre eigene frühere Haltung hat den Schaden ermöglicht, doch gerade aus diesem Grund sind Sie nun auch in der Lage, die Wiederherstellung zu bewirken.

Es ist wichtig, vor einer Handlung den Weg zu bedenken, der zu diesem Zustand des Verfalls geführt hat. Nur durch intelligentes Abwägen können Sie sich vergewissern, daß das, was Sie planen, richtig ist. Der Urtext empfiehlt drei Tage des Nachdenkens. Die richtigen Handlungen sind in diesem Augenblick eher konstruktiv als konkurrierend und legen den Grundstein für beständiges Wachstum zum Guten. Dies ist nicht die Zeit für radikales Wachstum oder einen Schritt zurück. Gehen Sie energisch vor, sobald Sie Ihren Weg gefunden haben. Lassen Sie sich nicht durch die Größe der Aufgabe zur Untätigkeit verleiten. Die Situation wird naturgemäß neue Energie entfesseln, sobald die augenblicklichen Probleme beseitigt sind. Bedenken Sie außerdem, daß Sie, sobald die Veränderung eingetreten ist, die Dinge in Ordnung halten müssen.

Die Wandlungen

Oberste Linie: Sie haben jetzt die Möglichkeit, die gesamte Situation zu verändern. Sie brauchen sich nicht um die weltlichen Details spezieller sozialer Probleme zu kümmern. Statt dessen sollten Sie sich Gedanken über universelle Ziele oder spirituelle Entwicklungen machen.

Fünfte Linie: In dieser Position können Sie die Verantwortung für eine langersehnte Reform übernehmen. Tun Sie es. Die Menschen Ihrer Umgebung werden Ihre Bemühungen unterstützen, und Sie ernten Lob und Anerkennung.

Vierte Linie: Die Situation war eine Zeitlang nicht harmonisch, doch der Mißklang wurde hingenommen. Sie werden es später bedauern, wenn Sie die Dinge weiter verfallen lassen.

Dritte Linie: Sie sind ängstlich darum bemüht, Fehler der Vergangenheit zu berichtigen und energisch in die Zukunft zu schreiten. Ihre Handlungen könnten überhastet wirken; doch letzten Endes nehmen Sie keinen Schaden.

Zweite Linie: Sie sind sich Ihrer früheren Fehler, die berichtigt werden müssen, bewußt geworden. Von diesem Punkt an müssen Sie mit größter Umsicht weiterschreiten, denn die Veränderungen in Ihrem Leben könnten Ihre Nächsten verletzen.

Unterste Linie: Es ist nötig, eine überlieferte und starre Struktur, die Ihr Leben bisher beeinflußte, abzulegen. Wenn Sie bei der Durchsetzung der Reform vorsichtig sind, werden Sie mit Erfolg und erneuertem Wachstum belohnt werden.

DIE FÖRDERUNG
(DIE ANNÄHERUNG)

Hsuan-wen Chun gibt eine Unterweisung in den
klassischen Ritualen

Ch'en Hung-shou (1599 – 1652)
Das Bild ist mit dem Jahr 1683 datiert.

Cleveland Museum   Cleveland, Ohio

Diese Handschriftenrolle zeigt die Dame Hsuan-wen Chun, die einer Gelehrtenfamilie angehörte. Sie studierte die klassischen Rituale so intensiv, daß sie zur einzigen Person wurde, die wirkliches Wissen darüber besaß. Als die Karriere ihres Sohnes, er war Hofbeamter, einen Umzug nach Shantung mit sich brachte, trat ihr außergewöhnliches Verständnis für die klassischen Rituale zutage und wurde dem Kaiser zugetragen. Hsuan-wen Chun wurde mit dem Titel ›Fürstin der schriftlichen Überlieferung‹ ausgezeichnet, bekam einen Vortragssaal und Studenten zugewiesen und erweckte auf diese Weise eine der ältesten Traditionen Chinas zu neuem Leben.

Während er von seinen Zeitgenossen für sorglos und unverantwortlich gehalten wurde, benutzte Ch'en Hung-shou seine Bilder als Rahmen, um seine ernsteren Gedanken auszudrücken. Die Mandschuren nahmen ihn, nachdem sie China erobert hatten, wegen seiner Loyalität gegenüber dem Kaiserhof gefangen. Da sie sich aber für die Hüter der künstlerischen Traditionen Chinas hielten, gaben sie ihn später wieder frei und ermutigten ihn, seine Arbeit fortzusetzen.

19

**Förderung bringt außergewöhnlichen Fortschritt.
Im rechten Beharren liegt Vorteil. Im achten Monat
kommt Unheil.**

**Empfängliches (Erde) über der Fülle (See) bildet
die Bedingung für Förderung. Deshalb wird der Edle
unermüdlich lehren und andere ohne Vorbehalt
unterstützen.**

Die Chinesen brachten dieses Hexagramm mit dem
Ende des Winters und den Anfängen des Frühlings in
Verbindung. Wie der Sproß einer neuen Pflanze, der
in einem Ausbruch neuer Aktivität hervorschießt,
können Sie jetzt erste positive Schritte auf dem Weg zu
Ihrem Ziel tun. Sie werden fähig sein, andere geschickt
anzuleiten und zu unterstützen. Es wäre allerdings
klug, die Bedürfnisse Ihrer Mitmenschen zu berücksichtigen. Wenn Sie das tun, festigen Sie Ihre Position.

Diese ungeheuer positive Zeit wird nicht ewig
dauern, deshalb müssen Sie sie auf bestmögliche
Weise nutzen. Der Urtext lautet: »Wenn der achte
Monat kommt, wird es ein Unglück geben.« Das
bezieht sich auf den Niedergang des Herbstes, der
unausweichlich vor Ihnen liegt. Deshalb sollten Sie
die Kraft und den Optimismus des Frühlings nutzen,
um sich auf den natürlichen Zyklus des Niedergangs
vorzubereiten.

In geschäftlichen Dingen steht eine Förderung
bevor. Wenn Sie auf einen günstigen Augenblick gewartet haben, um eine neue Idee vorzubringen oder
sich in eine bessere Position zu manövrieren, dann ist
jetzt die richtige Zeit gekommen. Jene, die Autorität
besitzen, waren Ihnen gegenüber noch nie so offen wie
jetzt. Sie besitzen eine starke Ausstrahlung und sind
fähig, andere anzuleiten und zu lehren, damit auch
sie gefördert werden. Diese Förderung, verbunden mit

sozialem Ansehen, sollte dazu eingesetzt werden, um Ihre ganze Umgebung zu verbessern und ihr neue Impulse zu geben. Auf diese Weise schaffen Sie sich ein sicheres Fundament, das Rückentwicklungen verhindern wird.

Beziehungen haben jetzt die Möglichkeit, aufzublühen. Sie befinden sich vielleicht in der Rolle des Zuversicht spendenden Partners. Seien Sie tolerant und achtsam; dann können Sie eine Freundschaft schaffen, die die stürmischeren emotionalen Begegnungen überdauern wird, die Bestandteil jeder Beziehung sind.

Auf innerem Wachstum liegt jetzt ein besonderer Akzent. Physische und spirituelle Kraft kann durch Selbsterkenntnis gestärkt werden. Versuchen Sie, ein gutes Gespür für Ihr wachsendes Selbstvertrauen zu entwickeln. Der daraus entstehende Glaube an Sie selbst hilft Ihnen durch spätere Verwirrungen und Depressionen.

Die Wandlungen

Oberste Linie: Die Person in dieser Position wird andere am Schatz ihrer Erfahrungen teilhaben lassen. Solche Großzügigkeit bringt allen Beteiligten unschätzbaren Fortschritt. Dies ist ein Moment wirklicher Größe.

Fünfte Linie: Sie sind in einer souveränen Position. Wenn Sie fähige Helfer wählen und es vermeiden, sich in deren Arbeit einzumischen, werden Sie den Idealzustand echter Autorität erreichen.

Vierte Linie: Die Förderung ist vollbracht. Unabhängig von allen Schwierigkeiten können Sie Ihre neue Position übernehmen; Ihr Verhalten ist angemessen. Der jetzt eingeschlagene Weg wird Erfolg bringen.

Dritte Linie: Augenblicklich ist ein leichtes Fortkommen möglich. Dies könnte zu einer sorglosen Haltung führen. In solchem übermäßigen Selbstvertrauen liegen Gefahren. Wenn Sie jedoch die Notwendigkeit ständiger Vorsicht rasch erkennen, vermeiden Sie Fehler.

Zweite Linie: Was Sie vorhaben, wird Ihnen die Sympathie und Unterstützung anderer Menschen einbringen. Ihre Ideale sind so stimmig, daß Sie selbst große Schwierigkeiten überwinden können. Die Zukunft ist strahlend.

Unterste Linie: Beginnen Sie Ihre Unternehmungen in der Gesellschaft von Menschen, die Ihre Begeisterung teilen. Zugleich sollten Sie sich vergewissern, daß Sie lohnende Ziele verfolgen. Bei Ihren Prinzipien zu bleiben, verspricht gutes Gelingen.

DIE BESINNUNG
(DIE BETRACHTUNG)

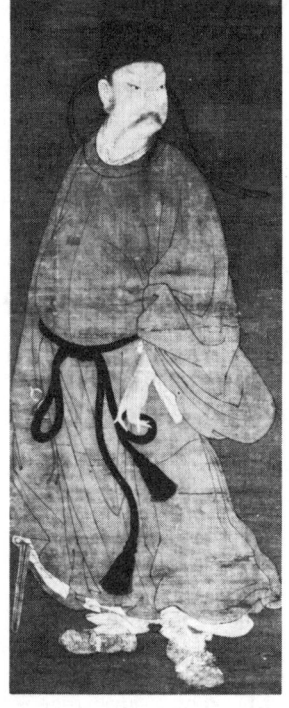

Lu Tung-pin (Lu Yen)

Anonym. Yuan-Dynastie (1279 – 1367)

Nelson Gallery – Atkins Museum   Kansas City, Missouri

Im Taoismus symbolisiert die Gruppe der acht Unsterblichen die Umwandlung und das Glück. Lu Tung-pin, auch Lu Yen genannt, gehörte zu jener Gruppe und wurde verehrt, weil er Kranke heilte, das Böse vernichtete und die Gerechten mit seinem Zauberschwert verteidigte. Chinesen, die Sorgen hatten, meditierten über die Kräfte dieses taoistischen Gottes. Er wird hier, über die linke Schulter starrend, gezeigt; vielleicht betrachtet er das nächste Hindernis, das er überwinden muß.

Dieses Bild, dessen Maler unbekannt ist, stammt aus der Zeit der Yuan-Dynastie, als die Mongolen China eroberten. Während dieser Epoche rascher Veränderungen und religiöser Freiheit gewannen der Taoismus und sein kontemplativer Mystizismus neue Bedeutung und Beliebtheit im Land.

20

觀。盥而不薦。有孚顒若。

象曰。風行地上。觀。先王以省方觀民設教。

Besinnung. Das Ritual ist durchgeführt, doch das Opfer ist noch nicht vollzogen. Aufrichtigkeit erzeugt Zuversicht.

Das Durchdringende (Wind) bewegt sich über das Empfängliche (Erde). Deshalb besuchten die alten Herrscher die Regionen der Welt, betrachteten die Menschen und förderten die Kultur.

Die Jahreszeiten fließen mit beständiger Gleichmäßigkeit ineinander über. In sich mögen sie unterschiedlich sein, doch im Verhältnis untereinander sind sie immer gleich. Dieses regelmäßige Muster tritt überall zutage – angefangen bei den Bewegungen des Sonnensystems bis hin zu den Zügen der Tierscharen. Alle Materie des Kosmos ist denselben zyklischen Gesetzen unterworfen, die auch den Rhythmus aller Zivilisationen und Einzelwesen bestimmen.

Im gleichen Maße wie das Leben des einzelnen aus Jahreszeiten besteht – der Frühling bringt neue Ideen, der Sommer die Arbeit, der Herbst die Vollendung, der Winter Ruhe und Besinnung –, haben auch weltliche Dinge ihre bestimmten Zeiten. Wenn Sie in diesem Augenblick versuchen, die Tendenz einer Situation zu bestimmen, so nähern Sie sich ihr im Bewußtsein der regelmäßigen Abfolge der Jahreszeiten. Indem Sie die Situation betrachten und dabei berücksichtigen, was ihr unmittelbar vorausging, sind Sie auch fähig, das Kommende zu bestimmen. Jeder einzelne, der zu dieser objektiven Besinnung fähig ist, meistert seine Welt. Er wird ein Teil der kosmischen Gesetzmäßigkeiten und reagiert instinktiv und angemessen.

Nehmen Sie sich die Zeit zur Besinnung und streifen Sie frei durch die Gesellschaft. Lassen Sie neue Ideen in ihrer ganzen Größe auf sich wirken und bieten Sie dann Ihren Rat an. Andere werden begierig auf Ihre

Worte hören. Nutzen Sie diese Gelegenheit zum Ausloten der unterschiedlichen Energien und zur Besinnung. Verändern Sie Ihr Verhalten dort, wo es unpassend scheint. Ihr beispielhaftes Vorbild wird unter Ihren Nächsten Vertrauen erzeugen.

Ihre persönlichen Beziehungen entwickeln sich leicht, weil Sie die Bedürfnisse der anderen erfassen und angemessen reagieren. Durch Einheit und Zusammenarbeit erschließen Sie diesen Beziehungen neue Bereiche persönlicher und sozialer Bedeutung.

Denken Sie daran, daß in dieser Zeit auch andere über sich nachdenken. Wenn Sie mit den Kräften und Gesetzen des Kosmos in Kontakt bleiben, wird Ihre Position so bedeutend wie Ihr Einfluß.

Die Wandlungen

Oberste Linie: Sie sind über die Situation hinausgegangen und können sich ohne egoistische Strömungen auf Ihr Leben besinnen. Sie werden entdecken, daß in der Gewißheit, das Richtige zu tun, die höchste Befriedigung liegt.

Fünfte Linie: Sie werden ein Verständnis für die Dinge, die in der Zukunft liegen, entwickeln, indem Sie die Wirkung Ihres Lebens auf andere bedenken. Wenn Ihr Einfluß und Ihr Beispiel gut ist, sind Sie ohne Makel. Dies ist in sich selbst bereits die Belohnung.

Vierte Linie: Sie können jetzt fortschreiten, indem Sie über die Gesellschaft nachdenken und sich entscheiden, die beste Sache, den besten Führer oder die beste Organisation zu unterstützen. Es besteht die Möglichkeit, daß Sie über Ihre Position hinauswachsen und großen Einfluß ausüben.

Dritte Linie: Um in Ihrem Leben die richtigen Entscheidungen zu treffen, müssen Sie zunächst objektives Wissen über sich selbst erlangen. Dabei werden Sie sich selbst finden.

Zweite Linie: Wenn Ihre Ziele mehr bedeuten, als nur die Ordnung Ihrer persönlichen Welt aufrechtzuerhalten und Ihre Träume die gesamte Gesellschaft betreffen, so müssen Sie auch lernen, hinter die Dinge zu schauen. Solange Sie alles, was auf Sie zukommt, mit den Begriffen Ihres eigenen Lebens und Ihrer persönlichen Haltung messen, können Sie sich nicht entwickeln.

Unterste Linie: Betrachten Sie nur die Oberfläche der Situation und ihre oberflächlichsten Auswirkungen auf sich? Dies ist eine unerleuchtete Form der Auseinandersetzung. Der überlegene Geist wird versuchen, die Situation als Teil eines größeren Ganzen zu sehen.

噬嗑

DIE VERBESSERUNG
(DAS DURCHBEISSEN)

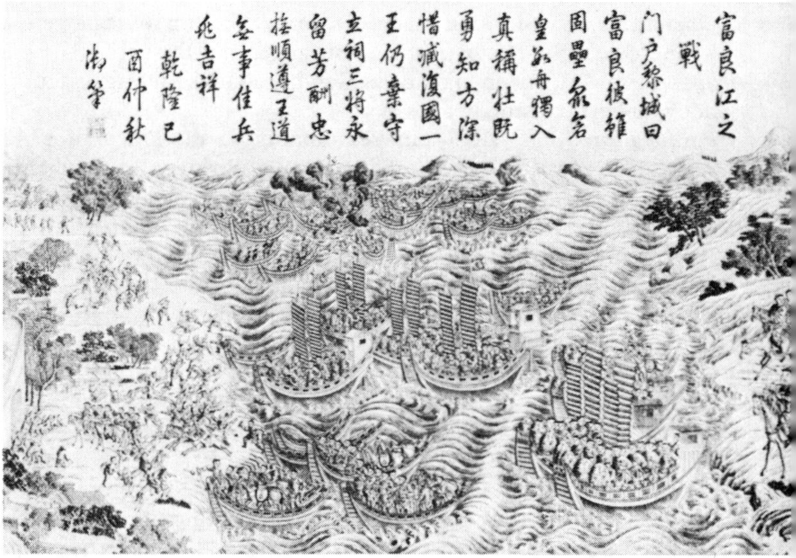

富良江之
戰

門戶黎城曰
富良彼錐
固壘氣焰
皇師舟獨入
真稱壯既
勇知方深
惜藏復國一
王仍棄守
立祠三將永
留芳酬忠
接順邁王道
各事佳兵
危吉祥
乾隆已
酉仲秋
御筆

Vietnamfeldzug

Anonym, Datum der Inschrift 1798

Library of Congress   Washington, D.C.

In dieser Gedenkgravur sehen wir eine Seemacht mit gut bewaffneten Truppen, die an Land gehen und ihre Widersacher niederwerfen. Das Bild zeigt einen Kriegszug des Kaisers Ch'ien Lung gegen Annam (Vietnam). Er brachte seine Kavallerie mit Schiffen an Land, um seinen ersten Eroberungen einen weiteren erfolgreichen Feldzug anzuschließen.

Der Graveur dieses Bildes ist nicht bekannt, doch er benutzte eine neue Technik, um die Szene darzustellen. Das Werk entstand zur Zeit des Kaisers Ch'en Lung (Regierungszeit 1736 – 1796). Ein Gedicht, das der Kaiser über das Bild schrieb, erläutert seinen Sieg. Unter Ch'ien Lung war China wieder zu einer Großmacht geworden und die Grenzen des Imperiums wurden unter starker Belastung der Staatsschätze erweitert. Zugleich entstand eine der größten Kunstsammlungen jener Zeit. All dies belastete Chinas Wirtschaft sehr stark.

21

噬嗑。亨。利用獄。

象曰。雷電。噬嗑。先王以明罰勅法。

Verbesserung bringt Fortschritt. Es ist vorteilhaft, das Gericht sprechen zu lassen.

Erwachtes Bewußtsein (Donner und Blitz) bilden die Bedingung für die Verbesserung. Deshalb setzten die alten Herrscher ihre Gesetze durch und legten die Bestrafungen fest.

Die Zeit ruft nach energischen Verbesserungen. Das Erreichen Ihrer Ziele wird entweder von einer untergeordneten Person, die gegen Sie arbeitet, behindert oder durch eine Situation, die Ihrem Leben zuwiderläuft, gestört. Diese mißliche Lage muß erkannt, verbessert und auf diese Weise überwunden werden. Der Erfolg entsteht durch das Durchsetzen der Gesetze und die Einschaltung des Gerichtes. Es gibt weder die Möglichkeit zu Kompromissen, noch die Hoffnung, daß das Problem wie durch ein Wunder verschwindet. Es kann nicht rationalisiert oder ignoriert werden, und Sie können es nicht umschiffen. Es ist eine fühlbare, reale und ständig wachsende Störung Ihres Lebens, die energisch angegangen werden muß, bevor sie dauerhaften Schaden anrichtet.

Im sozialen und politischen Bereich ist es nötig, sich strikt an die herrschende Auffassung von Gerechtigkeit zu halten. Eine Gesellschaft ohne Prinzipien oder Klarheit über die eigenen Gesetze ist eine Gruppe von Menschen ohne Ziel. Wenn Sie der Führer sind, sollten Sie die Initiative übernehmen und gerecht, vernünftig und rasch handeln, um die Ordnung wiederherzustellen; sind Sie Mitglied einer Gruppe, so gilt es in dieser Zeit, übergeordnete Personen, die soziale Reformen durchführen können, zu unterstützen.

Persönliche Beziehungen ohne klar definierte Leitlinien, ohne vernünftige Erwartungen, ohne gegenseitigen Halt und ohne klare Zukunftspläne laufen jetzt

Gefahr, sich in dem Chaos aufzulösen, das durch die augenblickliche Situation geschaffen wird. Mißverständnisse und Verwirrung werden sich ausbreiten, wenn nicht feste, klare Handlungen alle Hindernisse beseitigen.

Es könnte keine bessere Zeit geben, um Ihren Charakter zu prüfen und festzustellen, in welchem Ausmaß Täuschungen, Rationalisierungen oder Gewohnheiten die Kontrolle über Ihr Urteilsvermögen übernommen haben. Klären Sie, was Sie wollen, was Ihnen ein gutes Gefühl gibt und finden Sie heraus, was Sie in Harmonie mit anderen bringt. Dies sind Ihre Leitlinien und Prinzipien. Andere Faktoren, die die Kontrolle über Ihr Verhalten oder Ihre Gesundheit übernehmen, oder die inneren Mißklang erzeugen, müssen überwunden werden.

Die Wandlungen

Oberste Linie: Ein Mensch, der seine eigenen Fehler nicht erkennt, wird immer weiter vom Weg abkommen. Ein Mensch, der nicht mehr auf dem Weg ist, kann die Warnungen anderer Menschen nicht verstehen. Darauf folgt Unheil.

Fünfte Linie: Wenn Sie wissen, welchem Weg Sie folgen wollen, dann schwanken Sie nicht in Ihrer Entscheidung. Bleiben Sie sich der Gefahren bewußt. Auf diese Weise werden Sie sie überwinden.

Vierte Linie: Die vor Ihnen liegende Aufgabe ist sehr schwierig. Was Sie überwinden müssen, ist in einer mächtigen Position. Bleiben Sie fest und beständig bei dem einmal Begonnenen. Gute Ergebnisse sind möglich, wenn Sie wachsam sind und in Ihrem Bemühen nicht nachlassen.

Dritte Linie: Sie haben nicht genug Kraft, um eine Reform zu bewirken. Ihren Versuchen wird mit Gleichgültigkeit begegnet, und Ihre sinnlos scheinenden Taten geben Ihnen vielleicht ein minderwertiges Gefühl. Doch die Reform ist notwendig, und deshalb sind Ihre Bemühungen berechtigt.

Zweite Linie: Strafe und Sühne kommen rasch zu dem Menschen, der nicht von falschem Verhalten abläßt. Obwohl solche Schicksalsschläge übermäßig hart erscheinen mögen, werden sie rasch die Reform bewirken. Am Ende gibt es keinen Fehler.

Unterste Linie: Da dies Ihr erstes Abirren vom rechten Weg ist, wird nur eine leichte Strafe folgen. Diese wird Sie dazu bringen, noch einmal über Ihre Ziele nachzudenken.

ANMUT

T'au Yuan Ming bewundert Chrysanthemen

Li Shih-ta. Das Bild entstand 1619

University of Michigan, Museum of Art   Ann Arbor, Michigan

Während die Dinge des Lebens ihren Gang nehmen, läßt Li Shih-ta uns in einem Augenblick der Anmut und Stille innehalten. Wir sehen einen Mann und seine Begleiter, die sich anläßlich eines angenehmen Ausflugs entspannen und die Schönheit der Blumen genießen.

Li Shi-ta malte während der Regierungszeit des Kaisers Wan-Li (1572 – 1620). Selbst als die Japaner, Portugiesen und Mandschuren in das Land einfielen und innere Unruhen und Kämpfe mit sich brachten, befanden sich Chinas Herrscher auf einem Rückzug aus der äußeren Welt. Sie lebten ein konservatives und beschauliches Leben, bewahrten, entwickelten und verfeinerten ihre Literatur und Kunst.

22

賁。亨。小利有攸往。

象曰。山下有火。賁。君子以明庶政。无敢折獄。

Anmut bringt Fortschritt. Es ist vorteilhaft, nur in kleinen Dingen ein Ziel zu haben.

Das Leuchtende (Feuer) am Fuß des Unbeweglichen (Berg) bildet die Bedingung für die Anmut. Deshalb behält der Edle angesichts verschiedener Möglichkeiten einen klaren Geist, doch er unterläßt es, bei Streitigkeiten zu schlichten.

Dies ist ein Augenblick vollkommener, ausbalancierter und ästhetischer Form. Diese alles durchdringende Eleganz bringt dem Herzen Freude, dem Verstand Klarheit und der Seele Frieden. Sie sind in einem Zustand der Anmut. Wenn Sie sich mit der außerordentlichen Einsichtsfähigkeit, die Ihnen in diesem Augenblick gegeben ist, auf Ihre Umgebung besinnen, können Sie die Vision einer möglichen Vollkommenheit in die Welt tragen. Doch ehrgeizige Versuche, diese Perfektion zu erreichen, wären ein Fehler.

Ihre soziale Umwelt wird sich mit luxuriöser Feierlichkeit entwickeln, und das Bewußtsein Ihrer Position kann durch traditionelle soziale Ereignisse verstärkt werden. Denken Sie daran, daß im Augenblick die Betonung eher auf der Form als auf dem Inhalt liegt. Verwechseln Sie nicht das eine mit dem anderen. Dennoch, dies ist nicht der rechte Moment für weitreichende oder wichtige Entscheidungen. Benutzen Sie diesen Zustand der Anmut nur, um in sozialen Beziehungen oder in Ihrem öffentlichen Ansehen Fortschritte zu machen.

In Ihren persönlichen Beziehungen können die höchsten Ideale realisiert werden. Ihre Wertschätzung der mit der Liebe verbundenen Ästhetik kann Ihren Wahrnehmungen in allen Lebensbereichen neue Farbe geben. Darin ist nichts Falsches. Verstehen Sie jedoch, daß Sie jetzt die idealistischsten Aspekte der Liebe erfahren, und daß dies nicht die Basis für eine Heirat oder eine Scheidung sein kann.

Anmut ist eine Zeit der reichen inneren Entwicklung und des Selbstausdrucks. Wer mit Kreativem oder Künstlerischem befaßt ist, wird große Befriedigung in seiner Arbeit finden. Es ist eine Zeit voller Inspirationen, in der die Ideen fließen, während die Welt stillzustehen scheint. Was jetzt produziert wird, scheint von göttlicher Inspiration. Dieser Moment der Anmut sollte wegen der Freude und dem Glück, das er bringt, geschätzt werden, bewerten Sie ihn jedoch nicht als Schlüsselerlebnis für eine radikale Veränderung.

Die Wandlungen

Oberste Linie: Sie können sich jetzt auf die Aufrichtigkeit Ihrer wahren Natur verlassen, die sich in schlichter Vornehmheit zeigt. Der Weg, den Sie beschreiten müssen, ist der der Einfachheit. Auf diesem Weg werden Sie keine Fehler machen.

Fünfte Linie: Sie wünschen sich vielleicht, Ihre Verbindung mit einem bewunderten Menschen zu stärken. Zugleich fühlen Sie aber, daß das, was Sie anzubieten haben, nicht groß genug ist, um Aufmerksamkeit zu erregen. Doch Ihre aufrichtigen Gefühle sind es, die wirklich zählen. Ihre Persönlichkeit wird anerkannt und Ihnen steht gutes Gelingen bevor.

Vierte Linie: Sie haben die Wahl zwischen zwei Möglichkeiten. Die eine ist der Weg der Verschönerung und äußerer Brillanz; die zweite ist der Weg der Einfachheit und des inneren Glanzes. Der Weg der Einfachheit wird Sie zu bedeutungsvollen Beziehungen mit anderen und einem größeren Wissen über sich selbst führen.

Dritte Linie: Sie stehen in einem Augenblick vollkommener Anmut und führen ein faszinierendes Leben. Werden Sie durch dieses Glück nicht träge, denn das würde Unglück nach sich ziehen. Fahren Sie beständig mit Ihren Unternehmungen und Ihren Prinzipien fort.

Zweite Linie: Anmut um ihrer selbst Willen ist jetzt für Sie nutzlos. Wenn Sie der Verpackung größere Aufmerksamkeit als dem Inhalt schenken, wird Ihnen die Bedeutung dieses Augenblicks völlig entgehen.

Unterste Linie: Bewegen Sie sich mit eigener Kraft weiter und vermeiden Sie falsches Auftreten oder zweifelhafte Abkürzungen. Es ist jetzt äußerst wichtig, sich auf den eigenen Wert zu besinnen.

DIE ZERSPLITTERUNG

Zwei Weise und ein Diener unter einem Pflaumenbaum

Ma Yuan (zwischen 1190 und 1225)

Museum of Fine Arts   Boston, Massachussetts

Das Bild zeigt zwei Männer, die sich in großem Abstand gegenübersitzen, während ein junger Diener in der Nähe darauf wartet, ihnen behilflich zu sein. Es ist ungewöhnlich, Gelehrte, die normalerweise einzeln oder in eine Diskussion vertieft gezeigt werden, in so großem Abstand zu sehen. Vielleicht repräsentieren sie die divergierenden Philosophien des Konfuzianismus und des Zen-Buddhismus.

Ma Yuan war einer der großen Meister der Südlichen Sung-Dynastie (1126 – 1279). Er entwickelte einen Malstil, der einen völligen Bruch mit früheren Traditionen und dem Geschmack seiner eigenen Zeit repräsentierte. Während elegante, bezaubernde und ›glückliche‹ Kunstwerke bevorzugt wurden, schuf er gespenstische Bilder, angefüllt mit tiefen menschlichen Emotionen und poetischen Gedanken.

23

剝。不利有攸往。

象曰。山附於地。剝。上以厚下安宅。

Zersplitterung. Im Vorwärtsschreiten auf ein Ziel liegt kein Vorteil.

Das Unbewegliche (Berg) hängt vom Schwachen (Erde) ab und bildet die Bedingung für die Zersplitterung. Deshalb wird der Edle seine Umgebung mit Großzügigkeit gegenüber seinen Mitmenschen beeinflussen.

In beinahe jedem Aspekt der augenblicklichen Situation ist eine beeindruckende Zersplitterung erkennbar. Die niederen Elemente und jene, die sie repräsentieren, haben völlige Kontrolle über die Situation erlangt. Die Zersplitterung wird sich so lange ausbreiten, bis sie sich totläuft. Ein integrer Mensch kann nichts tun, als abzuwarten. Mit der Zeit werden sich die Dinge zum Besseren wenden.

In dieser Zeit sollten alle finanziellen und geschäftlichen Dinge mit großer Sorgfalt überdacht werden. Verzichten Sie möglichst darauf, Ihre Interessen in den Vordergrund zu stellen. Sie werden nur Feindseligkeiten ernten und möglicherweise einer Katastrophe entgegengehen. Die Situation ist in den Händen von Menschen mit schwacher Visionskraft. Warten Sie, bis sich die Dinge verändern. Reichen Sie den Menschen unter Ihnen wohlwollend die Hand und festigen Sie die Beziehungen zu ihnen. Dies wird Ihnen, während Sie warten, ein sicheres Fundament geben.

Dies ist auch sozial eine schwierige Zeit, da der erfüllende Austausch mit anderen ebenfalls von Zersplitterung gehemmt wird. In sozialen Beziehungen können Sie nur durch Zurückhaltung Mißverständnisse vermeiden. Wenn Sie Künstler sind oder sich mit kulturellen Veränderungen beschäftigen, könnten Sie keinen unglücklicheren Augenblick wählen, um ein

Publikum zu suchen. Falls Sie die Gelegenheit haben, ein soziales Ereignis zu meiden, dann tun Sie es.

Wenn es in persönlichen Beziehungen einen Bruch gibt, ist er in diesem Augenblick leicht zu überbrücken. Bleiben Sie jetzt ruhig und gefaßt und versuchen Sie, großzügig zu sein. Unterstützen Sie die Menschen, die Ihnen teuer sind. Sobald sich die Situation verbessert hat, wie es ganz natürlich geschehen wird, können Sie feststellen, daß Sie Ihre Beziehungen gestärkt und behütet haben.

Aufgrund der ungünstigen Elemente in Ihrer Umgebung ist in diesem Augenblick vielleicht auch Ihre Gesundheit und Ihre innere Entwicklung gefährdet. Stärken Sie Ihren Geist und Ihren Körper; bleiben Sie vernünftig und einfühlsam. Versuchen Sie im Akzeptieren der Sie umgebenden Umstände Weisheit zu erlangen.

Die Wandlungen

Oberste Linie: Die Kräfte der Zersplitterung sind erschöpft. Menschen mit großen Visionen werden ihre Energie zurückerlangen. Oberflächliche Menschen zerstören sich durch ihre eigene Bosheit; denn ohne Macht löscht sich das Negative selbst aus.

Fünfte Linie: Eine ungünstige Situation beginnt sich zum Besseren zu wandeln. Durch Kooperation können entgegengesetzte Kräfte zum beiderseitigen Vorteil zusammenfließen. Der Erfolg ist möglich.

Vierte Linie: Sie sind einer Gefahr ausgesetzt. Das Unheil steht unmittelbar bevor, und Sie können es nicht aufhalten. Ohne Warnung steht Ihnen eine Niederlage bevor.

Dritte Linie: Die Umstände haben Sie in eine Situation geführt, in der Sie mit oberflächlichen Menschen oder Idealen arbeiten müssen. Wenn Sie dennoch ein starkes Band zu einem höheren Element aufrecht erhalten können, werden Sie der Zersplitterung entgehen und sich von tragischen Fehlern befreien.

Zweite Linie: Die Zeit erfordert äußerste Wachsamkeit. Sie stehen ohne Verbündete in einer gefährlichen Situation. Passen Sie sich nach Möglichkeit den Umständen an. Nehmen Sie keine selbstgerechte Haltung ein, Sie könnten sonst schwer verletzt werden.

Unterste Linie: Ihre Position ist unterminiert. Oberflächliche, selbstsüchtige Menschen haben von unten Einfluß genommen. Die Zeit verheißt Böses für einen Menschen mit Integrität. Alles, was Sie tun können, ist warten.

DIE WIEDERKEHR (DIE WENDEZEIT)

Winterlandschaft

Sheng Mou (zwischen 1310 und 1360)

Britisches Museum London

Während der Zeit des winterlichen Schnees sind Gebirgspässe geschlossen, und das Reisen ist behindert. Wir sehen einen Mann, der einem schmalen, gewundenen Pfad durch eisige Klüfte folgt, um zur Wärme einer familiären Umgebung und der Gesellschaft vertrauter Gesichter zurückzukehren.

Sheng Mou war ein brillanter Maler der Yuan-Dynastie (1279 – 1368). Er gab sich nie damit zufrieden, langweilige Landschaften zu malen, sondern fügte in seine Bilder immer den Hauch des Geheimnisvollen ein. Sie vermittelten Ruhelosigkeit und widerspiegelten damit vielleicht Eigenschaften seiner mongolischen Herrscher.

24

復。亨。出入无疾。朋來无咎。反復其道。七日來復。利有攸往。

象曰。雷在地中。復。先王以至日閉關。商旅不行。后不省方。

Wiederkehr bringt Fortschritt. Die Wiederkehr wird keinen Kummer verursachen. Es ist kein Fehler, wenn Freunde zurückkehren. Wiederholte Zyklen sind ein Teil des Tao, genauso wie nach sieben Tagen der Zyklus der Woche von neuem beginnt. Es ist vorteilhaft, ein Ziel zu haben.

Im Schoß des Empfänglichen (Erde) liegt neue Aktivität (Donner) und bildet die Bedingung für die Wiederkehr. Deshalb schlossen die alten Führer am Ende des Zyklus' (mit der Wintersonnenwende) die Pässe. Fahrende Händler konnten nicht mehr reisen. Auch der Herrscher zog nicht mehr aus, um seine Gebiete zu inspizieren.

Sie stehen vor der Wiederkehr eines Lebenszyklus, nachdem Sie eine vermeintlich lange Zeit der Stagnation oder Frustration durchlebten. Nun enthüllen sich die Wege, die zu erneuertem Wachstum führen. Obwohl Sie darauf brennen mögen, Ihre Pläne weiterzuführen, sollten Sie zunächst bedenken, daß Sie erst am Anfang stehen. Übereilen Sie nichts. Die neue und bessere Situation wird sich mit der ihr eigenen Geschwindigkeit entwickeln. Diese vielversprechende Wende zum Positiven ist ebenso natürlich wie der Wechsel von einem stillen, kalten Winter zu den Vorahnungen des kommenden Frühlings. Und wie die Jahreszeiten können auch die Zyklen des Lebens nicht gedrängt werden.

Dies ist eine Zeit, in der Gruppen von Gleichgesinnten zusammenkommen und auf ein gemeinsames Ziel hinarbeiten können. Das Zeichen verspricht Erfolg, weil der Fortschritt der Beteiligten sowohl im Äußeren als auch in ihrem Innersten unbehindert ist.

Sie erlebten vielleicht eine Phase der Ruhe in Ihrem sozialen Leben, oder wurden durch eine Krankheit zurückgehalten. Die jetzige Situation verspricht eine Wende zum Besseren. Die Zeit der Wiederkehr kann aber auch bedeuten, daß durch neue Impulse in Beziehungen ein neuer Anfang gemacht wird. Wenn dies der Fall ist, sollten Sie sich sehr umsichtig verhalten.

Diese Phase bietet ideale Möglichkeiten für die Vertiefung Ihrer Selbstkenntnis. Die Zeit der Wiederkehr beinhaltet auch das Ende eines alten Zyklus'. Studieren Sie, was Sie jetzt erleben. Es ist ein Kreislauf. Er hatte einen Anfang, und Sie erleben sein Ende. Eine Meditation über die Wiederkehr dieser Zyklen kann Sie zu tiefem inneren Wissen führen. Die Chinesen bezeichnen dieses Hexagramm als das offensichtliche Muster der himmlischen und irdischen Intelligenz.

Die Wandlungen

Oberste Linie: Sie haben es versäumt, am Beginn des letzten Zyklus' für eine Wende zum Besseren zu sorgen. Dies ist unglücklich, zumal Sie durchaus fähig waren, die Notwendigkeit einer Reform zu erkennen. Sie müssen jetzt den gesamten Zyklus abwarten, ehe Sie eine neue Gelegenheit bekommen.

Fünfte Linie: Sie sind sich der Notwendigkeit eines Neubeginns bewußt und haben den Mut, die Veränderung vorzunehmen. Wenn Sie entschlossen Ihre Fehler betrachten, werden Sie die nötige Charakterstärke gewinnen, um sie zu überwinden.

Vierte Linie: Ihre augenblickliche Umgebung ist schädlich. Sie sind sich der Möglichkeit einer Veränderung zum Besseren bewußt geworden und wünschen, sich in diese Richtung zu bewegen. Seien Sie sich darüber im klaren, daß Ihre Freunde Ihnen vielleicht nicht folgen. Ihr Weg könnte sehr einsam werden.

Dritte Linie: Diese Position zeigt einen Menschen, der immer wieder schwankt, sobald er die vermeintlichen Vorzüge eines anderen Weges sieht. Dieses Experimentieren kann gefährlich sein. Dennoch wird sich die Situation verbessern.

Zweite Linie: Es ist viel leichter, das Rechte zu tun, wenn man in guter Gesellschaft ist. Guten Beispielen zu folgen, wird Sie zum Erfolg führen.

Unterste Linie: Sie erwägen vielleicht eine Idee, deren Natur Ihren Prinzipien zuwiderläuft. Üben Sie Selbstdisziplin und halten Sie sich an die Dinge, die Ihrem Gefühl nach richtig sind. Auf diese Weise entwickeln Sie Ihren Charakter und können große Dinge erreichen.

元妄

DIE UNSCHULD

Elstern und Hase

Ts'ui Po. Datiert 1061

National Palace Museum   Taipeh, Taiwan

Vögel und Blumen gewannen als Motive während der Nördlichen Sung-Dynastie große Beliebtheit (960 – 1126). Der Künstler zeigt zwei Elstern, eine im Flug, die andere auf einem grünen Ast hockend. Beide werden von einem großen, vorsichtigen Hasen beobachtet. Es bleibt dem Betrachter überlassen, sich den Rest der Szene und den Grund für die Aufgeregtheit der Vögel auszumalen.

Ts'ui Po war berühmt für seine Bilder von Enten, Gänsen und Blumen. Dieses Bild entstand während einer Zeit, in der die Mongolen unter Führung von Kublai Khan von Sibirien aus China überfielen und Chung-tu (das heutige Peking) einnahmen. Die Eroberer sollten das Gesicht Chinas für alle Zeiten verändern.

25

无妄。元亨利貞。其匪正有眚。不利有攸往。

象曰。天下雷行。物與无妄。先王以茂對時育萬物。

Unschuld bringt außergewöhnlichen Fortschritt. Im rechten Beharren liegt Vorteil. Wenn jemand nicht angemessen handelt, ist es ein Fehler. Im Streben auf ein Ziel liegt kein Vorteil.

Das Erregende (Donner) rollt unter das Schöpferische (Himmel) und macht mit seinem natürlichen Zustand, der Unschuld, alles gleich. Deshalb paßten sich die alten Herrscher energisch und nachhaltig den Zeiten an und nährten auf diese Weise die Außenwelt.

Die Zeit verlangt eine Anpassung an den Fluß der kosmischen Energien. Diese Abstimmung muß geschehen, bevor weitere Schritte unternommen werden; sonst werden Ihnen Fehler unterlaufen. Auch wenn Handlungen völlig vernünftig scheinen und klug geplant und ausgeführt werden, ziehen sie Schwierigkeiten und Verwirrung nach sich. Um das, was Sie tun, mit dem Kosmos in Einklang zu bringen, sollten Sie eine Haltung der Unschuld einnehmen. Prüfen Sie Ihre Motive. Sie sind wahrscheinlich der Grund für Ihre Probleme. In dieser Zeit handeln Sie am besten ohne bewußte Absichten, ohne versteckte Motive und mit vollkommener Redlichkeit. Erwarten Sie keine Belohnungen für das, was Sie tun, und konzentrieren Sie sich nicht auf Ihr persönliches Fortkommen. Handeln Sie unschuldig und reagieren Sie spontan.

Der Weg zu Ihrem Ziel ist jetzt ein indirekter Weg. Sie müssen sich eher auf Ihre Prinzipien und Ihre Tugenden, als auf kluge Strategien verlassen. Dies wird Sie nicht vom Erfolg abbringen – im Gegenteil: die Unschuld spontaner Handlungen wird ein kreatives Element in viele Bereiche Ihres Lebens bringen. Wenn Sie Lehrer, Führer oder Familienoberhaupt sind, sollten Sie die Einsichten und Anregungen, die in dieser Zeit zu Ihnen kommen, nutzen, um die Bedürfnisse derer zu stillen, die sich auf Sie verlassen. Tun Sie dies, ohne Dankbarkeit zu erwarten und ohne Hoffnung auf wachsenden Einfluß.

Machen Sie sich immer wieder klar, daß die Gesetze des Kosmos göttliche Gesetze sind; sie folgen nicht notwendigerweise den Bedürfnissen der Menschen. Deshalb werden Sie, wenn Sie unschuldig handeln, auch dem Unerwarteten, Außergewöhnlichen und Unvorhersehbaren begegnen.

Ein Zustand der Unschuld könnte in Ihren persönlichen Beziehungen ein erfrischendes Zwischenspiel einleiten. Spontaneität kann große Freude bringen und wahre Gefühle und Motive enthüllen, wogegen in dieser Zeit Intrigen nur zu Befremden und möglicherweise Unheil führen. Bei den Menschen, die auf ein bestimmtes Gebiet fixiert oder erstarrt sind, führt spontanes Handeln zu einer äußerst kreativen und originellen Lösung. Handeln Sie ohne Hinterlist und gehen Sie die Probleme nicht direkt an.

Die Wandlungen

Oberste Linie: Selbst unschuldiges Handeln erzeugt Chaos. Versuchen Sie nichts Neues, versuchen Sie nicht, Ihre Umgebung zu verbessern. Tun Sie überhaupt nichts.

Fünfte Linie: Was wie eine unglückliche Wendung der Dinge scheinen mag, folgt einer inneren Logik. Äußere Heilmittel werden das Problem nicht lösen. Lassen Sie der Natur ihren Lauf. Die Lösung wird von selbst kommen.

Vierte Linie: Lassen Sie sich nicht von den Plänen der Menschen in Ihrer Umgebung beeinflussen. Wenn Sie Ihren Visionen trauen, werden Sie keine Fehler machen.

Dritte Linie: Unverdientes und unerwartetes Unglück mag auf Sie zukommen. Solche Wechselfälle des Glücks sind unvermeidlich. Dennoch sollten Sie Ihre unschuldige Haltung nicht aufgeben, denn sie kann Ihnen neue Möglichkeiten zeigen, um das Problem zu lösen.

Zweite Linie: Träumen Sie nicht von den Ergebnissen Ihrer Arbeit oder davon, Ihr Ziel zu erreichen. Widmen Sie statt dessen Ihre volle Aufmerksamkeit den Dingen, die Sie im Augenblick tun. Nur auf diese Weise können Sie Ihr Ziel erreichen.

Unterste Linie: Spontanes Handeln verheißt gutes Gelingen. Sie können Ihren Instinkten vertrauen, weil in Ihrem Herzen Güte ist.

大畜

POTENTIELLE ENERGIE
(DES GROSSEN ZÄHMUNGSKRAFT)

Chung-li sucht das Tao

Anonym. Ming-Dynastie im fünfzehnten Jahrhundert

Freer Gallery of Art, Smithsonian Institution   Washington, D.C.

Ein Herr, der die Kleidung eines taoistischen Einsiedlers trägt, sitzt auf einem Felsen und empfängt Chung-li Ch'uan, der gekommen ist, um das Tao und die Geheimnisse der Unsterblichkeit zu studieren. Im frühen China wurden solche gelehrten Ziele verfolgt, indem man sich einen Meister suchte, der dem Schüler die klassischen Regeln und das tiefere Wissen vermittelte. Chung-li muß eine große Weisheit erworben haben, denn er wurde einer der acht taoistischen Unsterblichen.

Wir wissen nicht, wer diese Szene gemalt hat, doch sie wird der Zeit der Ming-Dynastie im fünfzehnten Jahrhundert zugeschrieben. Dies war eine Epoche des großen wirtschaftlichen Wachstums und fiskalischer Reformen. Das System der staatlichen Dienstleistungen wurde wiederbelebt, und das heute noch berühmte Ming-Porzellan entwickelt.

26

大畜。利貞。不家食吉。利涉大川。

象曰。天在山中。大畜。君子以多識前言往行。以畜其德。

Potentielle Energie. Im rechten Beharren liegt Vorteil. Außer Haus zu speisen verspricht gutes Gelingen. Weiterer Vorteil liegt darin, die kosmische Ordnung aller Dinge zu spüren.

Schöpferische Kraft (Himmel) liegt im Wartenden (Berg) und bildet die Bedingung für potentielle Energie. Deshalb macht sich der Edle mit den Worten der Weisen und den Taten der Vergangenheit vertraut. Auf diese Weise stärkt er seinen Charakter.

Da Sie über eine große Menge potentieller Energie verfügen, können Sie jetzt ehrgeizige und weitblickende Unternehmungen in Angriff nehmen. Wenn Sie Schritte planen, die mit politischen Angelegenheiten zusammenhängen, sollten Sie eher an die Stimmung der Öffentlichkeit, als an Ihr eigenes Fortkommen denken. Stellen Sie Ihre potentielle Energie in den Dienst eines würdigen Führers. Sie können im Vertrauen auf sicheren Erfolg die Vollendung einer Sache oder einer sozialen Ideologie anstreben. Die Zeit führt auf natürliche Weise zu großen Fortschritten. Wenn Sie zweifeln, denken Sie an die historischen Leitlinien, auf denen die augenblickliche Politik beruht.

Sie werden feststellen, daß Ihre geschäftlichen Aktivitäten dem öffentlichen Interesse dienen. Jede Unternehmung, die Güter oder Dienste anbietet, die anderen direkt zugute kommen, wird großen Erfolg haben. Sie haben das gesamte Wissen oder sämtliche Ressourcen zur Verfügung, um ein bedeutendes geschäftliches Unternehmen erfolgreich abzuschließen. Vergewissern Sie sich jedoch, ob Ihre Ziele im Lichte größerer Zusammenhänge die Mühe wert sind.

Ertragen Sie auch schwierige soziale Beziehungen und versuchen Sie, nützliche Kontakte zu pflegen.

Diese Zeit der potentiellen Energie kann Ihren Einflußkreis erstaunlich vergrößern. Sie verfügen jetzt über die Fähigkeit, andere geschickt anzuleiten und ein nützliches Netzwerk des sozialen Austausches zu entwickeln. Persönliche Beziehungen blühen über Nacht auf. Den größten Erfolg werden Sie haben, wenn Sie sich an Ihre gewohnten Maßstäbe halten. Betrachten Sie alle Gefühle im Lichte der Dinge, die vorher waren und machen Sie sich klar, was Sie tun müssen, um Sie selbst zu bleiben.

Achten Sie besonders auf die unaufhörliche Weiterentwicklung Ihres Charakters. Die Gesamtheit Ihrer Erfahrungen hat Ihnen weitblickende Visionen und große Klarheit geschenkt. Das kann in Ihrem Reifungsprozeß zu einem großen Durchbruch führen. Sie verfügen über die potentielle Energie für erleuchtete Einsichten, die Ihr Leben verändern könnten.

Die Wandlungen

Oberste Linie: Alle Hindernisse weichen. Die potentielle Energie kann genutzt werden, um große Taten zu vollbringen. Bringen Sie sich mit dem Tao in Übereinstimmung, und Sie werden unvergleichlichen Erfolg haben.

Fünfte Linie: Wenn einer unkontrollierten, großen Macht die Wurzeln abgeschnitten werden, kann sie aufgehalten und umdirigiert werden. Dieser indirekte Ansatz ist wesentlich besser als ein offener Streit oder eine Konfrontation. Gutes Gelingen.

Vierte Linie: Was Sie zu behindern schien, hat in Wirklichkeit zu Ihrem Wachstum beigetragen. Statt Ihre Ressourcen für vorschnelle Aktionen zu verschwenden, haben Sie eine große Reserve an potentieller Energie aufgebaut. Gutes Gelingen.

Dritte Linie: Der Weg wird sich bald vor Ihnen öffnen und unbehinderten Fortschritt ermöglichen. Andere könnten ihre Kräfte mit den Ihren vereinen. Dennoch müssen Sie Ihre persönlichen Ziele im Auge behalten. Bleiben Sie vorsichtig.

Zweite Linie: Fortschritte sind nicht möglich. Sie werden von Kräften zurückgehalten, die nicht Ihrer Kontrolle unterliegen. Bleiben Sie, wo Sie sind, und fahren Sie fort, Ihre Ressourcen aufzubauen.

Unterste Linie: Auf dem Weg vor Ihnen liegen Hindernisse. Es wäre klug, innezuhalten.

DIE ERNÄHRUNG

Die Dame und der Gott der Langlebigkeit

Ch'en Hung-shou (1599 – 1652)

Britisches Museum London

In einem seltsamen Rollentausch sehen wir den Gott der Langlebigkeit, der einer hochstehenden Dame aufwartet; vielleicht sucht er ihren Rat und ihren Weitblick, vielleicht nährt er sich von ihrem fruchtbaren Geist. Ihre Zofe beobachtet diese Umkehrung mit einiger Sorge.

Obwohl Ch'en Hung-shou als Taugenichts und Nichtsnutz bekannt war, sind seine Frauenbildnisse sehr berühmt geworden. Er widmete den Gesichtern und dem Charakter seiner Modelle besondere Aufmerksamkeit. Während dieser unruhigen Zeit wurde China von den Mandschuren unterworfen. Doch die Mandschuren übernahmen Chinas reiche Kultur und bewahrten auf diese Weise altüberlieferte Traditionen und sorgten für ihr Fortbestehen.

 **27**

頤。貞吉。觀頤。自求口實。

象曰。山下有雷。頤。君子以愼言語。節飲食。

Die Ernährung. Rechtes Beharren bringt gutes Gelingen. Achte auf das, was ernährt wird und vergewissere dich, daß das, worum gebeten wird, über jeden Zweifel erhaben ist.

Unter dem Unbeweglichen (Berg) regt sich das Erregende (Donner) und bildet die Bedingung für die Ernährung. Deshalb ist der Edle mit seinem Selbstausdruck vorsichtig und richtet sich sorgsam auf die Dinge ein, die er aufnimmt.

Die Idee des Hexagramms ›Ernährung‹ entspringt der Struktur des Nahrungszyklus. Das Leben beruht auf einem sich selbst stützenden Kreislauf. Ein Beispiel für dieses System ist der ausbalancierte Austausch von Sauerstoff, Kohlendioxyd und Stickstoff zwischen den Pflanzen, den Tieren und der Erde. Die Qualität und Quantität dieses Nährstoffaustausches bedingt die Qualität und die Quantität des Wachstums.

Die richtige Ernährung für Sie selbst und andere ist in dieser Zeit der wichtigste Punkt. Wenn Ihre Unternehmungen mit der Ernährung anderer oder der Wissensvermittlung zu tun haben, ist es wichtig, diese Projekte zu unterstützen. Wenn Sie beständig übergeordnete Menschen nähren, die ihrerseits wieder andere nähren, können Sie Großes bewirken. Durch Ernährung und Unterstützung können jetzt soziale und politische Ziele erfolgreich angegangen werden.

Bei Beziehungsschwierigkeiten sollten Sie besonders die Qualität der Dinge beachten, die Sie anderen geben. Bieten Sie Inspiration oder Entmutigung an? Konzentrieren Sie sich auf die Dinge, die falsch sind, oder auf das, was richtig sein könnte? Die richtige Ernährung jener, die Ihnen nahestehen, ist von grundlegender Bedeutung für Ihr eigenes Wohlbefinden, denn ein Verhalten, das andere unterstützt, wird sich schließlich auch für Sie vorteilhaft auswirken. Dieser Zyklus der Ernährung wird auf Ihr Leben einen indirekten und dennoch nachhaltigen Einfluß haben.

Darüber hinaus sollten Sie mit unablässiger Disziplin über Ihre persönlichen Denkmuster wachen. Fördern Sie nur konstruktive Ansichten und Haltungen, die Ihrem Charakter die richtige Nahrung geben. Wenn Sie in dieser Zeit äußerlich sehr aktiv sind, sollten Sie innerlich so ruhig und entspannt wie möglich bleiben. Vermeiden Sie aufgeregte und einseitige Ausbrüche; bedienen Sie sich statt dessen einer gemäßigten Ausdrucksweise. Achten Sie besonders auf die Dinge, die Sie in die Sphäre Ihres Bewußtseins eindringen lassen und vermeiden Sie dabei allzugroße Nachgiebigkeit.

Die Wandlungen

Oberste Linie: Wer sich in dieser Position befindet, besitzt ein hoch entwickeltes Bewußtsein für die Dinge, die nötig sind, um andere richtig anzuleiten, zu beeinflussen und zu nähren. Wer sich dieser Aufgabe stellt und sich über alle Aspekte seiner Verantwortlichkeit im klaren ist, wird vielen Menschen Glück bringen.

Fünfte Linie: Obwohl Sie sich der Notwendigkeit bewußt sind, andere zu nähren und zu beeinflussen, fehlt es Ihnen an der nötigen Kraft, um ohne Hilfe zu handeln. Bitten Sie einen ausgeglichenen Menschen um Unterstützung. Versuchen Sie nicht, es allein zu tun.

Vierte Linie: Jedes Bestreben, andere energetisch zu nähren, wird erfolgreich sein. Sie sind in einer Position, in der Sie andere stützen und beeinflussen können. Suchen Sie nach klugen Menschen, die Ihnen helfen. Darin liegt kein Fehler.

Dritte Linie: Sie können nicht ernährt werden, weil Sie zu sehr damit beschäftigt sind, an den falschen Orten nach Nahrung zu suchen. Dieses Verhalten ist eigensinnig und gefährlich.

Zweite Linie: Obwohl Sie fähig sind, sich in dieser Situation angemessen zu ernähren, verwenden Sie unangemessene Methoden oder Menschen, um Ihre Bedürfnisse zu stillen. Wenn Sie damit fortfahren, beschwören Sie Unheil herauf.

Unterste Linie: Sie sind so sehr auf das Gedeihen anderer konzentriert, daß Ihnen Ihr eigenes Schicksal entgleitet. Dies ist bedauerlich und wird Unheil nach sich ziehen.

KRITISCHE MASSE
(DES GROSSEN ÜBERGEWICHT)

Nördliches Meer
(Ausschnitt)

Chou Ch'en (zwischen 1472 und 1535)

Nelson Gallery – Atkins Museum   Kansas City, Missouri

In diesem Ausschnitt aus einer Handschriftenrolle sehen wir windgepeitschte Wellen und dichte Sturmwolken über dem Meer. Die stark bewegte Szene vermittelt den Eindruck einer sich aufbauenden Spannung, bis eine kritische Masse erreicht ist und die Gewalten des Sturmes losbrechen. Die Kraft ist zu groß, um ihr widerstehen zu können; man kann nur überleben oder fliehen.

Chou Ch'en war ein sehr unterschätzter Maler seiner Zeit, der eher als Lehrer einiger der berühmtesten Künstler und nicht so sehr durch seine eigenen Werke bekannt wurde. Seine lebhaften Wellen und die sich bewegenden Wolkenmassen prallen hart auf die sanfte Szenerie und die lieblichen Motive, die während der Ming-Dynastie üblich waren. Vielleicht wollte er mit diesem Bild die ruhelosen und unzufriedenen Untertanen des Königreiches widerspiegeln, deren Leben in scharfem Kontrast zu der Pracht und der Abgeschiedenheit des Kaiserhofes stand.

28

大過。棟橈。利有攸往。亨。

象曰。澤滅木。大過。君子以獨立不懼。遯世无悶。

Kritische Masse. Die Struktur gibt bis zum Brechpunkt nach. Es ist vorteilhaft, ein Ziel im Auge zu behalten. Dann wird es Fortschritt geben.

Das Aufrechte (Wald) ist im Abgründigen (See) untergetaucht und bildet die Bedingung für die kritische Masse. Deshalb kann der Edle ohne Furcht und unabhängig handeln und sich aus der Welt zurückziehen, ohne den Mut zu verlieren.

Wenn in einem Atom die kritische Masse erreicht wird, das heißt, wenn mehrere schwere Teilchen denselben Platz einnehmen, kommt es zu außergewöhnlichen Vorgängen und einer katastrophalen Kettenreaktion. Auf ganz ähnliche Weise wird auch die augenblickliche Situation mit einer Vielzahl von Überlegungen belastet. Zahlreiche Entscheidungen stehen an, die Luft ist voller Ideen mit ihren vielfältigen Konsequenzen, und die gewichtigen Anliegen der Menschen um Sie drängen in den Vordergrund. Alles ist wichtig, ernst und bedeutungsvoll, und alles gelangt in diesem Augenblick zu einem Höhepunkt.

In sozialen oder geschäftlichen Dingen sollten Sie eine Bestandsaufnahme Ihrer Situation vornehmen. Ihre Umgebung verwandelt sich rasch in einen Begegnungspunkt, an dem viele wichtige Dinge zusammentreffen, die Sie beeinflussen. Die neuen Informationen und Konstellationen werden einen großen Teil Ihrer Zeit, Ihres Raumes und Ihrer Energie in Anspruch nehmen und Ihre Aufmerksamkeit immer stärker fesseln. Die Situation scheint uferlos und könnte bald ihre kritische Masse erreichen.

Suchen Sie nach einem Fluchtweg. Bereiten Sie die Entscheidungen für Ihren nächsten Schritt vor. Bewerten Sie umsichtig alle Dinge, die Sie betreffen. Sie werden Ihre ganze Gewitztheit brauchen, um diesen Übergang erfolgreich zu bestehen. Behalten Sie Ihr Ziel im Auge.

Wenn bei persönlichen Beziehungen und Ihrer inneren Entwicklung die gefährliche Masse erreicht wird, entsteht eine Krisenzeit. Sobald mehrere wichtige Dinge zugleich auf Sie einstürmen, sollten Sie darauf vertrauen können, daß Ihre Charakterstärke Ihnen hilft. Zeiten wie diese fördern das wahre Selbst zutage. Ein Mensch, der auf bewegte Zeiten vorbereitet ist, wird sie unbeschadet überstehen und gestärkt aus ihnen hervorgehen.

Vor allem aber müssen Sie handeln, sobald die kritische Masse erreicht ist. Ob dies eine sorgfältig geplante Flucht ist oder die feste Entschlossenheit, das Kommende aufzulösen – der Erfolg ist bei jenen, die stark und innerlich sicher bleiben.

Die Wandlungen

Oberste Linie: Das Ziel ist viele Mühen wert, doch das Opfer, das nötig wäre, um es zu erreichen, ist vielleicht zu groß. Weitergehen wäre nicht zu tadeln, doch sollten Sie die außergewöhnliche Situation in ihrem vollen Ausmaß erkennen.

Fünfte Linie: In kritischen oder bedeutsamen Augenblicken erschöpft man sich schnell, wenn man die Realitäten der Umgebung ignoriert. Diese Realitäten sind der Überbau Ihres Lebens. Sobald Sie bei Ihrem Streben nach Oben die Fundamente Ihres Lebens vergessen, werden Sie instabil und können nichts erreichen.

Vierte Linie: Sie besitzen jetzt die Kraft und den Weitblick, um eine Lösung zu finden. Verlassen Sie sich nicht auf Hilfe von außen. Abhängigkeit von äußeren Dingen führt in dieser Situation zur Erniedrigung.

Dritte Linie: Sie neigen dazu, Ihren Weg erzwingen zu wollen, sobald Sie Hindernissen gegenüberstehen, die auf diese Weise nicht überwunden werden können. Darauf folgt unweigerlich das Unheil.

Zweite Linie: Suchen Sie bei Ihren Unternehmungen die Hilfe bescheidener Menschen, die die Begeisterung für Ihr Ziel verstehen und teilen. Die Dinge werden reibungslos vorangehen, und die Situation bekommt neues Leben.

Unterste Linie: Wenn Sie ein großes Unternehmen beginnen wollen, ist es wichtig, besonders am Anfang auf die Details zu achten. Es ist kein Fehler, äußerst vorsichtig zu sein.

DIE GEFAHR (DAS ABGRÜNDIGE)

Wolken und Wellen in der Schlucht des Wu-Shan (Jangtse)

Hsieh Shih-ch'en (zwischen 1488 und 1567)

Cleveland Museum   Cleveland, Ohio

Die Schlucht des Wu-shan ist berühmt für ihre wirbelnden Wasserfälle und gefährlichen Nebel. Eine Fähre durchquert die Gefahrenzone; der Fährmann braucht seine ganze Geschicklichkeit und sein ganzes Wissen, um den Kurs halten zu können und seine Passagiere in Sicherheit zu bringen.

Hsieh-ch'en war hauptsächlich Maler; er schrieb nur selten Gedichte und studierte kaum gelehrte Werke. Er bevorzugte große Wandbilder mit dramatischen Stimmungen. Er lebte zur Zeit der Ming-Dynastie (1368 – 1644), als Industrie und Handel in China rasch wuchsen und eine neue Ruhelosigkeit über das Reich hereinbrach.

29

**Aus der Gefahr zu lernen, schafft Zuversicht.
An seinen Gedanken festzuhalten, bringt Fortschritt,
und alle Taten werden ehrbar sein.**

**Das Abgründige (Wasser) fließt seinem Ziel entgegen
und bildet die Bedingung für das Lernen aus der
Gefahr. Deshalb verhält sich der Edle stets tugendhaft
und lernt, als Erzieher zu wirken.**

In dieser Situation gibt es reale Gefahren, die durch
menschliches Verhalten heraufbeschworen und verursacht werden. Die Gefahr entsteht nicht durch un-
überwindliche Strömungen im Kosmos oder durch
Konflikte in Ihrem Innern, sondern entspringt Ihrer
unmittelbaren Umgebung. Es wird große Geschicklichkeit erfordern, die Schwierigkeiten zu meistern,
doch wenn Sie sich angemessen verhalten, bringt diese
Zeit der Herausforderung Ihre besten Seiten zutage.

Gehen Sie Konfrontationen in schwierigen oder be-
drohlichen Situationen nicht aus dem Weg; Sie
müssen sich ihnen jetzt stellen und ihnen mit der richtigen Haltung begegnen. Bleiben Sie entschlossen, vertrauen Sie Ihren ethischen Grundsätzen und Prinzipien und stellen Sie keinen Augenblick lang in Frage,
was Sie für richtig halten. Integres und zuversichtliches Handeln ist der Schlüssel für die Überwindung
der Gefahr.

In geschäftlichen oder politischen Angelegenheiten
sollten Sie sich an erprobte Methoden halten. Wenn
Sie bei Führungsaufgaben Bewertungen vornehmen
müssen, lassen Sie sich nicht von Ihren Prinzipien abbringen und versuchen Sie nicht, die Auseinandersetzung zu umgehen; das würde alles bedeutungslos
machen, was bisher erreicht wurde. Bleiben Sie in
Ihrem Sozialverhalten Ihrer Natur treu. Überzeugen

Sie, wenn möglich, andere von der Richtigkeit Ihrer Ideen, indem Sie ihnen die guten Auswirkungen Ihrer Handlungen zeigen. Auch wenn Sie keine Unterstützung finden, sollten Sie weiterschreiten. Zögern Sie nicht in dieser Zeit der Gefahr.

Lassen Sie sich nicht in persönliche Beziehungen von Leidenschaften blenden. Wenn Sie die Schwierigkeiten nicht lösen können, ohne dabei ihre Prinzipien zu opfern, könnte die ganze Verbindung in Frage gestellt sein.

Die Zeit der Gefahr kann besonders für die innere Entwicklung vorteilhaft sein. Wenn Sie aufrichtig bleiben, dienen Sie Ihrer Familie und Ihren Mitmenschen als ein lebendes Beispiel der Entschlossenheit. Durch die Beständigkeit Ihres Verhaltens führen und inspirieren Sie andere beim Umgang mit ihren eigenen Angelegenheiten. Dies wiederum wird auch bei Ihnen Ordnung schaffen und die Gefahr vertreiben. Auf diese Weise sind Sie geschützt.

Die Wandlungen

Oberste Linie: Keine Ihrer bisherigen Lösungen oder Bemühungen war angemessen. Der Weg aus der Gefahr ist blockiert. Es wird eine lange Zeit der Unordnung folgen. Sie können nur warten.

Fünfte Linie: Übermäßig ehrgeizige Menschen, die mehr versuchen, als sie sollten, können weitere Schwierigkeiten erzeugen. An dieser Position wird gezeigt, daß die Gefahr von selbst vorübergehen wird.

Vierte Linie: Versuchen Sie, die vor Ihnen liegenden Schwierigkeiten und Probleme auf möglichst einfache Weise zu lösen. Klären Sie Ihren Geist. Meiden Sie nutzlose Vorurteile; sie würden die Verwirrung nur vergrößern.

Dritte Linie: Sie sind von Gefahr umgeben und verstehen sie nicht. Jede Handlung würde die Dinge nur schlimmer machen. Bleiben Sie Ihren Prinzipien treu und warten Sie, bis sich die Lösung von selbst anbietet.

Zweite Linie: Die Gefahr ist groß und kann nicht mit nur einer einzigen Handlung überwunden werden. Kleine, beharrliche Bemühungen, um in dem Meer von Schwierigkeiten nicht unterzugehen, sind alles, was in diesem Augenblick möglich ist.

Unterste Linie: Sie haben Ihren Weg verloren. Je mehr Sie unternehmen, desto weiter treiben Sie ab. Beginnen Sie ein andermal von neuem.

離

ZUSAMMENWIRKEN
(DAS HAFTENDE, DAS FEUER)

Junge, der einen Kragenfasan trägt, auf einem Wasserbüffel

Anonym. Südliche Sung-Dynastie, elftes oder zwölftes Jahrhundert

Freer Gallery of Art, Smithsonian Institution   Washington, D.C.

Wir sehen eine Winterlandschaft mit einem Jungen, der einen frisch gefangenen Fasan trägt und sich auf den Rücken seines geduldig trottenden Wasserbüffels kauert. Das Zusammenwirken ist offensichtlich – der Wasserbüffel liefert eine gewisse Wärme, während er gleichzeitig den Jungen befördert, und das Kind zeigt dem Tier den richtigen Weg, an dessen Ende Futter und Schutz warten.

Dieses Gemälde stammt von einem unbekannten Künstler, doch es entstand wahrscheinlich während der Südlichen Sung-Dynastie (1126 – 1279). Invasoren im Norden hatten den Kaiser und sein Gefolge dazu gezwungen, zu fliehen und sich im Süden als stärkere, stabilere und besser gedeihende Regierung neu zu etablieren.

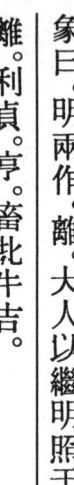

離。利貞。亨。畜牝牛吉。

象曰。明兩作。離。大人以繼明照于四方。

Zusammenwirken. Im rechten Beharren liegt Vorteil; dies wird zum Fortschritt führen. Die Sorge um die gehorsame Kuh verspricht gutes Gelingen.

Intelligenz (Feuer) leuchtet doppelt und schafft die Bedingung für das Zusammenwirken. Deshalb führt der Edle die Entwicklung der Intelligenz weiter, bis alle vier Himmelsrichtungen erleuchtet sind.

Wenn sich zwei Elemente so annähern, daß die Aussicht auf das, was sie erreichen können, weit über dem liegt, was jedem einzelnen möglich wäre, dann wirken sie zusammen. Dieses Zusammenwirken wird Ideen und Anregungen liefern und zusätzliche Energie für beständiges Wachstum und ausgefeilte Kommunikation und Wahrnehmungen bieten.

In weltlichen Dingen ist dies eine Zeit, in der ein Führer, der sich auf sein Gefühl für das Richtige verläßt, jenen, die er führt, große Bewußtheit und Ordnung bringen kann. Das Zusammenwirken zwischen einem Führer und seiner Integrität bringt den Menschen Wohltaten. Die Chinesen sagen dazu: »Klarheit des Geistes, erzeugt durch Beharren auf dem Richtigen, kann die Welt verändern und vervollkommen.«

In persönlichen Angelegenheiten werden Sie feststellen, daß ein genaues Formulieren Ihrer Wünsche jetzt sehr viel bewirken kann. Es ist eine gute Zeit, um Beziehungen zu überprüfen und festzustellen, ob Sie gegeneinander arbeiten oder zusammenwirken. Gemeinsame Anstrengungen werden Ihre Energie nicht von individuellen Zielen abziehen. Ihre Partnerschaften sollten in diesem Augenblick Ihre individuellen Ziele sogar nachhaltig fördern.

Denken Sie daran, daß Ihre Beziehung zum Kosmos Beschränkungen unterworfen ist. Die Erde ist von

Natur aus ein Ort der Beschränkungen – Beschränkungen in bezug auf Energie, Ideen, Ressourcen und sogar in der Lebenskraft selbst. Der beste Weg, um seine Ziele innerhalb der Begrenzungen einer Situation zu erreichen, ist der, die eigenen Energien mit den Kräften des Kosmos zusammenwirken zu lassen. Lernen Sie, die Zeiten zu erkennen; dann ist angemessenes Handeln möglich. Wenn Druck entsteht, reagieren Sie nicht explosiv, sondern arbeiten Sie still und gewissenhaft, um ihn zu mindern. Arbeiten Sie darauf hin, die vorhandenen Kräfte auf bestmögliche Weise zu nutzen, um neue Ideen umzusetzen und sich dem Ziel zu nähern. Die Entwicklung des Zusammenwirkens innerhalb des Selbst wird Ihnen zusätzliche Dimensionen eröffnen und Ihnen helfen, Ihre Zukunft zu kontrollieren.

Die Wandlungen

Oberste Linie: Es liegt bei Ihnen, zur Ursache der Schwierigkeiten vorzustoßen und sie auszulöschen. Handeln Sie jedoch maßvoll, wenn Sie mit denen umgehen, die zu falschem Denken verführt wurden.

Fünfte Linie: Eine wirkliche Veränderung des Herzens steht bevor. Derartig dramatische Veränderungen sind manchmal von großem Kummer begleitet. Doch zusammen mit diesem Kummer kommt das Glück, weil die Veränderung für alle Beteiligten die Dinge verbessern wird.

Vierte Linie: Sie werden sich erschöpfen, wenn Sie weiterhin eine übermäßige Begeisterung zur Schau stellen. Dies wird zu nichts führen.

Dritte Linie: Die beste Haltung in dieser Zeit ist ein allgemeines Akzeptieren des Schicksals. Sich völlig im Glück des Augenblicks zu verlieren, ist genauso schlecht, wie das Verstreichen der Zeit zu beklagen. Solche Verwirrung von Geist und Gefühl führt zu einem Verlust innerer Freiheit. Unheil.

Zweite Linie: Eine vernünftige, maßvolle Haltung verheißt Ihnen die besten Möglichkeiten. Geben Sie sich keiner Ausschweifung hin, meiden Sie extreme Gedanken oder Handlungen.

Unterste Linie: Wenn Sie einen neuen Weg einschlagen, werden Sie von neuen Eindrücken überschwemmt. Wenn Sie Ihr Ziel im Auge behalten, können Verwirrung und Irrtum vermieden werden.

DIE ANZIEHUNG (DIE EINWIRKUNG)

Bildnis der Madame Ho-tung

Wu Cho. Datiert 1643.

Fogg Art Museum, Harvard University   Cambridge, Massachussetts

Madame Ho-tung, deren Portrait wir hier sehen, begann als singendes Mädchen. Die starke Anziehungskraft, die die Gelehrsamkeit auf sie ausübte, führte jedoch zu einer Verbindung mit dem berühmten Gelehrten Ch'ien Chien-i. Sie wurde seine Geliebte und führte ein romantisches Leben. Madame Ho-tung teilte Ch'iens Begeisterung für das Schreiben und Studieren von Gedichten und half ihm bei der Herausgabe einer Gedichtsammlung aus der Ming-Zeit. Als Ch'iens Bibliothek durch ein Feuer zerstört wurde, wandte sie sich zusammen mit ihm buddhistischen Studien zu. Nach seinem Tod erhängte sie sich.

Wu Cho arbeitete in den letzten Jahren der Ming-Dynastie als Portraitmaler. Innere Uneinigkeit, Hungersnot und die Weigerung des kaiserlichen Hofes, diese Dinge zu erkennen und darauf zu reagieren, brachten das chinesische Volk dazu, bereitwillig fremde Hilfe und fremde Einflüsse zu akzeptieren. Schließlich holte ein chinesischer General sogar die mandschurischen Herrscher ins Land.

31

咸。亨。利貞。取女吉。

象曰。山上有澤。咸。君子以虛受人。

Anziehung bringt Fortschritt. Im rechten Beharren liegt Vorteil. Der Entschluß zur Heirat bringt Glück.

Freude (See) liegt über dem Ruhigen (Berg) und bildet die Bedingung für die Anziehung. Deshalb akzeptiert der Edle andere und ist ihnen gegenüber offen.

Das Universum, wie wir es kennen, wird von den verschiedenen Gesetzen der Anziehung zusammengehalten und gelenkt. Von den großen Bewegungen des Sonnensystems im unendlichen Raum bis hin zu dem perfekt ausbalancierten Atomkern, erschaffen diese gegenseitigen Anziehungen alle Dinge. Im Leben manifestieren sie sich in einem komplexen Geflecht von Wünschen, Beständigkeit und Erfüllung. Die Anziehung zwischen Liebenden mit einem dahinterliegenden Interesse an sozialem Frieden und dem eventuellen Wunsch nach Kindern ist hier der wichtigste Punkt. Dieser Magnetismus ist kein oberflächliches Verlangen. Es ist der Beginn der fundamentalen sozialen Einheit, der Familie, in der sich, genau wie im Atom, der fundamentalen physikalischen Einheit, negative und positive Ladung anziehen.

Zwischen Ihnen und dem Objekt Ihres Interesses, ob es nun ein Mensch oder eine Situation ist, besteht eine starke, beiderseitige Anziehung. In diesem Augenblick scheinen Sie sich in einer Machtposition zu befinden. Um ein erfolgreiches Ergebnis zu erzielen, müssen Sie sich jedoch unterordnen und Ihr Bewußtsein von Zielstrebigkeit und Vorurteilen befreien. Erlauben Sie es dem Objekt Ihres Interesses, Sie zu beeinflussen und zu verändern. Auf diese Weise, unterstützt durch Ihren Vorteil und Ihre Kraft, wirkt die Anziehung in beide Richtungen, und die Beziehung kann vervollkommnet werden.

Dieses Hexagramm beschreibt den Weg, auf dem große Führer die Gesellschaft beeinflussen können. Wenn ein Führer willig den Menschen dient, so ermutigt er sie, sich um Rat oder Führung an ihn zu wenden. Auf diese Wiese kann er andere zur Weiterentwicklung und zur Ordnung führen. In sozialen Dingen wird Ihre Bereitschaft, die Meinung anderer anzuhören und zu berücksichtigen, obwohl Sie sich selbst genug sind, andere anziehen und eine Atmosphäre schaffen, in der Gedanken ausgetauscht werden können.

Zu persönlichen Beziehungen sagt der Urtext unzweideutig: »Der Entschluß, zu heiraten, verspricht Glück.«

Die Wandlungen

Oberste Linie: Worte sind nur Worte. Ideen bedeuten wenig, wenn sie nicht ausgeführt werden. Was tun Sie?

Fünfte Linie: Blicken Sie nach innen, um die Tiefe Ihres Einflusses auf äußere Dinge zu bestimmen. Menschen mit oberflächlichen Zielen können keinen bedeutenden äußeren Einfluß ausüben.

Vierte Linie: Das Ziel, einen bestimmten Menschen oder eine Situation zu beeinflussen, wird jetzt gefördert. Werden Sie bei Ihren Bemühungen nicht berechnend und beginnen Sie nicht, zu manipulieren. Zeigen Sie statt dessen in allem, was Sie tun, die Kraft Ihrer Überzeugungen. Indem Sie beharrlich bleiben, werden Sie Ihr Ziel erreichen.

Dritte Linie: Gewinnen Sie die Kontrolle über sich selbst zurück. Laufen Sie nicht in dem Versuch, andere zu beeinflussen und Ihren zahlreichen Launen nachzugehen, einmal auf diesen und einmal auf jenen Weg. Durch derartig unbedachte Handlungen werden Sie letzten Endes gedemütigt. Erlegen Sie sich selbst einige Beschränkungen auf und handeln Sie innerhalb dieser Begrenzungen, während Sie Ihre Selbstkontrolle entwickeln.

Zweite Linie: Handeln Sie nicht, bevor Sie nicht wissen, was vorgeht. Sonst besteht die Gefahr, daß Sie in Schwierigkeiten geraten.

Unterste Linie: Es liegt etwas in der Luft. Vielleicht ist es der Beginn einer unwiderstehlichen Anziehung oder einer Idee, die zutage tritt. Was auch immer es ist, es ist von geringer Bedeutung; denn es muß noch sehr viel mehr getan werden, um es zur Realität werden zu lassen.

DIE BESTÄNDIGKEIT (DIE DAUER)

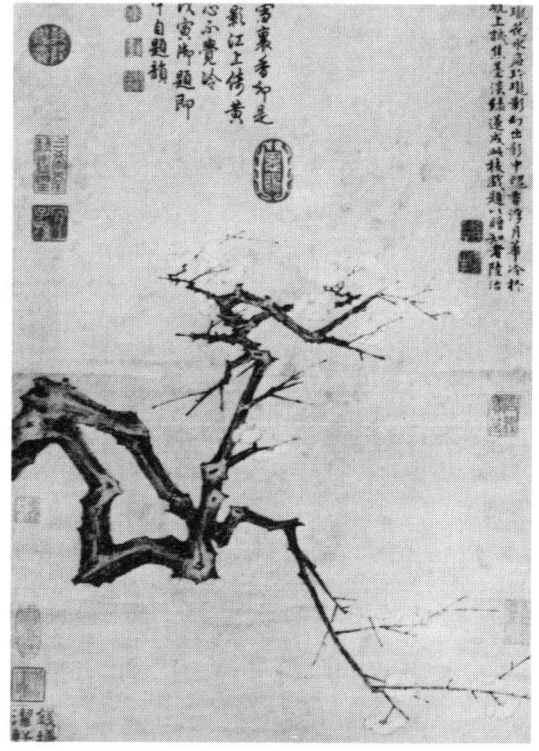

Blühender Ast eines Pflaumenbaumes

Lu Chih (1496 – 1576)

Honolulu Academy of Arts

Honolulu, Hawaii

Der Pflaumenbaum symbolisiert in China den Zyklus von Geburt, Wachstum und Verfall. Er steht zugleich für die Beständigkeit des Kreislaufes von Geburt und Hoffnung. Obwohl die Äste des Pflaumenbaumes knorrig werden und altern, blühen sie in jedem Frühling mit zartem neuen Leben auf. Die Inschrift auf diesem Bild bezieht sich auf die Schönheit der Pflaumenblüten, die inmitten der verschneiten Kälte einen frühen, warmen Frühling ankündigen.

Dieses Gemälde entstand während einer Zeit, in der die Ming-Dynastie eine Ahnung der früheren Größe Chinas in das Land zubrückbrachte. Lu Chih war Dichter und Landschaftsmaler. Er fiel bei der Aufnahmeprüfung für den Staatsdienst durch und zog sich in den Bergen in eine Einsiedelei zurück, um sich ganz der Malerei zu widmen. Er verschenkte seine Bilder an Freunde und weigerte sich, auch nur ein einziges zu verkaufen.

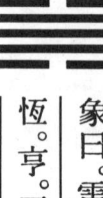

32

恆。亨。无咎。利貞。利有攸往。

象曰。雷風。恆。君子以立不易方。

Beständigkeit bringt Fortschritt und befreit von Irrtümern. Im rechten Beharren liegt Vorteil. Weiterhin ist es von Vorteil, ein Ziel zu haben.

Aktives Durchdringen (Donner und Wind) bildet die Bedingung für die Beständigkeit. Deshalb bleibt der Edle fest und läßt nicht von seinem Plan ab.

Die Zeit der Beständigkeit erfordert Beachtung der überlieferten Traditionen und der überkommenen Werte. Blicken Sie nach innen und suchen Sie Ihre stärksten Charakterzüge. Neue Ziele können erreicht werden, wenn Sie sich auf jene persönlichen Werte verlassen, die Dauerhaftigkeit und Betändigkeit besitzen. Handeln Sie nach den Gesetzen Ihres Selbst, vertrauen Sie Ihrer Intuition auch in alltäglichen Dingen. Auf diese Weise werden Sie Erfolg haben.

Soziale Gebräuche bieten aufgrund ihrer Überlieferung Sicherheit und Geborgenheit. Auf Traditionen zu bauen, die den sozialen Handlungen seit jeher zugrunde liegen, wird Ordnung und Einheit mit sich bringen und in Ihnen und Ihrer Gemeinschaft ein tiefes Gefühl der Sicherheit erzeugen. Dies bedeutet nicht, sich blindlings und willkürlich an soziale Institutionen zu klammern, sondern vielmehr, die Grundlagen zu akzeptieren und zu berücksichtigen, die die Entstehung gesunder und funktionierender Lebenssysteme ermöglichen.

In geschäftlichen und politischen Angelegenheiten sollten Sie besonders darauf achten, eine Richtung zu unterstützen, die sich als nützlich erwiesen hat. Dies ist nicht der Augenblick, um neue Methoden einzuführen. Vielmehr ist es eine Zeit, bestehende Muster mit neuen Inhalten zu füllen. Der Erfolg entsteht jetzt durch beständige Bewegung zu Zielen, die mit einem gut geordneten Leben in Harmonie sind.

Persönliche Beziehungen werden sich jetzt im Rahmen überlieferter sozialer Verbindungen wie Ehe oder Familie gut entwickeln. Die Zeremonien und Gebräuche, die der Tradition entspringen, werden Freude und Sicherheit in Ihr Leben bringen. Das Fortführen von Traditionen schafft den Boden, auf dem Beziehungen gedeihen, ebenso wie das Spalier den Wein an sich hochranken läßt. Achten Sie trotzdem darauf, daß die Traditionen nicht zu Begrenzungen werden.

Die Chinesen sagen zu diesem Hexagramm: »Wenn wir die Beständigkeit der Dinge betrachten, treten die natürlichen Tendenzen von Himmel und Erde zutage. Hierin liegt das Geheimnis der Ewigkeit.«

Die Wandlungen

Oberste Linie: Wenn Sie in ständiger Angst Ihren Geschäften nachgehen, werden Sie bald ermüden. Versuchen Sie, die Dinge zu verstehen, die wirklich vorgehen und bringen Sie sich damit in Übereinstimmung. Durch Ihre Angst könnten Sie sonst in ernste Schwierigkeiten geraten.

Fünfte Linie: Wenn Sie irdische Dinge anstreben, sollten Sie sie mit irdischen Methoden auch realisieren. Sind Ihre Ziele hochgesteckt und ehrgeizig, so müssen auch Ihre Methoden erfinderisch und wagemutig sein. Lernen Sie, die richtigen Mittel einzusetzen, um den gewünschten Effekt zu erzielen.

Vierte Linie: Vergewissern Sie sich, ob Ihre Ziele realistisch sind. Wenn Sie versuchen, Unwahrscheinliches zu erreichen, werden Sie, unabhängig von der Intensität Ihrer Bemühungen, nichts erreichen. Vielleicht ist dies der Augenblick, um Ihre Ziele noch einmal zu überdenken.

Dritte Linie: Ihre Reaktionen und Stimmungen, die von Äußerlichkeiten abhängen, sind ebenso unberechenbar wie die ständig wechselnden Umstände. Diese Unbeständigkeit in Ihrem Selbst bringt Erniedrigung und schafft immer wieder neue Schwierigkeiten.

Zweite Linie: Setzen Sie nur soviel beständige Kraft ein wie nötig, um die Situation zu beeinflussen. Vermeiden Sie bei Ihren Handlungen Extreme.

Unterste Linie: Versuchen Sie nicht, eine Methode oder ein System anzuwenden, das Ihnen unvertraut ist. Ein Lebensstil läßt sich nicht über Nacht ändern. Es gibt keine Abkürzungen zur positiven Wandlung und im Augenblick kann nichts vollbracht werden.

DER RÜCKZUG

Winter im Flußpavillon

Chao Po-chu (gestorben 1162)

National Palace Museum   Taipeh, Taiwan

In dieser kalten Szenerie ruht ein Mann in seinem Heim und blickt hinaus auf Eis und Schnee. Er ist entspannt und hat sich vom Winter zurückgezogen. Ein Kohlenbecken hält ihn warm; er hat Zeit, seine Gedanken zu ordnen.

Dieses Blatt wurde von Chao Po-chu gemalt, einem Nachkommen des ersten Sung-Kaisers Chao K'uang-yin. Chao Po-chu wurde besonders wegen seiner meisterhaft gemalten Landschaften und jener Bilder bekannt, die historische oder legendäre Ereignisse schilderten. Er gehörte bis zur Invasion der Jurchen im frühen zwölften Jahrhundert in der Hauptstadt der Nördlichen Sung-Dynastie, Kaifeng, der Akademie an. Danach zog Chao sich mit den Überlebenden der kaiserlichen Familie in die neue, südliche Hauptstadt Hangchou zurück.

33

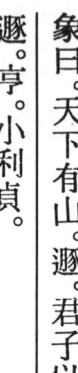

遯。亨。小利貞。

象曰。天下有山。遯。君子以遠小人。不惡而嚴。

Rückzug bringt Fortschritt. Es ist von Vorteil, in kleinen Dingen beharrlich zu bleiben.

Unbewegliches (Berg) unter dem Licht des Tages (Himmel) bildet die Bedingung für den Rückzug. Deshalb hält sich der Edle von übelgesinnten Menschen fern. Er meidet es, Verärgerung zu zeigen und wahrt seine Würde.

Die Leuchtkraft des Mondes beginnt in dem Augenblick abzunehmen, in dem er seine volle Größe erreicht hat; das Kommen des Winters kann schon im Sommer erahnt werden. Dieses natürliche Muster von Aufgang und Niedergang spiegelt sich auch in menschlichen Angelegenheiten wider. Genau wie das Leben seinen Rückzug aus der dunklen Stille des Winters vorbereitet, sollten auch Sie sich auf den Rückzug aus einer aufziehenden Dunkelheit vorbereiten, die Ihre Pläne durchkreuzen könnte. Im gleichen Maße, wie der Winter im Zyklus der Jahreszeiten seinen Anfang und sein Ende hat, stimmt auch diese feindselige und gefährliche Kraft mit den Mustern des Kosmos überein. Sich im richtigen Augenblick zurückzuziehen ist das beste Verhalten. Wenn Sie sich zu früh zurückziehen, bleibt Ihnen keine Zeit, Ihre Rückkehr angemessen vorzubereiten; wenn Sie zu lange warten, könnten Sie zu sehr in die Situation eingebunden werden. Ihr Rückzug sollte energisch und voller Selbstvertrauen geschehen. Sie verlassen nicht die Situation, sondern Sie ziehen sich im richtigen Augenblick klugerweise zurück. Bis die Zeit der Gegenbewegung kommt, können Sie nur kleine Dinge erfolgreich bewirken. Bescheidene, doch feste Absprachen sollten getroffen werden, die Ihnen nicht nur bei Ihrer Rückkehr helfen, sondern auch Feindseligkeiten während Ihrer Abwesenheit verhindern.

Es ist von großer Wichtigkeit, daß Sie sich nicht auf Auseinandersetzungen oder Kämpfe mit Gegenkräften einlassen; denn auf diese Weise könnten Sie emotional in eine Sache verwickelt werden, die im Grunde hoffnungslos ist. Handeln Sie entschlossen: Durchschneiden Sie die Kommunikationswege, beschränken Sie sich auf sich selbst und ziehen sie sich intellektuell und emotional zurück.

Schwierigkeiten und Feindseligkeiten erheben sich in weltlichen Dingen. Versuchen Sie nicht, mit diesen Kräften zu ringen. Wenn zwischen Ihnen und einem geliebten Menschen ein Mißklang herrscht, so ist es am besten, diese Zeit als Entwicklungsphase Ihrer Beziehung zu betrachten. Ihre Ideale von Liebe und Harmonie können in diesem Augenblick nicht verwirklicht werden. Ziehen Sie sich statt dessen zurück und suchen Sie die Befriedigung in sich selbst.

Die Wandlungen

Oberste Linie: Sie haben sich innerlich weit genug von der Situation entfernt und sind nun in der Lage, sich ohne Schuldgefühle oder Zweifel zurückzuziehen. Dies verspricht großes Heil. Sie werden bei Ihren Unternehmungen sehr erfolgreich sein.

Fünfte Linie: Ziehen Sie sich freundlich, doch innerlich fest zurück. Ein Beharren auf dem Rückzug verspricht gutes Gelingen.

Vierte Linie: Wenn Sie den Augenblick für den Rückzug zu erkennen glauben, vergewissern Sie sich trotzdem, ob Sie objektiv handeln. Wer während des Rückzuges innerlich aufgewühlt ist, wird großen Schaden erleiden.

Dritte Linie: Sie wurden vom Rückzug abgehalten und stehen nun mitten in einer schwierigen Situation. Solange Sie von untergeordneten Elementen gehemmt sind, können Sie nichts Bedeutendes erreichen.

Zweite Linie: Wenn Sie Ihr Verlangen nach Rückzug aufrecht erhalten oder sich mit jemand in Übereinstimmung bringen, der Sie führen kann, ist die Flucht möglich.

Unterste Linie: Ihre Position in der gegenwärtigen Situation ist eng mit einem Gegenspieler verbunden. Es wäre vorteilhaft gewesen, sich eher zurückzuziehen. Handeln Sie jetzt nicht; Sie könnten eine Gefahr heraufbeschwören.

大壯

GROSSE KRAFT
(DES GROSSEN MACHT)

Taoistisches Pantheon:
Der Gott des Wassers und sein Gefolge

Yen Hung-tzu (achtzehntes Jahrhundert)

Museum of Fine Arts   Boston, Massachussetts

Shui-kuan (Hsia-yuan), die taoistische Gottheit des Wassers, wird in einer prächtigen, von Drachen gezogenen Kutsche gezeigt. Er ist von Helfern, Wächtern und Dienern umgeben, während seine Prozession durch die Wolken und Wellen treibt. Er besitzt dank seiner Fähigkeit, das lebensspendende Wasser zu kontrollieren und die Energie des Drachen zu bändigen, eine große Macht. So symbolisiert er Dynamik und Wandlung.

Yen Hung-tzu malte am Hofe des Mandschukaisers Ch'ien Lung, der von 1736 bis 1793 regierte. Unter Ch'ien Lung wurde eine repräsentative Sammlung chinesischer Gemälde und Gedichte aufgebaut. Das chinesische Reich war größer als je zuvor, und die Mandschuren standen auf dem Höhepunkt ihrer Macht.

34

象曰。雷在天上。大壯。君子以非禮弗履。

Große Kraft. Im rechten Beharren liegt Vorteil.

Einflußreiche Aktivität (Donner) bildet im Tageslicht (Himmel) die Bedingung für große Kraft. Deshalb tut der Edle nichts, das außerhalb bewährter Konventionen liegt.

Wenn große Kraft über einen Menschen kommt, bewirkt sie eine echte Prüfung seines Charakters. Alle seine Handlungen haben bedeutende Auswirkungen auf andere. Was er sagt, wird gehört, was er denkt, wird erfühlt. Er hat es in der Hand, seiner Welt Erleuchtung und Fortschritt zu bringen, oder sie in Chaos und Untergang zu stürzen. Ein solcher Mensch kann seine innere Entwicklung nachhaltig fördern, oder sich selbst völlig auslöschen. Deshalb muß sich der, der große Kraft besitzt, um Korrektheit bemühen.

Die Verantwortung, in Zeiten großer Kraft uneigennützig zu handeln, ist von unvergleichlicher Wichtigkeit, denn jede selbstsüchtige Handlung wird Sie und andere ins Chaos stürzen.

Dieses Hexagramm ist gewöhnlich für weltliche Dinge sehr günstig. Obwohl mit großer Kraft gesegnet, sollten Sie so klug sein, zunächst einmal innezuhalten und sich zu vergewissern, daß Ihre Absichten lauter sind. Suchen Sie in Ihrer Vergangenheit nach Hinweisen. Tun Sie nichts, das nicht mit der bewährten Politik übereinstimmt. Unorthodoxe Handlungen können in Zeiten großer Kraft einen Niedergang einleiten.

Der Einfluß großer Kraft tritt vor allem in sozialen Situationen zutage. Ihr Einfluß ist in diesem Augenblick gewaltig; Ihre Gegenwart kann und wird nicht unbemerkt bleiben. Nutzen Sie diese Stärke, um an Beziehungen zu arbeiten und Gutes zu tun. Sie werden feststellen, daß Sie in persönlichen Verbindungen ungewöhnlichen Einfluß und große Kraft haben. Die Menschen, die Sie lieben, trauen Ihnen und sind bereit, sich von Ihnen leiten zu lassen. Halten Sie sich jetzt streng an die traditionellen Rollen. Selbst unschuldige Abweichungen vom Überlieferten können mit einem emotionalen Desaster enden.

Glauben Sie nicht, Ihre Kraft sei ein Zeichen für besondere Charakterstärke, oder würde all Ihre Haltungen und Meinungen rechtfertigen. Dies ist nichts weiter als eine Prüfung. Legen Sie vor allem Wert auf die richtige Zeitabstimmung und die Angemessenheit und Qualität Ihrer Handlungen, um die große Kraft, die Ihnen augenblicklich zur Verfügung steht, voll einsetzen zu können. Wenn Sie anderen Erleuchtung und Fortschritt bringen, stärken Sie Ihr eigenes Wohlbefinden.

Die Wandlungen

Oberste Linie: Sie haben sich so sehr auf die Realisierung Ihrer Wünsche konzentriert, daß Sie nun in einer Sackgasse stehen. Alles, was Sie tun, kompliziert die Situation noch mehr. Das Erkennen der Schwierigkeiten wird Ihnen schließlich helfen, sich wieder zu fangen. Dann können die Probleme gelöst werden.

Fünfte Linie: Sie sollten jetzt eine einseitige oder störrische Haltung aufgeben. Es ist nicht mehr nötig, irgend etwas zu beweisen. Die Situation wird ohne Schwierigkeiten Fortschritte machen; Sie brauchen keine Kraftanstrengung zu unternehmen.

Vierte Linie: Wenn Sie auf Ihr Ziel hin arbeiten und sich weiterentwickeln können, ohne viel Aufhebens von Ihrer Kraft zu machen, werden Sie überragenden Erfolg haben. Hindernisse weichen wie von selbst und Ihre innere Kraft wird nicht nachlassen. Gutes Gelingen.

Dritte Linie: Nur oberflächliche Menschen prahlen mit ihrer Kraft oder stellen sie zur Schau. Dies schafft unnötige Verwirrungen und letzten Endes sogar Gefahren. Verborgene Kraft hat in diesem Augenblick die größte Wirkung.

Zweite Linie: Bescheidenheit ist jetzt der Schlüssel zu dauerhaftem Erfolg. Meiden Sie demonstratives Selbstvertrauen, wenn sich Ihnen nur wenig in den Weg stellt. Benutzen Sie Ihre Kraft mit Bedacht.

Unterste Linie: Obwohl Sie die Kraft besitzen, wäre es ein Fehler, in Ihren Plänen fortzuschreiten. Sie dürfen nicht drängen, da Sie noch nicht in der richtigen Position sind.

DER FORTSCHRITT

Die Feier zum
sechzigsten Geburtstag des Kaisers K'ang-hsi

Holzschnitt nach einem Original von Leng Mei
(18. Jahrhundert)

Kongreßbibliothek   Washington, D.C.

Wir sehen hier ein großes gesellschaftliches Ereignis. Gut dressierte Pferde und Elefanten bilden einen Teil der Geschenke und tragen zur Unterhaltung an diesem Tag bei. Es ist der sechzigste Geburtstag des Kaisers K'ang-hsi, ein besonders wichtiges Datum, denn die Chinesen glaubten, daß nach dem Ablauf von sechzig Jahren ein neuer Lebensabschnitt beginne. Eine große Menschenmenge nimmt an den Feierlichkeiten teil und feiert den Übergang des Kaisers in eine höhere Existenzebene.

Diesem Holzschnitt liegt ein Bild von Leng Mei zugrunde, der auf Befehl des Kaisers das Ereignis malte. Dieser Auftrag war für ihn eine einzigartige Auszeichnung. K'ang-hsi, er regierte von 1662 bis 1722, war der Kaiser, der China einte und befriedete. Sein Reich war vom Frieden, vom Wohlstand und von der Weiterentwicklung der Wissenschaften und Kultur geprägt.

35

晉。康侯用錫馬蕃庶。晝日三接。

象曰。明出地上。晉。君子以自昭明德。

Fortschritt. Ein weiser Führer wird mit vielen Pferden gezeigt und an einem einzigen Tag dreimal empfangen.

Intelligenz (Sonne) erhebt sich über das Empfängliche (Erde) und bildet die Bedingung für den Fortschritt. Deshalb beweist sich der Edle durch Intelligenz und Tugend.

Dies ist eine Zeit rascher Fortschritte, die in einem hervorragenden und erleuchteten Einzelnen ihren Ursprung nehmen und der ganzen Gesellschaft Segen bringen können. Die Fähigkeit des Menschen wird erkannt und er erhält eine bedeutende Position, in der er beständig seinen Einfluß ausüben kann. Er ist sowohl für jene, denen er dient, als auch für die, die er führt, ein großer Gewinn.

Gute Ideen sollten jetzt besonders zum Nutzen anderer umgesetzt werden. Wenn Sie in führender Position sind und eine Weiterentwicklung einleiten können, werden Sie großen Erfolg haben. Der Einfluß, den Sie jetzt über andere gewinnen, wird Sie aufsteigen lassen. Wenn Sie uneigennützig und aufrichtig den sozialen Fortschritt im Auge behalten, finden Sie in Ihrer Umgebung Unterstützung. Ihr Beispiel wird Schule machen. Bemühen Sie sich um Loyalität; sie befähigt Sie, sich Autoritätspersonen voller Zuversicht zu nähern. Ihre Intelligenz und Tugend wird bald erkannt und reich belohnt werden. Die Lösungsvorschläge, die Sie jetzt für bestimmte Aufgaben anbieten, werden große Beachtung finden.

In persönlichen und familiären Beziehungen besteht jetzt die Chance zum echten Austausch und zum Erreichen allseitiger Übereinstimmung. Der schönste Aspekt eines Familienlebens ist es, wenn alle Mitglieder loyal die Ziele des einzelnen unterstützen, und wenn die Erfolge des einzelnen der Familie Ansehen und Fortschritt bringen. Hier ist kein Raum für Eifersucht; sie wäre völlig unangebracht. Sie und die Menschen, die Sie lieben, bilden jetzt eine geeinte, soziale Kraft und füllen Ihre Beziehung mit neuem Leben.

Indem Sie altruistischen Motiven folgen, gewinnen Sie Ansehen und Einfluß. Wenn Sie echte Aufrichtigkeit entwickeln, stärken Sie Ihren Charakter. Der Fortschritt kann jetzt auch auf Ihre innere Entwicklung übergreifen, deshalb sollten Sie Ihre Beziehungen zu Ihren Mitmenschen überprüfen. Beachten Sie Ihren Einfluß auf andere und überdenken Sie Ihre Freundschaften. Wenn Sie die Möglichkeit sehen, eine Fortentwicklung einzuleiten, sollten Sie die Chance ohne zögern wahrnehmen.

Die Wandlungen

Oberste Linie: Ergreifen Sie aggressive und offensive Maßnahmen nur dann, wenn Sie sich selbst disziplinieren wollen. Diese starke Zurückhaltung wird Ihnen helfen, bedauerliche Irrtümer zu vermeiden. Begehen Sie nicht den Fehler, dieselbe Kraft auf andere anzuwenden. Das würde Sie beschämen und eine Entfremdung zur Folge haben.

Fünfte Linie: Denken Sie nicht an möglichen Gewinn oder mögliche Rückschläge. Fahren Sie mit tugendhaftem Fortschritt fort. Dann verspricht das Zeichen gutes Gelingen.

Vierte Linie: Der Fortschritt beruht auf fragwürdige Methoden oder unwürdige Menschen. Obwohl es möglich ist, auf diesem Weg weiterzugehen, wird dennoch die Wahrheit ans Licht kommen. Dies ist sehr riskant. Sie könnten in eine gefährliche Position geraten.

Dritte Linie: Ihr Fortschritt hängt von der Gesellschaft und dem Zuspruch anderer ab. Die Wohltaten dieses umfassenden Vertrauens werden Sie alle Sorgen vergessen lassen.

Zweite Linie: Ihr Fortschritt ist nicht so erfüllend, wie er es sein könnte, da Sie noch nicht in der Lage sind, sich mit einem wichtigen Menschen wirklich auszutauschen. Doch wenn Sie beharrlich und Ihren Prinzipien treu bleiben, wird ein unerwarteter Durchbruch kommen.

Unterste Linie: Sie sind am Fortschritt gehindert, weil andere Ihnen nicht vertrauen. Großzügigkeit und Wärme versprechen gutes Gelingen. Richten Sie Ihre Aufmerksamkeit darauf, Ihr Werk zu vervollkommnen. So können Sie folgenschwere Fehler vermeiden.

明夷

ZENSUR
(DIE VERFINSTERUNG DES LICHTS)

Ein rot gewandeter Mann auf einem Esel

Vermutlich Han Huang (723 – 787)

Freer Gallery of Art, Smithsonian Institution   Washington, D.C.

Gegen die Winterkälte mit warmer Kleidung geschützt, reitet ein Mann zu ungewöhnlicher Jahreszeit auf einem Esel. In China wurden die Gebirgspässe bei schweren Schneefällen geschlossen. Niemand wagte sich in die Berge, es sei denn, er hatte einen dringenden Auftrag zu erledigen oder mußte sich aus einer unerträglichen Situation zurückziehen.

Der Maler Han Huang war berühmt für seine Bildnisse vom Landleben und von Haustieren. Er war während der T'ang-Dynastie (618 – 907) Gouverneur und Fürst und besaß große Macht. Doch China wurde von einem Kaiser beherrscht, der irrationale Ängste vor fähigen Männern hatte und fürchtete, sie könnten ihm das wieder entreißen, was sie für ihn errungen hatten. Deshalb beschnitt er ihre Macht und bereitete auf diese Weise selbst den Untergang seiner Dynastie vor.

36

明夷。利艱貞。

象曰。明入地中。明夷。君子以莅衆。用晦而明。

Zensur. Im rechten Beharren liegt Vorteil, selbst unter beschwerlichen Bedingungen.

Intelligenz (Sonne) ist im Dunkeln (Erde) versteckt und bildet die Bedingung für die Zensur. Deshalb begibt sich der Edle in die Massen. Er nutzt seine Intelligenz im Verborgenen.

Sie stehen Kräften gegenüber, die sowohl Ihre Überzeugungen als auch Ihre Ziele gefährden. Unglücklicherweise besitzen Sie selbst in Ihrer Position keine Macht. Es ist daher angebracht, sich dieser Zeit persönlicher Zensur zu unterwerfen und in den Hintergrund zu treten. Sie müssen Ihre Gefühle verbergen. Achten Sie darauf, sich den Anschein zu geben, als akzeptierten Sie eine schwierige Umgebung. Es ist nicht nur sinnlos, sondern auch gefährlich, Ihre Überzeugungen durchsetzen zu wollen; denn dadurch würden Sie nur weitere Schwierigkeiten heraufbeschwören. Verlieren Sie keinen Augenblick Ihre Prinzipien aus dem Auge. Sie kennen Ihre Ziele. Es ist äußerst wichtig, besonders in Zeiten, in denen sie unerreichbar scheinen, eine scharfe innere Bewußtheit der eigenen Werte aufrecht zu erhalten. Mit dieser Haltung können Sie Ihren Charakter stärken und sich in eine Position bringen, in der Sie diese ungünstige Zeit schadlos überstehen werden.

Wenn Sie es für nötig halten, andere Menschen zu beeinflussen, sollten Sie sich ihnen indirekt nähern. Aber bleiben Sie zurückhaltend. Wenn Sie Ihre Bewußtheit verbergen, sind Sie keine Bedrohung für Ihre Gegner. Auf diese Weise können Sie Ihren Prinzipien treu bleiben, andere subtil beeinflussen und größere Schwierigkeiten vermeiden.

Dies ist eine schlechte Zeit, um mit anderen über soziale Probleme zu streiten. Lassen Sie die Dinge geschehen; auch wenn Sie Ihren Überzeugungen oder Zielen zuwiderlaufen. Verbergen Sie Ihre Gefühle; doch bleiben Sie Ihren Prinzipien treu. Auch Beziehungsprobleme sollten augenblicklich nicht offen ausdiskutiert werden. Ihre Gefühle und Ideen stoßen bei den Menschen in Ihrer Nähe auf Unverständnis. Im Augenblick gibt es nichts zu erörtern.

In bezug auf Ihre persönliche und spirituelle Entwicklung jedoch kann diese Situation Sie lehren, schlechte Zeiten gelassen hinzunehmen. Wenn man auf aggressive Weise versucht, das Böse zu leugnen oder zu ignorieren, wird es oft auf die eine oder andere Weise genährt. Gut und Böse sind ebenso Teile des Kosmos wie Tag und Nacht. Es ist leichter, Charakterstärke zu entwickeln, wenn man das Böse anerkennt und als Teil der Welt betrachtet.

Die Wandlungen

Oberste Linie: Die schlechten Zeiten werden von selbst vergehen und eine bloße Erinnerung werden. Wer kämpfte, um die Situation zu kontrollieren, wird vergessen werden.

Fünfte Linie: Sie spielen in dieser Situation eine offensichtliche und bedeutende Rolle, mit der Sie jedoch nicht übereinstimmen. Sie sind nicht in der richtigen Position, um gegen die Elemente zu kämpfen, die Ihren Prinzipien zuwiderlaufen. Verbergen Sie Ihre Gedanken und fügen Sie sich den augenblicklichen Kräften. Schließlich werden Sie belohnt werden.

Vierte Linie: Sie befinden sich in einer Position, die es Ihnen ermöglicht, die augenblickliche Lage klar zu beurteilen. Wenn sie hoffnungslos und verfahren scheint, sollten Sie diesen Augenblick nutzen, um die Bühne zu verlassen.

Dritte Linie: Die Umstände erlauben Ihnen, mühelos die Kontrolle über die Situation zu übernehmen. Gehen Sie behutsam vor. Es ist gefährlich, ein altes Muster plötzlich ändern zu wollen.

Zweite Linie: Statt Sie zu lähmen, wird eine kürzlich erlittene Verletzung Sie zu bejahenden und energischen Handlungen anregen, die Sie Ihrem Ziel näherbringen.

Unterste Linie: Ein Versuch, sich über die Hindernisse in Ihrer Umgebung zu erheben, wird mit Feindseligkeit beantwortet werden. Wenn Sie sich entschließen, Ihren persönlichen Antrieben zu folgen, wird man Sie mißverstehen und in die Schranken weisen.

家人

DIE FAMILIE (DIE SIPPE)

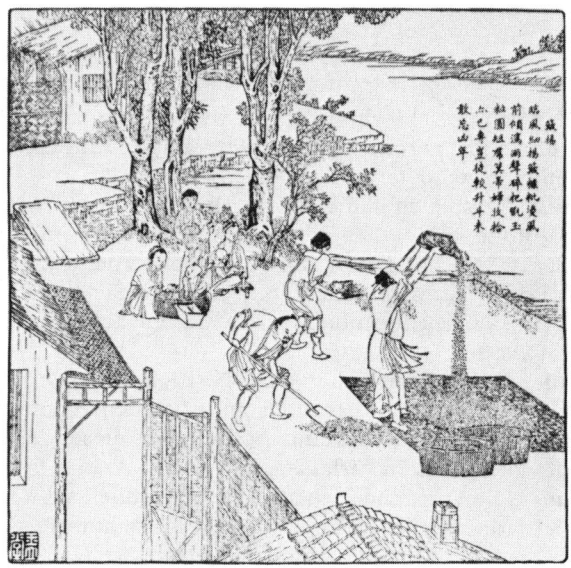

Illustration aus dem Ken-chih t'u
(Die Kunst des Ackerbaus und der Seidenherstellung)

Chiao Ping-chen (spätes 17. Jahrhundert)

In dieser Flußszene hat sich eine Familie versammelt, um das geerntete Korn zu dreschen und zu lagern. Jedes Familienmitglied übernimmt bei dieser Arbeit eine bestimmte Rolle; so sichert die vereinte Anstrengung das Wohlergehen der ganzen Gruppe.

Der Ch'ing-Kaiser K'ang-hsi, der von 1662 bis 1722 regierte, gab ein ausführliches Werk über den Ackerbau und die Seidenherstellung in Auftrag, aus dem dieses Bild entnommen ist. Er berief Chiao Ping-chen, Mitglied der Akademie für Astronomie, zur Beaufsichtigung seiner Zusammenstellung.
Der Kaiser wollte kein künstlerisches Meisterwerk, sondern ein so genaues Portrait wie möglich; deshalb bekam ein in der westlichen Perspektive geübter Maler den Auftrag, damit die Bilder ›realer‹ wirkten als die im normalen chinesischen Stil gemalten.

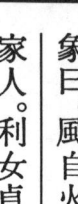

37

家人。利女貞。

象曰。風自火出。家人。君子以言有物。而行有恆。

Familie. Im rechten Beharren, wie es eine Frau vermag, liegt Vorteil.

Das Durchdringende (Wind) kommt aus dem Intelligenten (Feuer) und bildet die Bedingung für die Familie. Deshalb zeigt der Edle Substanz in seinen Worten und Beständigkeit in seinen Taten.

In alten Familien halten sich die Familienmitglieder an ihre natürlichen Rollen, in denen sie sich wohlfühlen. Ihre Beziehungen beruhen auf Zuneigung und einem echten Verantwortungsgefühl. Das Wohlbefinden der ganzen Familie ist dabei ebenso wichtig, wie die Ziele jedes einzelnen. Die Chinesen schätzten den Wert dieser kleinsten sozialen Gemeinschaft hoch ein. Sie sagten zu diesem Hexagramm: »Wenn du der Familie die rechte Ordnung gibst, werden auch alle anderen Beziehungen die rechte Ordnung finden.«

Wenn die Rollenverteilung zwischen Führer und Geführten verstanden und respektiert wird, können in politischen Angelegenheiten Fortschritte erzielt werden. Führer müssen, ebenso wie Familienoberhäupter, innere Kraft und Autorität besitzen. Sie sollten mit ihren Worten vorsichtig sein und ihre dauerhafte Glaubwürdigkeit auf Handlungen begründen, die die Aufrichtigkeit ihrer Prinzipien demonstrieren. Geführte, die in dieser Zeit ihren Führern folgen, können Großes bewirken.

Geschäftliche Beziehungen sollten augenblicklich wie familiäre Beziehungen behandelt weden. Tugenden wie Aufrichtigkeit, Treue und Gehorsam können zu jeder Zeit Fortschritte bringen, doch in dieser Zeit sind sie besonders wertvoll. Eine Tat wiegt mehr als tausend Worte; also verschwenden Sie weder Zeit noch Geld an die Rhetorik. Versuchen Sie, bei Ihren

Zielen zu bleiben und verlassen Sie sich darauf, daß Ihre Führer die Situation kontrollieren.

Sie können Ihre sozialen Beziehungen bereichern, indem Sie sich an die Rollen halten, die auf natürlicher Zuneigung und dem Respekt für andere beruhen. Indem Sie bewährte soziale Gebräuche berücksichtigen, gewinnen Sie die Unterstützung und die Treue Ihrer Umgebung. Vertrauen Sie in persönlichen Beziehungen Ihren Impulsen und Ihrer natürlichen Zuneigung, die Ihnen die angemessene Rolle nahelegen werden.

Versuchen Sie, alle Gruppen – familiäre, soziale oder politische – als Familie zu betrachten und bestimmen Sie innerhalb dieser Gruppen die Position, die Ihnen entspricht. Achten Sie jedoch darauf, keine Rolle zu übernehmen, für die Sie nicht geeignet sind, oder eine Rolle zu akzeptieren, die man Ihnen auferlegt. Dies würde Ihrem Leben den Sinn nehmen.

Die Wandlungen

Oberste Linie: Ihr Verantwortungsgefühl sich selbst und anderen gegenüber bringt gutes Gelingen und Erfolg. Sie werden aufgrund Ihrer Einsichten und Ihres tugendhaften Verhaltens anerkannt und geachtet.

Fünfte Linie: Zwischen Führer und Geführten besteht eine großmütige und liebevolle Beziehung. Gutes Gelingen.

Vierte Linie: Jeder Versuch, das Wohlbefinden anderer Menschen auf bescheidene und demütige Weise zu fördern, wird außergewöhnlich erfolgreich verlaufen.

Dritte Linie: Es muß ein bescheidener Weg gefunden werden, um die Situation zu ordnen. Falls Sie zweifeln, ist es weitaus besser, Strenge zu zeigen, als die Situation ausufern zu lassen.

Zweite Linie: Geben Sie Ihren Impulsen jetzt nicht nach. Versuchen Sie, nichts durch Gewalt zu erreichen. Hüten Sie sich vor Handlungen, die nicht Teil der vor Ihnen liegenden Aufgabe sind. Gutes Gelingen kommt, wenn die unmittelbaren Bedürfnisse der Gruppe gestillt werden.

Unterste Linie: Wenn Sie gleich am Beginn von Beziehungen oder Unternehmungen feste Rollen und ein gut definiertes System errichten, wird alles gutgehen. Selbst Situationen, die einen Streit heraufbeschwören könnten, sind ohne Bedauern überwindbar.

DER WIDERSPRUCH
(DER GEGENSATZ)

Szene aus einer Romanze im Westzimmer

Anonym. Ch'ing-Dynastie (1664 – 1912)

Freer Gallery of Art, Smithsonian Institution   Washington, D.C.

Ein junger Mann sitzt mit zwei Frauen in einem reich geschmückten Raum. Die Situation strahlt etwas Unentschlossenes und Widersprüchliches aus. Die Personen wirken bestürzt.

Dieses Bild eines unbekannten Künstlers zeigt eine neue Tendenz in der chinesischen Kunst: menschliche Gestalten werden vordergründig, anstatt wie bisher als Teil des Ganzen gezeigt. Das Bild widerspiegelt das üppige Leben jener Zeit, in der der Einfluß des Westens in China rasch an Bedeutung zunahm.

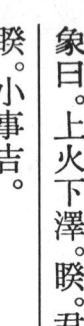

睽。小事吉。

象曰。上火下澤。睽。君子以同而異。

Widerspruch. In kleinen Dingen gutes Gelingen.

**Klarheit (Feuer) ist oben, das Weite (See) ist darunter
und bildet die Bedingung für den Widerspruch.
Deshalb behält der Edle, obwohl Gleicher unter
Gleichen, seine Einzigartigkeit.**

In der augenblicklichen Situation treten starke Widersprüche zutage. Es kann sich dabei um widerstreitende Standpunkte handeln, um Menschen, die gegeneinander arbeiten, oder um einen persönlichen inneren Konflikt, der Unentschlossenheit mit sich bringt. Sie müssen jetzt ein Verständnis für diese auseinanderstrebenden Kräfte entwickeln und sich besser auf die Zeit einstimmen. Sie können nichts Großes erreichen; denn ohne Zusammenarbeit und völlige Abstimmung aufeinander ist dies nicht möglich. Nur kleine Dinge und behutsames Einflußnehmen versprechen Erfolg.

Trotz der Widersprüche, die in weltlichen Dingen durch gegensätzliche Ideologien aufgeworfen werden, gibt es eine Möglichkeit für letztendliche Einheit. Im Grunde ist sogar die Einheit, die sich aus kontrastierenden Kräften entwickelt, beständiger als Verbindungen, die eher beiläufig und ohne Vorbedacht entstehen. Deshalb bereitet die augenblickliche Polarität durchaus den Boden für eine Übereinstimmung vor.

Auch geschäftliche oder soziale Unternehmungen können wirkungslos erscheinen, da sie von gleichstarken, entgegengesetzten Kräften gehemmt werden. Ehrgeizige Ziele müssen zurückgestellt werden, bis günstigere Bedingungen vorherrschen.

Der Widerspruch, der im Familienleben und in persönlichen Beziehungen besteht, ist von klassischer Form. Die auseinanderstrebenden Absichten von Zwillingen sind ein Beispiel für diese Widersprüchlichkeit. Natürlich bilden gerade die Blutsbande auf lange Sicht eine Grundlage für die Einheit, doch im Augenblick besteht ein Widerspruch. Arbeiten Sie sanft und vorsichtig an der Wiederherstellung der Übereinstimmung.

In dieser Zeit können Sie die Dualität Ihrer eigenen Natur erfahren. Die anderen halten Sie vielleicht für unentschlossen und schwankend, wenn Sie widersprüchliche Standpunkte abwägen, doch Sie waren noch nie so gut wie jetzt in der Lage, Gegensätze deutlich zu erkennen. Der Kampf zwischen Gut und Böse, zwischen Leben und Tod – all diese Gegensatzpaare sind als natürliche Interaktionen zwischen den großen Kräften des Universums erfahrbar. Das Gefühl der umfassenden Einheit und Ganzheit in einer Welt voller Widersprüche kann Ihnen tiefes Verständnis und großen Frieden bringen.

Die Wandlungen

Oberste Linie: Durch Mißverständnisse und Mißtrauen haben Sie Ihre Perspektive verloren. Wenn die Widersprüche ihren Höhepunkt erreicht haben, beginnen sie zu verblassen. Gutes Gelingen.

Fünfte Linie: Aufgrund der widersprüchlichen Atmosphäre übersehen Sie vielleicht einen Menschen, der Ihnen wirklich helfen kann. Es ist kein Fehler, mit ihm zusammenzuarbeiten.

Vierte Linie: Inmitten der Widersprüche und Ihrer Isolation finden Sie einen Menschen, mit dem Sie innerlich etwas verbindet. Durch gegenseitiges Vertrauen können die Gefahren gemeinsam überwunden werden.

Dritte Linie: Vor Ihnen türmen sich Schwierigkeiten auf, und Sie treffen bei jeder Bewegung auf Widerstände. Obwohl dies ein schlechter Anfang ist, besteht die Möglichkeit eines guten Endes. Halten Sie sich an die Dinge, von denen Sie wissen, daß sie richtig sind. Alles wird gut ausgehen.

Zweite Linie: Eine unerwartete oder zufällige Begegnung mit einer wichtigen Idee oder einem wichtigen Menschen wird Ihnen helfen. Es ist kein Fehler, Ihrer Intuition zu folgen.

Unterste Linie: Zwischen Elementen, die natürlicherweise zusammengehören, besteht eine Entfremdung. Versuchen Sie nicht, die Übereinstimmung mit Gewalt wiederherzustellen. Die Dinge werden von selbst in Einklang kommen. Hüten Sie sich vor gefährlichen Elementen, um Fehler zu vermeiden.

DAS HINDERNIS (DAS HEMMNIS)

Berge im Herbst

Li Yin. Das Bild ist mit 1698 datiert.

Museum of Fine Arts   Boston, Massachussetts

Diese Landschaft zeigt bedrohliche, gezackte Berge, in denen die Menschen fast wie Fremdkörper wirken. Doch Li Yins Inschrift verrät uns, daß er den nördlichen und südlichen Bergpfad gemalt hat, auf denen Reisende die Hindernisse überwinden können. Der Maler teilt dem Betrachter mit, daß es keine Schwierigkeit für ihn war, diese Klüfte zu zeichnen, obwohl er sie nie gesehen hatte; das Bild sei ihm im Traum erschienen, und eine solche Landschaft könne irgendwo in der Weite des Universums existieren.

Li Yin war vor allem als Maler von Landschaften und Blumenmotiven bekannt, der sich den Stil der früheren Meister aneignete. Er lebte während der Regierungszeit (1662 – 1722) des Mandschurenkaisers K'ang-hsi, der im Alter von acht Jahren den Thron bestieg und mit vierzehn Jahren die Regierungsgeschäfte übernahm. Nachdem er China geeint hatte, herrschte ein langer Frieden, und K'ang-hsi förderte die Traditionen des Konfuzianismus. Außerdem ließ er sich von den Jesuiten, die zu den zahlreichen Besuchern Chinas gehörten, in Astronomie, Anatomie und Mathematik unterrichten.

39

象曰。山上有水。蹇。君子以反身修德。

蹇。利西南。不利東北。利見大人。貞吉。

Hindernisse. Im Südwesten (Empfängliches*) liegt ein Vorteil, doch liegt kein Vorteil im Nordosten (Unbewegliches*). Weiterer Vorteil liegt darin, den Führer aufzusuchen. Rechtes Beharren verspricht gutes Gelingen.

Abgründiges (Wasser) über dem Unbeweglichen (Berg) bildet die Bedingung für Hindernisse. Deshalb blickt der Edle in sein Inneres und vervollkommnet sein Betragen.

Wenn fließendes Wasser, das Bild des *Tao*, in seinem Lauf auf ein Hindernis, eine Hemmung seiner Weiterreise, trifft, hält es inne. Es baut Volumen und Druck auf, staut sich vor dem Hindernis und überspült es nach einiger Zeit. Diese Hindernisse springen dem fließenden Wasser nicht aus dem Nichts in den Weg, sondern sind Teile des Weges selbst.

So ist auch die Natur der vor Ihnen liegenden Hindernisse. Sie sind ein Teil des Weges, den Sie eingeschlagen haben und müssen überwunden werden. Folgen Sie dem Beispiel des Wassers: Halten Sie inne und sammeln Sie soviel Kraft, bis das Hindernis keinen Widerstand mehr bietet. Um diese Kraft zu sammeln, müssen Sie auf andere bauen. Bringen Sie Menschen zusammen, die Ihnen helfen können und suchen Sie geeigneten Rat. Wenn Sie beharrlich und aufrichtig Ihrem Weg folgen, werden Sie bemerkenswerten Erfolg haben und rasch fortschreiten können.

In weltlichen Dingen sind die Hindernisse in der Reihenfolge zu überwinden, wie sie kommen. Nur so können Sie auf Ihrem Weg weitergehen.

---

* Der Südwesten ist die natürliche Position des Trigramms *K'UN* (Erde) und steht für Weichheit und Empfänglichkeit. Im Nordosten ist *KEN* (Berg) mit seiner unbeweglichen und festen Kraft. (Bild D)

Gestalten Sie Ihr Verhältnis zu Ihren Mitmenschen sehr bewußt. Die Fähigkeit, zur richtigen Zeit am richtigen Ort zu sein, war noch nie so wertvoll wie jetzt. Richten Sie auch in Gesellschaft anderer Menschen Ihre Aufmerksamkeit nach innen und achten Sie auf die Hindernisse, die Sie sich selbst in den Weg legen.

Viele der äußeren Hindernisse sind im Grunde in Ihrem Innern entstanden. Ob Sie sie sich erschaffen, indem Sie innere Konflikte nach außen verlagern, oder ob Sie instinktiv einen Weg wählen, der Schwierigkeiten bringt – die Probleme müssen überwunden werden. Wenn Sie Ihre Aufmerksamkeit darauf richten und sich bemühen, konstruktive und positive Gedanken dagegenzusetzen, werden Sie Ihren Charakter stärken und die nötige Kraft für den Erfolg sammeln.

Die Wandlungen

Oberste Linie: Obwohl es so scheint, als könnten Sie den Aufruhr in Ihrer Umgebung ignorieren, wird es Ihnen nicht gelingen. Man wird Sie unweigerlich mit in den Kampf hineinziehen. Betrachten Sie in dieser Sache den Weg der Weisen, um eine Anleitung für Ihr Verhalten zu bekommen. Dies verspricht gutes Gelingen.

Fünfte Linie: Selbst im verzweifelten Kampf wird Ihr Geist Helfer anziehen. Diese Zusammenarbeit bringt Ihren Unternehmungen Erfolg.

Vierte Linie: Um der Herausforderung zu begegnen und die vor Ihnen liegenden Hindernisse zu überwinden, müssen Sie sich auf jemanden verlassen, der Ihnen helfen kann. Ein Alleingang wird fehlschlagen.

Dritte Linie: Wenn Sie jetzt mit einem äußeren Hindernis kämpfen, laufen Sie Gefahr, Ihre Sicherheit aufs Spiel zu setzen. Es wäre gut, sich zu zentrieren und die Situation neu zu überdenken.

Zweite Linie: Da Sie einer größeren Sache dienen, ob Sie es nun selbst wissen oder nicht, müssen Sie die vor Ihnen liegenden Hindernisse angehen und überwinden. Dies ist das rechte Vorgehen in außergewöhnlichen Situationen. Kein Makel.

Unterste Linie: Wenn Ihnen auf Ihrem Weg ein Hindernis entgegensteht, sollten Sie nicht versuchen, es zu überrennen. Warten Sie statt dessen ab, bis die Schwierigkeiten beigelegt sind. Sie werden den richtigen Augenblick zum Handeln erkennen, wenn Sie sich vorsichtig bewegen.

DIE BEFREIUNG

Dorf am Fluß in einem Regensturm

Lu Wen-ying (aktiv bis 1507)

Cleveland Museum   Cleveland, Ohio

Ein plötzlicher Regenfall trifft die offenen Boote und Häuser der Fischer. Obwohl sie auf den Regen nicht vorbereitet sind, begrüßen sie ihn; denn er bringt die Befreiung von der bedrückenden Schwüle vor dem Sturm.

Lu Wen-ying war ein privilegierter Maler und gehörte dem prächtigen Hofstaat des Ming-Kaisers Hung-chih an, der von 1487 bis 1505 regierte. Er durfte in der Gegenwart des Kaisers selbst arbeiten. Der Hof begann langsam zu zerfallen, als sich der Kaiser immer stärker aus der Politik zurückzog und sich weigerte, die Korruption zu sehen, die sein Reich zerfraß. Zu guter Letzt hielt sein Eunuche Liu Chin die Macht in den Händen, indem er Informationen und Regierungsgeschäfte manipulierte.

40

解。利西南。无所往。其來復吉。有攸往。夙吉。

象曰。雷雨作。解。君子以赦過宥罪。

Im Südwesten (Empfängliches*) liegt Vorteil. Wenn das Vorwärtsstreben kein Heil verheißt, bringt die Rückkehr zu normalen Bedingungen gutes Gelingen. Wenn etwas zu erreichen ist, bringt rasches Handeln gutes Gelingen.

Bewegung (Regen und Donner) setzt ein und bildet die Bedingung für die Befreiung. Deshalb vergibt der Edle anderen ihre Fehler und verzeiht ihre Angriffslust.

Ängste und Streit werden weichen, wenn Sie jetzt fest und entschlossen handeln. Genau wie ein Gewitter die Atmosphäre von Spannungen befreit, ist nun die Zeit gekommen, Fehler und Vorurteile auszuräumen. Dies sollte entschlossen und ohne Zögern geschehen, um so bald wie möglich zu einer normalen Situation zurückzukehren. Der richtige Zeitpunkt für die Befreiung von Schwierigkeiten ist von wesentlicher Bedeutung für den Erfolg.

Es liegt jetzt in Ihrer Macht, Dinge anzugehen, die bisher Ihr Fortschreiten hemmten. Wenn es möglich ist, frühere Fehler zu vergessen und Angriffe zu verzeihen, dann tun Sie es. Wenn Sie sich im richtigen Augenblick von der Belastung befreien, die mit allen Machtangelegenheiten einhergeht, wird alles gutgehen.

Menschen und Probleme, die Ihren geschäftlichen Unternehmungen bisher immer im Weg standen, können jetzt umgangen werden. Viele Ihrer früheren Schwierigkeiten weichen augenblicklich mit Leichtigkeit und hinterlassen bei Ihnen ein tiefes Gefühl der Erleichterung. Lassen Sie los und sinnen Sie nicht auf

---

* Der Südwesten ist die natürliche Position des Trigramms *K'UN*. Es steht für Weichheit und Empfänglichkeit.

Rache. Sie sollten Ihre Aufmerksamkeit darauf richten, Ihre Angelegenheiten zum Normalzustand zurückzuführen. Dann finden Sie auch den Weg zu Ihren ursprünglichen Zielen wieder.

Ihre Beziehungen zu anderen Menschen werden ebenfalls an Härte verlieren, sobald die Spannungen abgebaut sind und die Ängste durch ein erfrischendes Gefühl der Befreiung ersetzt werden. Sie können jetzt mit Leichtigkeit Schwierigkeiten auflösen, die durch unterschiedliche Sozialstrukturen hervorgerufen wurden.

Wenn die Befreiung erreicht und die Spannung des Sturms abgeflaut ist, wird Ihr Geist erfrischt und angeregt sein. Der Boden ist für neues Wachstum bereit. Die Zukunft scheint vielversprechend. Sobald Sie endgültig mit emotionalen Blockaden oder Feindseligkeiten aus früheren Zeiten aufgeräumt haben, werden Sie eine ausgezeichnete Chance für Ihre persönliche Entwicklung haben.

Die Wandlungen

Oberste Linie: Bereiten Sie sich auf einen schweren Kampf mit einem mächtigen Gegner vor. Sorgfältige Planung und kluge zeitliche Abstimmung können Ihnen helfen.

Fünfte Linie: Sie können sich nur selbst retten. Sobald Sie befreit sind, werden untergeordnete Elemente in den Hintergrund treten, und Sie werden den Respekt gewinnen, den Sie verdienen. Gutes Gelingen.

Vierte Linie: Es gibt Menschen, die sich aus selbstsüchtigen Gründen an Sie klammern. Sie sollten sich aus dieser Verstrickung befreien, denn sie schreckt jene Menschen ab, die Ihnen bei Ihren Unternehmungen wertvolle Verbündete sein könnten.

Dritte Linie: Sie haben eine machtvolle Position erreicht, können die Situation jedoch noch nicht ganz kontrollieren. Wenn Sie auf diese Art fortfahren, werden Sie durch andere erniedrigt.

Zweite Linie: Die Situation wird von uneinsichtigen Menschen kontrolliert. Sie müssen jetzt besonders zielstrebig und tugendhaft sein. Gutes Gelingen.

Unterste Linie: Sie haben für den Augenblick die Schwierigkeiten überwunden. Der Weg ist frei und Sie können fortschreiten. Nutzen Sie diese Zeit, um Ihre Position zu festigen.

DAS ABNEHMEN
(DIE MINDERUNG)

Blatt aus ›Acht Landschaften und acht Gedichte‹

Shen Chou (1427 – 1509)

Museum of Fine Arts   Boston, Massachussetts

Dieses Blatt zeigt einen Gelehrten im Ruhestand, der an einem Fluß sitzt. Er besinnt sich auf seine heitere Vergangenheit und wünscht, die Gegenwart möge ihn nicht bei seinen Gedanken stören. Das Gedicht, das zu dem Bild gehört, lautet:

Das fließende Wasser windet sich und kreist
Und ich sitze lange und kläre mein Bewußtsein
Könnte ich doch auch mein Herz und meine Ohren reinigen
Und mich der Menge ferne halten, die nach Ämtern strebt!

Shen Chou, der Gründer der Wu-Schule, einer der Schulen für chinesische Malerei, war für seine meisterhaft feinen Striche und seine Freundlichkeit gegenüber allen Menschen bekannt. Während dieser Zeit befand sich die Ming-Dynastie in einer Phase innerer Besinnung, die auf die Eroberungszüge des Kaisers Young-lo (Regierungszeit 1402 bis 1424) folgte. Der Kaiser mußte angesichts der starken Inflation das umlaufende Papiergeld vermindern, den kostspieligen Krieg in Vietnam beenden und die Militärausgaben beschneiden.

41

損。有孚。元吉。无咎。可貞。利有攸往。曷之用。二簋可用享。

象曰。山下有澤。損。君子以懲忿窒欲。

Die Minderung. Eine zuversichtliche Haltung verheißt außergewöhnliches Heil, nützliche Tugenden und Freiheit von Irrtum. Es ist von Vorteil, ein Ziel zu haben. Wie kann es erreicht werden? Durch Schlichtheit.

Das Weite (der See) wird unter dem Unbeweglichen (Berg) festgehalten und bildet die Bedingung für die Minderung. Deshalb zügelt der Edle seinen Zorn und ist maßvoll in seinen Wünschen.

Das Pendel ist abermals in Bewegung und schlägt diesmal zu einer allgemeinen Minderung aus. Obwohl die Minderung auch den Beginn eines späteren Aufblühens beinhaltet, ist es wichtig, wie Sie mit dem augenblicklichen Niedergang umgehen. Die Minderung ist im Einklang mit den kosmischen Kräften; sie entspricht dem natürlichen Ablauf der Dinge und ist nicht zu umgehen. Am Ende werden Sie jedoch von allen Opfern, die Sie jetzt erbringen, profitieren.

Akzeptieren Sie die Minderung und verhalten Sie sich angemessen, indem Sie Ihr Leben vereinfachen. Ein aufrichtiges, einfaches Leben wird Sie vor schweren Fehlern schützen und Ihren Realitätsbezug stärken. Wenn Sie den Niedergang nicht sehen wollen und vorgeben, sie leben noch in einer Zeit der Fülle, werden Sie sich in Irrtümern fangen und den Bezug zur Wirklichkeit verlieren.

In dieser Zeit ist Schlichtheit von größter Wichtigkeit für Ihre innere Entwicklung. Sie müssen jetzt gewisse Haltungen verändern, indem Sie Ihre Instinkte und Leidenschaften zügeln. Bringen Sie Ihr Selbst mit dem augenblicklichen Niedergang der Energien in Übereinstimmung. Wenn Sie normalerweise unter starker Anspannung handeln, so ist nun die Zeit gekommen, um Ihr Verhalten zu ändern.

In geschäftlichen Dingen wird sich die Energie dieser Zeit vor allem in materiellen Verlusten äußern. Doch werden Sie auch hier erfolgreich sein, wenn Sie zuversichtlich und im Vertrauen auf die Zeit vorgehen.

Persönliche Beziehungen mögen jetzt weniger Anregung und Freude bieten als früher. Vielleicht vermissen Sie den gewohnten Austausch zwischen Ihnen und Ihren Freunden und fühlen sich ausgeschlossen. Geben Sie Ihren Nächsten soviel Sicherheit wie möglich, während Sie gleichzeitig Ihre Energien auf die Entwicklung Ihres Charakters richten.

Die Wandlungen

Oberste Linie: Erweitern Sie Ihren Horizont und stellen Sie Ihre Ziele darauf ein. Dann werden Sie Unterstützung bei anderen finden. Vielleicht erkennen Sie, daß Ihre neue Position und Verantwortlichkeit einen erstrebenswerten neuen Lebensstil darstellen, der vielen Menschen Nutzen bringt.

Fünfte Linie: Das Schicksal hat Sie gezeichnet. Darin ist nichts zu ändern. Ihre eigenen inneren Kräfte haben Sie in diese Situation gebracht. Fürchten Sie nichts. Gutes Gelingen.

Vierte Linie: Wenn Sie jetzt Ihre dunklen Punkte und schlechten Angewohnheiten erkennen und eine ernsthafte Anstrengung unternehmen, um sie aufzugeben, werden sich Freunde und Helfer an Sie wenden. Eine demütige Haltung öffnet Ihnen den Weg zu wirklichem Austausch und tiefer Freude.

Dritte Linie: Die engsten Beziehungen sind jetzt nur zwischen zwei Menschen möglich. In Gruppen von drei und mehr Menschen werden Konflikte entstehen, die zur Trennung führen. Wer allein bleibt, wird einen Gefährten finden.

Zweite Linie: Wenn Ihnen Ihre Aufgabe die Kraft nimmt oder Sie in eine Lage bringt, in der Sie sich zum Vorteil Ihrer Vorgesetzten opfern müssen, dann werfen Sie sich fort. Nur Handlungen, die Ihr Selbst nicht angreifen, sind Ihren Einsatz wert.

Unterste Linie: Wenn Sie sich in einer Position befinden, in der Sie andern helfen können, oder in der Ihnen selbst geholfen wird, sollten Sie sich vergewissern, ob dies mit Mäßigung geschieht. Zuviel zu geben oder zu nehmen kann zur Unausgeglichenheit führen. Besinnen Sie sich, bevor Sie handeln.

DER NUTZEN
(DIE MEHRUNG)

Feldarbeiter

Anonym.
Ch'ing-Dynastie (T'ung Chih-Periode, 1862 – 1875)

In dieser Szene sind alle Menschen emsig mit ihren jeweiligen Tätigkeiten beschäftigt. Sie lagern Futter für den Winter ein, pflanzen, dreschen und mahlen Korn; die Bemühungen jedes einzelnen nutzen der Gemeinschaft.

Dieser Holzschnitt stammt von einem unbekannten Künstler und entstand während der Regierungszeit des Ch'ing-Kaisers T'ung Chih (1862 – 1875). Während dieser Epoche erlebte China nach einigen Reformen eine neue Blüte. Die Wirtschaft wurde nach den zerstörerischen Folgen mehrerer Invasionen und innerer Konflikte wiederbelebt, indem die Menschen zum Ackerbau und zu ihrem Handwerk zurückkehrten. Doch die Weigerung der Regierung, das Land nach den Kontakten mit fremden Völkern zu modernisieren, verhieß eine unsichere Zukunft.

42

益。利有攸往。利涉大川。

象曰。風雷益。君子以見善則遷。有過則改。

Der Nutzen. Es ist von Vorteil, ein Ziel zu haben. Weiterer Vorteil liegt im Erfahren der kosmischen Ordnung aller Dinge.

Das Durchdringende (Wind und Donner) bildet die Bedingung für den Nutzen. Deshalb sucht der Edle, anderen zu nutzen. Wenn es Fehler gibt, macht er sie gut.

Die augenblickliche Situation steht unter dem Einfluß außergewöhnlicher Energien. Viele Dinge werden möglich – sogar die schwierigsten Unternehmungen. Es ist wichtig, daß Sie jetzt Ihre Zeit so gut wie möglich nutzen, denn die Zeiten ändern sich wieder. Verfolgen Sie Ihre Ziele von Tag zu Tag und bleiben Sie beharrlich. Denken Sie daran, daß auch Ihre kurzfristigen Vorhaben der Gemeinschaft nutzen sollen, wenn Sie den Erfolg erreichen wollen, der in diesem Hexagramm vorausgesagt wird. Die Energie darf nur für lohnende Ziele verwendet werden.

Wenn Sie Führer, Arbeitgeber, Beamter oder sonst ein einflußreiches Mitglied Ihrer Gemeinschaft sind, sollten Sie in dieser Zeit Ihren Mitmenschen gegenüber besonders großzügig sein. Man könnte sogar von Ihnen verlangen, ein persönliches Opfer zu leisten, um die gemeinsame Sache voranzutreiben. Eine solche Geste kann der Gesellschaft jetzt großen Nutzen bringen. Die Menschen werden durch Ihr Verhalten zu unverbrüchlicher Treue und Einheit veranlaßt und stärken auf diese Weise die Gemeinschaft. Die Chinesen sagen zu diesem Hexagramm: »Herrschen heißt in Wahrheit, zu dienen.«

Im geschäftlichen oder politischen Bereich können Sie mutig auf Ihr Ziel losgehen, vorausgesetzt, es ist uneigennützig. Die Zeit ist günstig, um anderen großzügig Hilfe anzubieten. Dies wird Ihnen den Weg in neue Bereiche Ihrer persönlichen Entwicklung erschließen. Großzügigkeit könnte auch persönliche, familiäre und andere Beziehungen stärken.

Die Kraft der nützlichen Energien in Ihrer Umgebung gibt Ihnen eine einzigartige Chance, an Ihrer persönlichen Entwicklung zu arbeiten. Ob Sie nun mit alten Gewohnheiten brechen oder neue, nützliche Disziplinen erwerben wollen – die Kräfte des Augenblicks helfen Ihnen, bestmögliche Resultate zu erzielen. In dieser Zeit können Sie auch leichter als sonst eine überhebliche Haltung aufgeben und sich eine tiefe Güte, eine sichere ethische Grundlage und ein Gespür für Ihren Weg und Ihr Wohlbefinden aneignen. Bewußtheit Ihrer selbst und Disziplin sind die Schlüssel für diese Veränderung. Beobachten Sie die nützlichen Auswirkungen des Guten bei anderen und übernehmen Sie diese Seiten.

Die Wandlungen

Oberste Linie: Es scheint, als könnten Sie anderen Gutes tun, doch der Schein trügt. Dies stimmt nicht mit den Erfordernissen der Zeit überein. Sie werden Ihren Einfluß verlieren und sich Angriffen aussetzen. Dies bedeutet Unheil.

Fünfte Linie: Echte Freundlichkeit auf Ihrer Seite, etwas, das Sie taten oder tun werden, ohne an Ihren Vorteil zu denken, wird Ihnen Anerkennung einbringen. Gutes Gelingen.

Vierte Linie: Sie haben die Chance, als Vermittler aufzutreten. Wenn Sie sich verständlich äußern und den Nutzen aller Beteiligten an die erste Stelle setzen, wird man Ihrem Rat folgen.

Dritte Linie: Möglicherweise ziehen Sie Nutzen aus einer Situation, die allgemein als unglücklich betrachtet wird. Wenn Sie Ihren Grundsätzen treu bleiben, können Sie Vorwürfe vermeiden.

Zweite Linie: Da Sie für selbstlose Ziele offen sind, haben Ihre Handlungen Erfolg. Sie können diese glückliche Zeit besonders gut nutzen, indem Sie die bewährte Struktur Ihres Lebens bewahren. Gutes Gelingen.

Unterste Linie: Sie sind mit der Energie gesegnet, eine große Aufgabe angehen zu können, die Sie zu einer anderen Zeit nicht in Angriff genommen hätten. Wenn Ihr Ziel die Mühe wert ist und anderen Nutzen bringt, werden Sie Erfolg haben. Auf diese Weise wird Ihr Ruf keinen Schaden nehmen.

DER BESCHLUSS
(DER DURCHBRUCH)

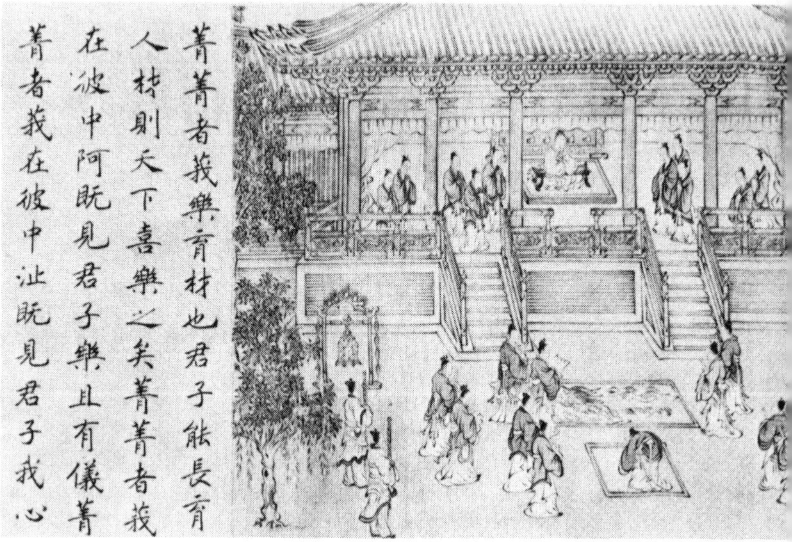

菁菁者莪樂育材也君子能長育
人材則天下喜樂之矣菁菁者莪
在彼中阿既見君子樂且有儀菁
菁者莪在彼中沚既見君子我心

Die Oden des P'ei
(Ausschnitt)

Ma Ho-chih (zwischen 1131 und 1162)

Museum of Fine Arts   Boston, Massachussetts

206

Dies ist ein Ausschnitt aus einer Handschriftenrolle, die die *Oden de P'ei* illustriert, eine Gedichtsammlung, die von Kao-tsung, einem Kaiser der südlichen Sung-Dynastie, geschrieben wurde. Wir sehen einen Beamten, der nach Hause zurückgekehrt ist, um seine alte Position einzunehmen und dem Volk bei Streitigkeiten als Schiedsmann zu dienen. Weil er einige Zeit fort war, warten viele darauf, ihm ihre Probleme vortragen zu können und seinen Beschluß zu hören. Das Gedicht schildert seine Gedanken:
Die Geschäfte des Königs sind mir auferlegt, und das Regierungsamt lastet immer stärker auf mir. Wenn ich von weither heimkehre, drängt mich auch meine Familie. Nun gut! Der Himmel hat es eingerichtet; wie kann ich widersprechen?

Ma Ho-chih ist vor allem durch seine Illustrationen zu Gedichten des Kaisers und zu alten Balladen und Oden bekannt geworden. Er malte detailreiche Bilder, die wie Szenen aus einem Traum anmuten. Zu seiner Zeit war der Kaiserhof gezwungen, vor Eindringlingen im Norden zu fliehen; man zog sich in den sicheren Süden zurück. Nach zehn Jahren des Kampfes blühte die Akademie für Malerei von neuem auf.

43

象曰。澤上於天。夬。君子以施祿及下。居德則忌。

夬。揚于王庭。孚號有厲。告自邑。不利即戎。利有攸往。

Der Beschluß. Eine Angelegenheit muß offen und aufrichtig an einem Ort der Gerechtigkeit zur Sprache gebracht werden. Hier droht Gefahr. Es ist nicht hilfreich, Gewalt anzuwenden, doch man sollte die Verbündeten informieren. Es ist von Vorteil, ein Ziel zu haben.

Das Weite (der See) wird ins Tageslicht gezogen und bildet die Bedingung für den Beschluß. Deshalb gibt der Edle seine Schätze weiter und vermeidet es, sich mit seinen Tugenden zu brüsten.

Die Kräfte, die Sie vielleicht bedrohen, können jetzt überwunden werden. Dies muß in völliger Offenheit, ohne Gedanken an Rückzug und ohne Gewalt geschehen. Sie dürfen sich nicht mit Ihren Gegnern auf einen Kampf einlassen, denn dadurch erkennen sie ihre Macht an und geben ihnen Kraft. Statt dessen sollten Sie deren Kraft verleugnen, indem Sie einen festen Beschluß veröffentlichen und in die Richtung wachsen, die für Sie die beste ist. Kompromisse sind zur Zeit nicht möglich. Der Beschluß muß Ihrem Herzen entspringen, und Sie sollten ihn Ihren Freunden, Ihrer Familie und Ihrer Umgebung mitteilen. Lassen Sie alle Menschen wissen, daß Sie die Absicht haben, das Hindernis zu überwinden.

Ihe Beziehung zu Ihrer Umwelt erfordert es, daß Sie offen zur Wahrheit stehen. Wahrheit birgt auch Gefahren in sich, doch Gefahr kann eine sehr gute Sache sein. Ihre Haltung sollte freundlich, aber kompromißlos sein. In persönlichen Beziehungen können Sie jetzt ebenfalls in aller Offenheit einen Beschluß fassen, um Schwierigkeiten zu überwinden und neues Wachstum anzuregen. Dies wird die Verbindung zwischen Ihnen und Ihrem Partner stärken.

Wenn Sie eine aufrichtige Haltung eingenommen haben, vergewissern Sie sich, daß es in Ihnen keine Widerspiegelungen der Schwierigkeiten gibt, die Sie überwinden wollen. Sie können Korruption nicht mit Korruption bekämpfen, Unrecht nicht mit Selbstsucht, Lügen nicht mit Täuschung. Wenn Sie Ihren Beschluß bekannt machen, müssen Sie alle Aspekte Ihres Selbst prüfen. Wenn Sie mit Mitteln und Informationen geizig umgehen, sollten Sie freigebiger werden, um einen wirklichen Austausch zu ermöglichen. Wer zu voll ist, kann sich nicht mehr entwickeln und wird schließlich zusammenbrechen.

Die Wandlungen

Oberste Linie: Aus der Saat des Bösen in Ihnen selbst kommt Gefahr; vielleicht ist es eine Täuschung oder eine Verblendung, die Ihre Wahrnehmung hemmt. Wenn Sie in Ihrer Entschlossenheit nachlassen und ohne Hilfe fortschreiten, werden Sie Irrtümer begehen. Darauf folgt Unheil.

Fünfte Linie: Wenn Sie mächtige Gegner oder Hindernisse überwinden wollen, brauchen Sie große Entschlossenheit und Willenskraft. Die Wurzeln dieser Gegnerschaft sind weitgefächert und tief; und wenn sie nicht völlig ausgerottet werden, können Ihre Feinde wieder an die Macht gelangen.

Vierte Linie: Wenn Sie weiterdrängen, werden Sie auf unzählige Hindernisse stoßen. Falls Sie sich aber auf die schwierige Zeit einstimmen und anderen die Führung überlassen, könnten sich Ihre Probleme von selbst lösen.

Dritte Linie: Sie müssen diesen Kampf allein durchstehen. Während Sie die Schwierigkeiten überwinden, mag es so scheinen, als müßten Sie sich mit ihnen arrangieren. Dies mag schlecht aussehen und Ihnen Unverständnis einbringen, doch schließlich werden Sie ohne Makel bleiben.

Zweite Linie: Das Beste ist jetzt, vorsichtig und mit innerer Stärke weiterzugehen. Verhalten Sie sich, als schwebten Sie ständig in Gefahr. Unablässige Wachsamkeit wird Ihnen soviel Sicherheit geben, daß Sie keine Schwierigkeiten mehr fürchten müssen.

Unterste Linie: Trotz Ihrer Entschlossenheit ist der Anfang eine schwierige Zeit. Jeder Fehler wäre augenblicklich ein schrecklicher Rückschlag. Überdenken Sie alles noch einmal.

DIE VERSUCHUNG
(DAS ENTGEGENKOMMEN)

Affen
beobachten
einen
Bienenstock

Shen
Ch'uan
(zwischen
1725 und
1780)

Eine Äffin und ihr Sprößling sitzen in einem Baum und blicken zu dem Bienenvolk über ihnen hinauf. Die Versuchung, hinaufzulangen, ist sehr groß, und die Bienen scheinen kein großes Hindernis zu sein. Wie könnte ein so kleiner Genuß verhängnisvolle Folgen haben?

Shen Ch'uan war ein großer Maler, der nie mit dem Kaiserhof in Verbindung stand. Er lebte im achtzehnten Jahrhundert – zu einer Zeit, als China starken ausländischen Einflüssen ausgesetzt war. Shen wurde von einem japanischen Kunstmäzen eingeladen, sich in Nagasaki einzurichten. Er arbeitete dort drei Jahre und kehrte als wohlhabender Mann in seine Heimat zurück. Unglücklicherweise verschenkte er sein Vermögen an Freunde und Verwandte und war bald wieder arm.

44

姤。女壯。勿用取女。

象曰。天下有風。姤。后以施命誥四方。

Die Versuchung. Dieser Mensch ist mächtig. Gehe keine Beziehung mit einem solchen Menschen ein.

Das Durchdringende (Wind) bewegt sich unter dem Schöpferischen (Himmel) und bildet die Bedingung für die Versuchung. Deshalb erteilt der Herrscher klare Befehle und macht sie im ganzen Land bekannt.

Eine scheinbar harmlose, doch möglicherweise sehr gefährliche Versuchung steht vor Ihnen. Wie kann ein so kleines Detail die Situation dermaßen stark bedrohen? Wie kann eine unwesentliche Einzelheit die Kontrolle übernehmen und in einer scheinbar stabilen Umgebung Dunkelheit und Chaos verbreiten? Sie brauchen nur der Versuchung nachzugeben, um es herauszufinden. Wenn Sie Ihre Aufmerksamkeit auf die Dunkelheit richten, räumen Sie ihr Einfluß auf Ihr Leben aus. Dieser Begegnung können Sie nicht ausweichen, doch Sie können durch Wachsamkeit verhindern, daß der Einfluß der Dunkelheit zu stark wird.

Selbst in einer normalerweise entspannten sozialen Umgebung müssen Sie sich jetzt vor schädlichen Ideen oder Menschen schützen. Dies trifft besonders in der Politik zu, denn hier stellen Versuchungen die größte Gefahr dar. Geben Sie den Menschen, die gefährliche Ideen unterstützen, keine Macht; egal, wie die Umstände aussehen. Stellen Sie sich schädlichen Vorhaben in den Weg.

In geschäftlichen Dingen wird im Augenblick alles, was Sie tun wollen, und alles, was Ihnen vorgeschlagen wird, nachteilige Folgen haben. Ob es nun eine übereilte Geldübergabe ist oder der Abschluß eines unsicheren, aber attraktiv scheinenden Geschäftes – die auftretenden Probleme würden größer sein als der Nutzen. Lassen Sie andere wissen, wie Sie sich angesichts dieser Versuchung fühlen und geben Sie ihnen mit Ihrer Umsicht ein Beispiel.

Erwarten Sie in dieser Zeit von persönlichen Beziehungen nicht zuviel, besonders nicht von Menschen, die Sie gerade erst kennengelernt haben. Unvermeidliche Konfrontationen können jetzt schädliche Einflüsse ans Licht bringen. Stehen Sie offen zu Ihren Überzeugungen und Wünschen und vertreiben Sie auf diese Weise zerstörerische Versuchungen.

Die inneren Versuchungen sind die härtesten. Aus ihnen kann sich ein drängendes, forderndes Verhalten oder ein zerrüttender innerer Konflikt entwickeln. Üben Sie Selbstdisziplin und halten Sie sich an gewohnte Muster und Prinzipien.

Die Wandlungen

Oberste Linie: Selbst wenn Sie sich von einem minderen Element zurückziehen indem Sie es offen zurückweisen, wird es dableiben. Es wäre praktischer und weniger peinlich, wenn Sie sich still zurückzögen. Dennoch trifft Sie kein Makel.

Fünfte Linie: Ein willensstarker Mensch verläßt sich jetzt auf seine Charakterstärke. Sein Wille stimmt mit den Energien des Kosmos überein. Daher erreicht er sein Ziel.

Vierte Linie: Schwingen Sie sich nicht so weit auf, daß Sie den Kontakt zu Ihren Mitmenschen verlieren. Wenn Sie sich jetzt nicht mit anderen austauschen, werden sie Ihnen später auch nicht helfen können. Darauf folgt Unheil.

Dritte Linie: Obwohl Sie versucht sind, sich in einer angenehmen Situation zu verlieren, werden Sie gegen Ihren Willen zurückgehalten. Sie müssen diese Unentschlossenheit auflösen. Gewinnen Sie Einsicht. So können Fehler vermieden werden.

Zweite Linie: Halten Sie die Situation unter Kontrolle. Beobachten Sie die Schwachpunkte und erlauben Sie ihnen nicht, ans Licht zu kommen. Wenn andere aufmerksam werden, könnte die Situation außer Kontrolle geraten.

Unterste Linie: Sie haben die Chance, ein gefährliches Element in die Schranken zu weisen und zu verhindern, daß es weiteren Einfluß gewinnt. Kommen Sie nicht in Versuchung, den Dingen ihren Lauf zu lassen. Wenn Sie den negativen Einfluß ignorieren, wird er nicht verschwinden, sondern sich zu einem nicht unerheblichen Problem entwickeln. Handeln Sie.

DIE SAMMLUNG

![Elegante Versammlung im westlichen Garten]

Elegante Versammlung im westlichen Garten

Ch'iu Ying (1552)

National Palace Museum   Taipeh, Taiwan

In einem schönen Garten sammeln sich kleine Gruppen von Menschen und plaudern, lesen oder entspannen sich. Die Entstehung dieser Gruppen entspringt einem gemeinsamen Bedürfnis nach Gesellschaft. Jeder geht seinen eigenen Interessen nach, und doch befindet sich jeder mit den anderen im Austausch und ist sich deren Tätigkeit bewußt.

Ch'iu Ying war ein erst sehr spät entdeckter Maler aus einer nicht adeligen Familie. Er wirkte lange unerkannt, bis er sich eines Tages mit dem berühmten chinesischen Dichter Chou Ch'en anfreundete. Der Dichter führte ihn in die Gesellschaft ein, und von einigen reichen Mäzenen unterstüzt konnte Ch'iu in seinem kurzen Leben dennoch ein umfangreiches Werk erschaffen. Während der Ming-Dynastie (1368 – 1644) war das Leben für die Menschen, die nicht dem kaiserlichen Hof angehörten, sehr schwer, während jene, die das Glück hatten, dem engsten Kreis anzugehören, in Luxus und Überfluß schwelgten.

45

萃。王假有廟。利見大人。亨利貞。用大牲吉。利有攸往。

象曰。澤上於地。萃。君子以除戎器。戒不虞。

Die Sammlung. Der Herrscher nähert sich dem Versammlungsort. Es ist von Vorteil, mit diesem Führer zu sprechen. Erfolg kommt durch rechtes Beharren. Ein Opfer verspricht gutes Gelingen. Es ist vorteilhaft, ein Ziel zu haben.

Das Empfängliche (Erde) liegt dem Offenen (See) zugrunde und bildet die Bedingung für die Sammlung. Deshalb legt der Edle seine Ängste und Widerstände ab.

Die Versammlung einer Gruppe ist der wichtigste Aspekt dieser Situation. Die Gruppenmitglieder sammeln sich, weil sie gemeinsame Ziele oder Bindungen miteinander teilen. Der Schlüssel zum Verständnis und zum angemessenen Handeln in dieser Situation liegt in der Betrachtung ihres Zentrums. Bei jeder Versammlung gibt es einen Führer und/oder ein gemeinsames Ziel. Ob Sie der Führer sind oder zusammen mit anderen für ein Ziel kämpfen – Ihr Beitrag zu dieser Versammlung ist sowohl für Ihr eigenes Wohlbefinden als auch für die ganze Gruppe äußerst wichtig.

Während der Versammlung muß jeder Teilnehmer an die Einheit denken und sicherstellen, daß alle durch ein Band der Sympathie miteinander verbunden sind. Zwietracht zwischen den Gruppenmitgliedern und Bildung von Fraktionen mit unterschiedlichen Zielen könnte den Zusammenhalt unterminieren. Die Bindung muß stark bleiben und durch ein Festhalten an moralische Prinzipien weiter gestärkt werden. So können Sie zu immer größeren Taten fortschreiten.

Diese Zeit ermöglicht es Ihnen, sich Ihren Vorgesetzten zuversichtlich zu nähern. Sie müssen jedoch im Herzen aufrichtig und entschlossen sein, denn man könnte Ihnen ein Opfer abverlangen, um das gemeinsame Ziel zu erreichen. Wenn Sie dieses Opfer leisten, verspricht das Zeichen gutes Gelingen.

Beziehungen unterliegen in dieser Zeit einer besonderen Dynamik. Beachten Sie die Qualität der Aktionen und Reaktionen. Selbstbeobachtung innerhalb einer Gruppe kann Sie zu größerer Bewußtheit führen. Der Urtext betont, daß »wir durch das Beobachten der Entwicklung einer Versammlung die inneren Strömungen des Himmels und der Erde und aller Dinge wahrnehmen können«.

Auch in Ihrem Innern gibt es eine zentrale Kraft, die Gedanken und Handlungen eint. Wenn Sie Ihre Ziele aus dem Auge verloren haben, fühlen Sie sich vielleicht unentschlossen, zwiespältig oder bedrückt; wenn Sie Ihren Zielen treu bleiben, werden Sie Selbstvertrauen gewinnen und Freude erfahren.

Die Wandlungen

Oberste Linie: Jeder Versuch, die Einheit herzustellen, wird abgelehnt. Dies wird Sie enttäuschen, weil man Ihre Absichten mißversteht. Kein Makel.

Fünfte Linie: Der Mensch in dieser Position hat große Macht und großen Einfluß innerhalb der Gruppe. Er muß auch weiterhin seine Tugenden und Führungsqualitäten unter Beweis stellen, um das Vertrauen der Gruppe zu gewinnen.

Vierte Linie: In diese Position versammeln Sie sich mit anderen, um ein großes Ziel zu erreichen. Dies wird zum Erfolg führen.

Dritte Linie: Ihr Wunsch nach Einheit wird nicht erfüllt. Die Gruppe ist geschlossen, und wenn Sie weiterhin versuchen, in sie einzudringen, werden Sie sich erniedrigen. Wenn es für Sie sehr wichtig ist, können Sie Ihr Ziel nur erreichen, indem Sie sich an ein einflußreiches Gruppenmitglied wenden.

Zweite Linie: Sie fühlen sich auf geheimnisvolle Weise zu bestimmten Menschen oder Unternehmungen hingezogen. Geben Sie diesem Impuls nach. Ein kleines Opfer verspricht gutes Gelingen.

Unterste Linie: Ihr Zögern, sich völlig einzulassen und sich auf gemeinsame Ziele zu verpflichten, erzeugt Unentschlossenheit. Sie können dieses Problem nur lösen, wenn Sie ins Zentrum vordringen. Wenn Sie jetzt um Hilfe bitten, wird man sie Ihnen gewähren.

升

DER FORTSCHRITT
(DAS EMPORDRINGEN)

Ochsenkarren im Gebirge

Chu Jui, Südliche Sung-Dynastie (1126 – 1279)

Museum of Fine Arts   Boston, Massachussetts

Auf diesem Bild sehen wir beladene, von Ochsen gezogene Wagen, die breite Flüsse überqueren und einen steilen Gebirgspfad erklimmen. Die Reisenden, die sich auf den behaglichen Rastplatz freuen, bewegen sich langsam, doch beständig durch die unwirtlichen Berge in Chinas Nordprovinzen.

Chu Jui war ein bekannter Landschaftsmaler, der vor allem Winterszenen aus seiner Heimat im Norden Chinas malte. Seine Bilder wurden sehr geschätzt und regten angeblich die Mutter des Kaisers sogar zum Verfassen einiger Gedichte an. Zur Zeit Chu Jui's dehnten die Mongolen ihr Herrschaftsgebiet immer weiter nach China hinein aus. Innerhalb eines Jahrhunderts regierten sie das ganze Land.

46

升。元亨。用見大人。勿恤。南征吉。

象曰。地中生木。升。君子以順德。積小以高大。

Fortschritt bringt außergewöhnliches Heil. Es wäre nützlich, den Führer aufzusuchen. Fürchte nichts. Der Weg in den Süden (Bewußtheit*) verspricht gutes Gelingen.

Inmitten des Nährenden (Erde) wächst das Sanfte (Wind) und bildet die Bedingung für den Fortschritt. Deshalb folgt der Edle einem tugendhaften Weg. Er bemüht sich um kleine Dinge und erreicht durch sie ein höheres Ziel.

Sie werden bemerken, daß Ihre persönliche Kraft und Ihr Ansehen wächst, weil Ihre bescheidenen, bedächtigen Handlungen mit den Kräften des Kosmos übereinstimmen. Ein gewaltiger Erfolg steht bevor; denn die Grundlage, auf der er ruht, wurde mit echter Hingabe und über lange Zeit geschaffen. Die Zeit ist günstig, um Ihre Ziele zu realisieren.

Nutzen Sie den günstigen Augenblick, um sich an Ihre Vorgesetzten zu wenden. Bestimmtes und zuversichtliches Auftreten wird mit Unterstützung belohnt werden. Sie sollten nicht in Ihrem Bemühen nachlassen; denn Beständigkeit ist nötig, wenn Sie mit größter Kraft fortschreiten wollen.

In geschäftlichen oder politischen Dingen steht Ihnen möglicherweise ein Fortschritt oder eine Verbesserung bevor. Aufgrund Ihrer früheren Bereitschaft, Ihre Energien in den Dienst der Sache zu stellen, werden Sie jetzt reich belohnt werden. Ihre Vorgesetzten werden für Ihre Wünsche ein offenes Ohr haben und Sie mit persönlicher Anerkennung belohnen.

Diese Anerkennung ist auch im sozialen Bereich möglich. Sie werden an Ansehen und Achtung gewin-

---

* Der Süden ist die natürliche Position des Trigramms *LI*, das für Bewußtheit und Verpflichtung steht.

nen. Schließen Sie sich anderen bei Gemeinschaftsprojekten an und helfen Sie bei der Vollendung. Sie werden jetzt instinktiv Unternehmungen wählen, die mit dem Rhythmus und den Bedürfnissen der Gesellschaft in Einklang sind, und deshalb wird man Sie sehr schätzen.

In Ihren persönlichen Beziehungen wird Ihr Einfluß einen Fortschritt zu einer intensiven Gefühlswelt eröffnen. Sie können jetzt im Austausch mit Ihren Nächsten einen echten Durchbruch erzielen. Wenn Sie sich aktiv darum bemühen, wird sich die Bindung verstärken.

Für die Arbeit an Ihnen selbst ist jetzt der Wille der wichtigste Punkt. Erkennen Sie, was getan werden muß und führen Sie Ihre Ideen ohne Zögern aus. Durch Selbstdisziplin kann die Grundlage eines starken Willens jetzt erfolgreich geformt werden. Dies bringt gutes Gelingen und eine langanhaltende Charakterstärke.

Die Wandlungen

Oberste Linie: Fortschritt ohne ständige Neubewertung kann leicht zu einem blinden Impuls werden. Nur das vorsichtigste, gewissenhafteste Verhalten kann Sie vor dem sicheren Schaden schützen.

Fünfte Linie: Es ist Ihnen vorbestimmt, Ihre Ziele durch langsames, schrittweises Vorgehen zu erreichen. Verlieren Sie angesichts des bereits Erreichten nicht den Kopf. Fahren Sie mit der Sorgfalt fort, die Ihnen auch bisher das Heil brachte.

Vierte Linie: Ihr Fortschreiten wird stark gefördert. Es ist jetzt möglich, auch hochgesteckte Pläne zu verwirklichen. Bleiben Sie Ihren Prinzipien und den bewährten Traditionen treu.

Dritte Linie: Sie können jetzt mit Leichtigkeit fortschreiten – vielleicht wird es sogar zu leicht gehen. Dieser plötzliche Mangel an Widerstand könnte zu Fehlern führen. Wenn Sie nicht völlig innehalten wollen, sollten Sie zumindest sehr vorsichtig weiterschreiten.

Zweite Linie: Sie können Ihr Ziel jetzt erreichen, obwohl Ihnen nur bescheidene Mittel zur Verfügung stehen. Ihre Vorgesetzten werden Ihre Aufrichtigkeit anerkennen, obwohl Sie nicht alle formellen Bedingungen erfüllen.

Unterste Linie: Obwohl Ihre Position in bezug auf die Fragestellung von untergeordneter Bedeutung ist, stimmen Sie mit einflußreichen Menschen überein. Durch fleißige Arbeit ist der Fortschritt möglich, und andere werden Vertrauen zu Ihren Fähigkeiten fassen. Gutes Gelingen.

DIE NOT (DIE BEDRÄNGNIS)

Alte Bäume an einem kühlen Fluß

Li Shih-hsing (1283 – 1328). Das Bild entstand 1326

Cleveland Museum   Cleveland, Ohio

In der chinesischen Symbolik stehen Fichten für Langlebigkeit, für beständiges Wachstum und für die Fähigkeit, unabhängig von äußeren Bedingungen zu überleben. Wir sehen hier eine Quelle mit zwei alten Fichten. Obwohl das Wasser nahe ist, sind die Bäume knorrig und die oberen Äste kahl – ein Zeugnis für die Not, die die Bäume während ihres langen Überlebenskampfes erlitten haben.

Li Shih-hsing war ein fast legendärer Mann, der trotz einer ihn sein ganzes Leben verfolgenden Serie von Tragödien beständig seine Situation zu verbessern suchte. Seine Bilder gefielen dem Kaiser Jen-tsung, der von 1311 bis 1320 regierte, so gut, daß er ihn mit einer Ermittlung beauftragte. Li wurde ausgesandt, um die von den Mongolen gefangen-gehaltenen Soldaten zu befragen, und blieb über ein Jahr fort. Als er zurückkehrte, wurde er deswegen von einem Regierungsbeamten scharf kritisiert. Er ging daraufhin nach Nanking, um sich dem Thronerben Wen-tsung anzuschließen, der dafür bekannt war, daß er Gelehrte und Maler förderte. Unterwegs ertrank Li in einer Sturmflut; es gelang ihn nicht, diese letzte Not zu überwinden.

47

困。亨。貞大人吉。无咎。有言不信。

象曰。澤无水。困。君子以致命遂志。

Die Not. Fortschritt kommt durch Entschlossenheit und Mut. Die Not kann einen Menschen von außergewöhnlichem Charakter dennoch zu gutem Gelingen und zur Freiheit von Irrtümern führen. Das gesprochene Wort jedoch ist wirkungslos.

Die Zeit der Zufriedenheit (See) besitzt keine Tiefe (Wasser) und bildet die Bedingung für die Not. Deshalb geht der Edle persönliche Risiken ein, um sein Ziel zu erreichen.

Die Zeit der Not ist eine natürliche Wendung. Sie wird Sie vor reale Probleme stellen, doch diese Phase kann mit der rechten Haltung überwunden werden. Außergewöhnliche Menschen können sogar sehr erfolgreich sein. Sobald Sie mit der Not konfrontiert werden, sollten Sie emotional stabil und optimistisch bleiben. Halten Sie Ihre Ängste in Schach. Wenn Sie der Unsicherheit nachgeben, können Sie in den negativen Energien der Zeit untergehen.

In allen weltlichen Dingen ist ein außergewöhnlicher Wille erforderlich, um Erfolg zu haben. Ihre größte Schwierigkeit liegt in diesem Augenblick darin, daß Sie Ihre Mitmenschen mit Ihren Worten nicht beeinflussen können. Es besteht sogar die Gefahr, daß man Ihnen nicht glaubt. Verlegen Sie sich besser aufs Handeln. In sozialen Situationen sollten Sie mit Worten vorsichtig sein. Ihre Charakterstärke und Ihre Entschlossenheit werden trotz Ihres Schweigens sprechen. Auf diese Weise kommt die Wahrheit ans Licht.

Die Zeit der Not wurde von den Chinesen mit einem Baum im Wald verglichen, der auf engem Raum aufwächst, unfähig, seine Äste auszubreiten. Nur durch starken Willen und Entschlossenheit kann diese hemmende Not überwunden werden. Wie sich der Baum auf das Wachstum nach oben, zum Licht, verlegt, so muß auch ein Mensch mit starkem Willen entschlossen bleiben. Lassen Sie sich nicht von Moden oder von einengenden Regeln Ihre Zuversicht und Ihren Optimismus nehmen. Fahren Sie mit Ihren Plänen fort.

Beziehungen können unter den verzehrenden Energien der Not sehr leiden. Wenn zwei Menschen in Not geraten, müssen beide entschlossen sein, die bestehenden Schwierigkeiten zu überwinden. Auch hier haben Worte kein Gewicht; im Gegenteil – sie erzeugen eher Verwirrung als Klarheit.

Sowohl Ihre innere Entwicklung als auch Ihre Gesundheit können aus der Not Nutzen ziehen, wenn Sie an Ihrer Vision festhalten. Da Ihnen im Äußeren jede Einflußnahme verwehrt ist, wird Ihre innere Entwicklung in dieser Zeit um so wichtiger. Der Wille kann gestählt und gestärkt werden, während Sie sich bemühen, die Widrigkeiten und Schwierigkeiten zu überwinden.

Die Wandlungen

Oberste Linie: Achten Sie darauf, ob in Ihnen aufgrund der Schwierigkeiten der jüngsten Vergangenheit eine voreingenommene Haltung entstanden ist. Wenn Sie zynisch oder befangen handeln, sind Sie verloren. Arbeiten Sie an Ihrer Haltung; dann wird sich auch die Situation verändern. Gutes Gelingen.

Fünfte Linie: Ein frustrierender Mangel an Informationen steht Ihrem Fortschritt im Wege. Sie können nichts tun, als so lange Ihre Haltung zu wahren, bis die Dinge die sichere Wendung zum Besseren nehmen.

Vierte Linie: Obwohl Ihre Absichten gut sind, werden Sie durch Versuchungen vom Weg abgebracht. Es mag Erniedrigungen geben, doch Sie werden Ihr Ziel erreichen.

Dritte Linie: Sie lassen zu, daß Sie von Dingen unterdrückt werden, die nichts Unterdrückerisches haben. Sie sind unfähig, Ihre Prioritäten zu sehen, obwohl sie offensichtlich sind. Das bringt Unheil.

Zweite Linie: Die Not, der Sie jetzt gegenüberstehen, ist aus Überdruß entstanden. Zügellosigkeit und oberflächliche Freuden haben Sie sich selbst vergessen lassen. Stellen Sie sich eine Aufgabe. In altruistischen Handlungen liegt Heil.

Unterste Linie: Sie sind in der Gefahr, in eine Falle zu laufen, die durch eine Notsituation entstand. Wenn Sie Ihr Verhalten nicht ändern, wird es ewig so weitergehen.

DER QUELL (DER BRUNNEN)

Fang-hu, Insel der Unsterblichen

Wang Yun (1652 – 1735)

Nelson Gallery, Atkins Museum   Kansas City, Missouri

Diese phantastische Landschaft ist die dritte von fünf legendären Inseln, die den acht Unsterblichen des Taoismus gehören. Mit ihren verhüllenden Nebeln und den gewaltigen Klippen, mit ihren Kranichen und den Fichten, die Langlebigkeit symbolisieren, und mit ihren blühenden Pfirsichbäumen wehrt sie das Böse ab. Fang-hu ist ein Quell von Inspirationen und Geheimnissen.

Wang Yu bevorzugte feine Pinselstriche, mit denen er realistische Gestalten und Landschaften malte. Er lebte während der ersten Jahre der Ch'ing-Dynastie, als die Mandschuren begannen, die Kontrolle über China zu übernehmen. Sie förderten methodisch den Konfuzianismus und seine Verehrung der Vergangenheit, um auf diese Weise die Dynastie, die sie begründeten, zu stützen und zu legitimieren.

48

井。改邑不改井。无喪无得。往來井井。汔至亦未繘。匐井。羸其瓶。凶。

象曰。木上有水。井。君子以勞民勸相。

Der Quell. Der Ort mag sich verändern, doch der Quell bleibt und erschöpft sich nie. Immer wieder kann man sich am Quell laben. Aber wenn die Verbindung nicht richtig hergestellt wird oder der Becher ein Loch hat, droht Unheil.

Tiefes Durchdringen (Wasser und Holz) bildet die Bedingung für den Quell. Deshalb ermutigt der Edle die Menschen um ihn mit Rat und Tat.

Dieses Hexagramm steht für die tiefe, nie versiegende, göttliche Quelle von Energie und Sinn, die jeder Mensch besitzt. Der Quell entspringt der Weisheit der gesamten Menschheit. Er wird aus den Erfahrungen jedes einzelnen gefüllt und verschenkt sich an jeden einzelnen. Zum Quell der Menschheit vorzudringen, ist ein wichtiges Thema in der chinesischen Philosophie. Konfuzius, Chinas großer Philosoph, sagte einmal: »Wenn du das Wohl der Menschheit anstrebst, bis du frei von Übel.«

Der Quell ist besonders wichtig für soziale und politische Systeme. Diese Bereiche müssen sich an den grundlegenden menschlichen Eigenschaften orientieren. Eine derart organische Ordnung erscheint den Herzen und dem Verstand der Menschen wahrhaftig, da ihre Bedürfnisse befriedigt werden. Es erfordert eine außergewöhnliche Persönlichkeit, um anderen beim Aufbau dieser Struktur zu helfen. Wenn Sie ein solcher Führer sind, dann vergewissern Sie sich, daß Sie die wahren Gefühle Ihrer Mitmenschen kennen. Ohne diese Voraussicht und dieses Gespür für das Menschliche ist keine gute Staatsführung möglich, und das Unheil folgt auf dem Fuße. Soziale Unordnung und das Böse werden die Herrschaft übernehmen, wenn der Führer nicht in Übereinstimmung mit dem ›Plan‹ handelt. Der richtige Mensch am richtigen Platz kann an seiner Fähigkeit erkannt werden, andere zu inspirieren. Er ermutigt sie bei ihren persönlichen Plänen und fördert die Zusammenarbeit.

Im sozialen Bereich sollten Sie versuchen, Ihre Intuition über die Natur der Menschen in Ihrer Umgebung weiterzuentwickeln. Versuchen Sie, in persönlichen Beziehungen soziobiologische Antriebe zu erkennen, die Sie zusammenbringen, statt sich mit den direkt vor Ihnen liegenden Dingen auseinanderzusetzen. Es gibt universelle Wahrheiten, die die Menschen zusammenbringen. Den Quell dieser Wahrheiten zu entdecken und deren unveränderliche Natur zu erkennen, wird Ihnen tiefe Einsichten bringen; während ein kurzsichtiger Standpunkt in diesem Augenblick ins Unheil führt.

Die Wandlungen

Oberste Linie: Sie können jetzt mit anderen gute, verläßliche Ratschläge austauschen und außergewöhnliche Erfüllung finden. Ihr Leben wird sehr glücklich verlaufen.

Fünfte Linie: Sie besitzen das zur Einsicht und Weisheit nötige Potential. Diese Fähigkeiten müssen jedoch im Alltagsleben angewendet werden, damit sie ständig wachsen und sich weiterentwickeln.

Vierte Linie: Die Zeit ist für Sie gekommen, sich zurückzuziehen und Ihre Ziele neu zu bewerten. Das bedeutet, daß Sie sich nicht aktiv in die Angelegenheiten anderer Menschen einmischen. Wenn Sie jetzt Ihr Leben in Ordnung bringen, werden Sie später um so mehr zur Gemeinschaft beisteuern können.

Dritte Linie: Sie übersehen vielleicht eine chance, die vor Ihnen liegt – oder andere übersehen Ihre Fähigkeiten. Dies ist sehr unglücklich. Wenn Sie wachsamer würden, könnten Sie und alle anderen daraus Nutzen ziehen.

Zweite Linie: Da Sie Ihre Fähigkeiten und Talente nicht sinnvoll einsetzen, werden Sie von Ihrer Umwelt nicht beachtet. Wenn Sie nicht beachtet werden und nicht wirken können, verkümmern Ihre Talente. In einem sehr wichtigen Augenblick werden Sie jedoch das tun können, was nötig ist.

Unterste Linie: Sie bauen zu sehr auf untergeordnete Elemente und haben deshalb anderen nur wenig Einsichten zu bieten. Wenn es noch länger keinen echten Austausch mit anderen gibt, gehen Sie unter und man wird Sie nicht mehr beachten.

DIE WANDLUNG (DIE UMWÄLZUNG)

Damen beim Doppelsechsen-Spiel
(Ausschnitt)

Chou Fang (zwischen 780 und 810)

Freer Gallery of Art, Smithsonian Institution   Washington, D.C.

Das Spiel Doppel-Sechsen ist dem Backgammon ähnlich, und die psychologische Bewußtheit, die mit einem solchen Strategiespiel einhergeht, enthüllt sich in den angedeuteten Gesten der Damen. Eine der Spielerinnen wechselt die Position ihrer Figuren auf dem Brett, während die andere, die gerade die Würfel geworfen hat, ihren nächsten Zug berechnet.

Chou Fang wurde vor allem durch seine Bilder von Hofdamen bekannt. Er malte unter anderem auch Yang Kuei-fei, die Lieblings-konkubine des T'ang-Kaisers Ming Huang, der von 712 bis 756 regierte. Die T'ang-Dynastie (618 – 907) gilt als die vielleicht dynamischste Periode der frühen chinesischen Geschichte. Es war eine Zeit großer Macht, des Wohlstandes und des Wissens.

49

革。己日乃孚。元亨利貞。悔亡。

象曰。澤中有火。革。君子以治歷明時。

Die Wandlung schafft Vertrauen erst, nachdem sie vollbracht ist. Danach kommt großes Heil. Im rechten Beharren liegt ein Vorteil. Kein Makel.

Bewußtheit (Feuer) inmitten des Weiten (See) bildet die Bedingung für die Wandlung. Deshalb bringt sich der Edle mit seinen früheren Erfahrungen in Harmonie und verkündet die richtige Zeit für den Wandel.

Die Kräfte, die in dieser Situation am Werk sind, ringen miteinander und eröffnen eine Möglichkeit für den Wandel. Doch einen solchen Wandel zustande zu bringen, ist im gleichen Maße schwierig wie wichtig. Die Menschen fürchten jede Veränderung, weil sie eine ungewisse Zukunft mit sich bringt; wenn sich also ein echtes Bedürfnis für einen Wandel einstellt, ist dies eine sehr ernste Angelegenheit.

Um in der augenblicklichen Situation Stagnation und Niedergang zu vermeiden, ist eine tiefgreifende Umwälzung notwendig. Studieren Sie den Geist der Zeit. Sprechen Sie mit anderen und beachten Sie deren Reaktionen. Die Umwälzung sollte erst dann in Angriff genommen werden, wenn sie nicht mehr zu vermeiden ist.

Zweitens sollten Sie sicher sein, daß Sie die Umwälzung mit einer Haltung vornehmen, die zu einer neuen Ordnung führt. Die Veränderung sollte langsam und schrittweise geschehen, so daß Sie den Prozeß kontrollieren können. Dies ist keine gewaltsame Revolution; es ist eine genau berechnete Transformation. Behalten Sie ständig die kosmischen Kräfte im Auge und achten Sie darauf, daß die Umwälzung mit der Zeit in Einklang ist.

Auch der richtige Zeitablauf ist von entscheidender Bedeutung. Da die Folgen einer Wandlung erst zutage treten, wenn die Umwälzung bereits geschehen ist, kann es sehr schwer sein, anderen die Notwendigkeit der Veränderung aufzuzeigen. Um die Unterstützung Ihrer Mitmenschen zu gewinnen, dürfen Sie nicht drängen. Wenn die konstruktiven Aspekte Ihres Vorgehens ans Licht kommen, werden Sie das Vertrauen Ihrer Mitmenschen gewinnen.

Auch Ihre persönlichen Beziehungen erfordern möglicherweise eine Umwälzung. Vielleicht gibt es widerstreitende Interessen oder aggressive Versuche, die Verbindung zu kontrollieren. Dies geschieht, damit endlich eine einzige, zutreffende Vision gefunden wird. Wenn Ihnen die Dinge völlig aus der Hand geraten, sollten Sie darüber nachdenken, die gesamte Beziehung zu verändern. Sie befinden sich möglicherweise in einer Revolution Ihrer Grundhaltungen. Es wird Zeit und große Anstrengungen erfordern, alle äußeren Elemente Ihres Lebens mit dieser neuen Sichtweise in Übereinstimmung zu bringen, doch Sie werden gewiß Erfolg haben.

Die Wandlungen

Oberste Linie: Das Wichtigste ist erreicht und nur Details müssen noch verändert werden. Obwohl Sie unter den neuen Bedingungen Begrenzungen ahnen, dürfen Sie keine Disharmonie schaffen, indem Sie nach Perfektion streben. Versuchen Sie, die Befriedigung im derzeit Möglichen zu finden.

Fünfte Linie: Sie sind in der richtigen Position, um die Situation grundlegend zu verändern. Vertrauen Sie Ihrer Intuition.

Vierte Linie: Vor Ihnen liegt eine große Umwälzung. Wenn Sie die richtige Position eingenommen haben und Ihre Motive lauter sind, verspricht die neue Situation gutes Gelingen.

Dritte Linie: Nehmen Sie die Veränderungen nicht überhastet vor, denn dies bringt Unheil. Wenn die Notwendigkeit für eine Veränderung von sich aus deutlich geworden ist und Sie sorgfältig alle Folgen bedacht haben, können Sie fortfahren.

Zweite Linie: Sie haben einen Punkt erreicht, an dem der Wandel nicht nur erforderlich sondern auch zeitlich passend ist. Mit der richtigen inneren Haltung werden Sie Erfolg haben.

Unterste Linie: Sie wissen nicht genau, ob dies die richtige Zeit zum Handeln ist. Warten Sie, bis Sie sicher sind.

鼎
DIE KOSMISCHE ORDNUNG
(DER TIEGEL)

Gelehrte studieren die Symbole von Yin und Yang

Anonym. 17. Jahrhundert

Britisches Museum London

Eine Gruppe von Gelehrten hat sich um eine Handschriftenrolle mit dem Yin/Yang-Symbol versammelt. Ein Kranich, ein chinesisches Symbol für Erfolg und Langlebigkeit, sitzt über ihnen auf einem Ast, während sie die Grundprinzipien der Balance, der Harmonie des Universums und der menschlichen Angelegenheiten studieren.

Der unbekannte Schöpfer dieser Handschriftenrolle arbeitete während der Gründungsjahre der Ch'ing-Dynastie. Während die mandschurischen Invasoren die Kontrolle über China übernahmen, blühten die langlebigen kulturellen Institutionen Chinas in den politischen, militärischen und sozialen Entwicklungen, die darauf folgten, zu neuer Stärke auf.

50

鼎。元吉。亨。

象曰。木上有火。鼎。君子以正位凝命。

Kosmische Ordnung. Außergewöhnliches Heil und rascher Fortschritt.

Durchdringende Intelligenz (Wind und Feuer) bildet die Bedingung für die kosmische Ordnung. Deshalb stimmt sich der Edle auf die kosmischen Kräfte ein.

Die Beziehung zwischen der Entwicklung des einzelnen und den Erfordernissen des Kosmos zeigt die Bedeutung der kosmischen Ordnung. Wenn beides in Harmonie ist, entsteht ein kosmisches Gleichgewicht, in dem menschliche Fähigkeiten gefördert werden und viele Dinge gedeihen.

In dieser Zeit sind die Entscheidungen von Führern weise und finden Beachtung. In geschäftlichen Dingen weist das Zeichen auf Wohlstand hin, weil Sie nun das tun, was Ihre Gesellschaft braucht. Allgemein kann gesagt werden, daß die Ideen, die für Sie persönlich besonders wichtig sind, mit den Bedürfnissen anderer Menschen übereinstimmen. Jedes Opfer, das Sie vielleicht erbringen müssen, um Ihre Ideale zu verwirklichen, wird reich belohnt und Ihr Erfolg rechtfertigt das Wagnis. Auf diese Weise wird sich Ihr Selbstvertrauen stärken.

Persönliche und familiäre Beziehungen können sich in neue Bereiche weiterentwickeln. Gemeinsam bietet sich Ihnen die Möglichkeit, Großes zu erreichen. Der mächtige Einfluß Ihrer Harmonie wird Ihre Umgebung beeinflussen. Zugleich stärken Sie die Bindung innerhalb Ihrer Beziehung.

Dies ist eine Zeit, in der Ihre individuelle Beziehung zum Kosmos neu eingestimmt wird. Es gibt gewisse Bereiche im Leben und in der Natur jedes einzelnen, die vorherbestimmt sind; ebenso wie es Begrenzungen in den Naturkräften der Erde gibt. Wenn Sie dieses

Schicksal annehmen, können Sie große persönliche Kraft erwerben. Ein Akzeptieren der Gegebenheiten kann Erfolg in weltlichen Dingen bringen. Sie nehmen das, was Sie wirklich erreichen können, wahr, und verschwenden Ihre wertvollen Energien nicht mehr auf das Unmögliche, also auf Dinge, die mit der kosmischen Ordnung nicht in Einklang sind. Wenn Sie Ihre Ziele und Wünsche mit dem Fluß der kosmischen Energien in Harmonie bringen, können Sie Bedeutendes bewirken. In allen Ihren Lebensbereichen verfügen Sie über die Fähigkeit, ehrgeizige Pläne zu entwickeln; achten Sie jedoch darauf, in Übereinstimmung mit der Energie und dem Verhalten der kosmischen Kräfte zu handeln. In dieser Situation kann das *Buch der Wandlungen* von großem Wert sein, indem es Ihnen Ihre Position im Zusammenhang mit allem anderen aufzeigt.

Die Wandlungen

Oberste Linie: Es herrscht allgemein eine Atmosphäre von Klarheit und Größe. Alle Umstände sind günstig. Das innere Selbst hat einen hohen Entwicklungsstand erreicht. Heil für alle Beteiligten.

Fünfte Linie: Durch maßvolles Verhalten und Empfänglichkeit wird ein einflußreicher Mensch Einsicht und Weisheit gewinnen. Er sollte an der Weiterentwicklung seines Charakters arbeiten.

Vierte Linie: Sie besitzen nicht die Fähigkeit, die Ziele zu erreichen, die Sie im Auge haben. Sie schätzen Ihre Position nicht realistisch genug ein. Mit Ihren Plänen fortzufahren, bringt Unheil.

Dritte Linie: Ihre einzigartigen Talente werden nicht genutzt, weil sie nicht erkannt sind. Dies könnte auch an Ihnen liegen. Wenn Sie sich selbst gegenüber eine positive Haltung bewahren, werden sich die Dinge zum Besseren wenden.

Zweite Linie: Vielleicht haben Sie das Gefühl, sich abseits von Ihren Mitmenschen halten zu müssen, um ein wichtiges Ziel zu erreichen. Dies könnte Mißgunst und Verständnislosigkeit hervorrufen, doch wird es für Sie kein Problem sein. Gutes Gelingen.

Unterste Linie: Um ein wichtiges Ziel zu erreichen, müssen Sie vielleicht unorthodoxe Methoden anwenden. Das ist kein Fehler. Sie können, auch wenn Sie wenig Erfahrung haben, erfolgreich sein.

DER SCHRECKEN (DAS ERREGENDE)

Shih-te lacht den Mond an

Chan Lu (etwa zwischen 1464 und 1538)

Freer Gallery of Art, Smithsonian Institution   Washington, D.C.

Shih-te war einer der meistgeliebten frühen Zen-Mönche. Wir sehen ihn hier mit zurückgelegtem Kopf am Flußufer stehen; er lacht über eine der vielen Überraschungen der Natur – über einen blendend hellen Vollmond. Shih-te wird wie üblich mit unordentlicher Kleidung in einer gleichermaßen zerzausten Landschaft gezeigt; vielleicht, weil damit auf die enge Verbindung zwischen dem Mönch und der Natur angespielt werden sollte.

Chan Lu war ein bekannter Maler des späten fünfzehnten und frühen sechzehnten Jahrhunderts. Er lebte während einer Periode der Ming-Dynastie, in der sich die unverantwortlichen Kaiser vom Volk abwandten und selbstsüchtigen Dingen nachgingen. Dies ebnete Rebellenführern den Weg zur Macht, und die Uneinigkeit breitete sich in der rasch zerfallenden Gesellschaft aus.

51

震。亨。震來虩虩。笑言啞啞。震驚百里。不喪匕鬯。

象曰。洊雷震。君子以恐懼修省。

Schrecken bringt Fortschritt. Schrecken kommt mit schrecklichem Geräusch. In hundert Meilen im Umkreis lachen und rufen die Menschen mit ehrfürchtiger Freude und erschreckt. Doch das Opfergefäß ist nicht verloren.

Das wiederholte Erregende (Donner) bildet die Bedingung für den Schrecken. Deshalb sucht der Edle, sobald er erschrickt, sich zu bessern.

Die plötzlich losbrechende Kraft einer gespeicherten, kinetischen Energie im Kosmos, wird in einem mächtigen, erschreckenden Schauspiel freigesetzt. Wie der erschreckende Knall des Donners, der in den stillen Augenblicken vor einem Sturm losbricht, wird es in den Herzen aller, die es hören, eine tiefe Verehrung und Bewußtheit für die überwältigenden Naturkräfte wecken. Alle Dinge im Kosmos werden durch Furcht in Bewegung gebracht. Diese Bewegung wird vorsichtig sein, und vorsichtige Bewegungen versprechen Erfolg.

Die Zeit ist wie der Frühling, wenn durch die Naturkräfte neues Wachstum angeregt wird. In menschlichen Dingen kann sich dies als erschreckende Wendung von Ereignissen zeigen, die zwar durch unsichtbare, doch unwiderstehliche Kräfte heraufbeschworen wurde. Wenn Ihre erste Reaktion Angst und Ehrfurcht ist, wird gutes Gelingen folgen. Eine tiefe Bewußtheit für die Kräfte, die Ihr Leben bestimmen, wird Sie in engen Kontakt mit den inneren Zusammenhängen der Natur bringen. Sie können Ihre Reaktionen beobachten und auf diese Weise entscheiden, wie Sie am besten Ihren Charakter weiterbilden.

Nach dem erschreckenden Ereignis wird sich, wie beim Donnerschlag vor dem Sturm, Ihre gespannte Bewußtheit und Vorsicht in Freude auflösen. Das Durchleben dieser erschreckenden Freisetzung großer Kräfte wird Ihnen das Selbstvertrauen geben, mit allem, was noch folgen mag, umgehen zu können. Während der Zeit des Schreckens können Sie Ihren sozialen Einfluß vergrößern, wenn Sie gefaßt und ruhig bleiben.

Dies ist eine gute Zeit, um Ihre Beziehungen zu allen äußeren Dingen zu überdenken. In Zeiten des Schreckens bringen unerledigte Aufgaben Schwierigkeiten mit sich. Doch wenn Sie diese Zeit als Anregung nehmen, um nicht nur Ihrem Leben, sondern auch Ihren Beziehungen und sich selbst eine neue Richtung zu geben, werden Sie mit großer Kraft und großem Erfolg fortfahren können.

Die Wandlungen

Oberste Linie: Die Zeiten sind voller erschreckender Ereignisse, die Ihrer gesamten Umgebung Unheil bringen. Sie können sich diesen Dingen nicht allein stellen, und die Menschen um Sie sind zu verwirrt, um angemessen zu handeln. Rückzug ist das Beste, obwohl Sie sich damit möglicherweise der Kritik anderer Menschen aussetzen.

Fünfte Linie: Die Schrecken werden nicht aufhören, und Sie werden immer wieder vor Schwierigkeiten und Problemen stehen. Sie können die Zeit überdauern, indem Sie lernen, mit den sich verändernden Energien umzugehen und auf diese Weise innerlich und äußerlich zentriert bleiben.

Vierte Linie: Das erschreckende Ereignis hat Sie erstarren lassen. Dies ist geschehen, weil Sie verwirrt und unvorbereitet sind. Sie können unter diesen Umständen keine Fortschritte machen.

Dritte Linie: Ein Schicksalsschlag wird Ihre innere Stärke prüfen. Bewahren Sie Ihre Fassung und suchen Sie nach einem Weg zu Veränderungen, durch die die Gefahren vermindert werden können.

Zweite Linie: Eine tiefgreifende Umwälzung kann dazu führen, daß Sie viel verlieren. Versuchen Sie nicht, sich diesen Kräften entgegenzustellen oder gegen sie zu kämpfen; denn dies ist unmöglich. Ziehen Sie sich statt dessen aus der gefährlichen Situation zurück. In einiger Zeit werden Sie Ihren Verlust ausgleichen können.

Unterste Linie: Ein unerwartetes Ereignis hat Sie vielleicht erschreckt. Sie sehen es als Gefahr, und alle Gefühle, die mit der Gefahr einhergehen, werden in Ihnen geweckt. Doch die Zeit der Prüfung wird vorübergehen und Ihnen große Erleichterung bringen. Am Ende steht gutes Gelingen.

MEDITATION
(DAS STILLEHALTEN, DER BERG)

Boot auf dem Fluß

Anonym. Ming-Dynastie, 15. Jahrhundert

Museum of Fine Arts   Boston, Massachussetts

Der Bewohner dieses Bootes scheint in seiner Entspannung und Meditation seine Umgebung nicht wahrzunehmen. Und doch können wir sehen, daß das Boot nicht ziellos auf dem Wasser treibt, sondern fest ans Ufer gebunden ist.

Dieses Bild wurde ursprünglich Hsia Kuei zugeschrieben, doch heute wissen wir, daß es von einem unbekannten Künstler stammt. Kunsthistoriker datierten das Blatt auf das fünfzehnte Jahrhundert, als die Ming-Dynastie herrschte und China sich von allen Außenkontakten zurückzog. Der kaiserliche Hof lebte in Pracht und Glanz, doch man bewahrte die Nähe zur Natur, Distanz und innere Ausgeglichenheit.

52

艮其背。不獲其身。行其庭。不見其人。无咎。

象曰。兼山。艮。君子以思不出其位。

Meditation heißt, sich selbst den Rücken zu kehren, bis das Bewußtsein des Selbst schwindet. Es ist kein Fehler, einen Hof zu betreten, ohne jemanden zu bemerken.

Stilles (Berg) auf Stillem (Berg) bildet die Bedingung für Meditation. Deshalb erlaubt der Edle seinen Gedanken nicht, über die Situation hinauszugreifen.

Die Betonung liegt jetzt auf Ihrer inneren Perspektive. Es ist zu dieser Zeit besonders wichtig für Sie, über den Gegenstand Ihrer Frage zu meditieren. Mit dieser inneren Haltung können Sie sich mit dem *Tao* in Übereinstimmung bringen.

Meditation bedeutet hier einen Geisteszustand, in dem die Gedanken nicht über die vor Ihnen liegende Situation hinausgehen. Es ist keine Handlung, sondern ein Sein. Wenn der Geist ruhig und das Ego gebändigt ist, können Sie Ihren inneren Aufruhr überwinden. Ihre innere Ruhe wird Ihnen Einsichten bringen. Sie können jetzt außergewöhnliche Fortschritte machen, wenn Sie im Einklang mit dem Kosmos handeln. Meditation und innere Ruhe werden Ihnen helfen, sich zu zentrieren. Durch Objektivität werden Sie herausfinden, wann Sie handeln müssen und wann nicht. Auf diese Weise begehen Sie keine Fehler, unter deren Folgen Sie leiden müßten.

Die Kompliziertheit weltlicher Dinge macht es besonders wichtig, den inneren Frieden zu bewahren. Dies wird es Ihnen ermöglichen, in Harmonie mit der Zeit zu handeln, statt impulsiv vorzugehen. Denken Sie nur an die Gegenwart und versuchen Sie, die Situation unvoreingenommen zu betrachten. Handlungen, die dieser Haltung entspringen, werden angemessen sein und begrüßt werden.

Auch Ihre Beziehungen können aus innerer Ruhe profitieren. Wenn Sie Gedanken vermeiden, die zu weit in die Zukunft reichen, und Illusionen über das, was sein kann oder sein wird, ausschließen, können Sie die von Ihnen selbst geschaffenen Schwierigkeiten vermeiden. Die Meditation kann Sie auch davor schützen, bedauerliche soziale Irrtümer zu begehen.

Allgemein erneuert die Meditation sowohl den Geist als auch den Körper. Indem Sie Spannungen mildern, die auf Projektionen und Phantasien beruhen, erreichen Sie eine wirkliche Entspannung. Die Bedürfnisse, die dann entstehen, stimmen mit Ihrem wirklichen Wollen überein. Bremsen Sie jetzt Ihre Gedanken.

Die Wandlungen

Oberste Linie: Wenn Sie die Situation überblicken und alle Bereiche Ihres Lebens erfassen können, ist es Ihnen möglich, zur wahren Bedeutung der Dinge vorzudringen. Aus dieser Perspektive entspringt gutes Gelingen.

Fünfte Linie: Wenn Sie sich zentriert haben, werden Sie Ihre Worte sorgfältiger wählen und jede Bewertung, ausgesprochen oder nicht, beiseite lassen. Auf dieser Grundlage handeln Sie nicht mehr oberflächlich, sondern zentriert und mit tiefem Verständnis.

Vierte Linie: Ihr augenblicklicher Geisteszustand kann Ihnen helfen, Ihr Leben zu ordnen. Sie müssen nur noch die Impulse Ihres Ego umformen, um das Ideal der Meditation zu erreichen.

Dritte Linie: Wenn Sie versuchen, Ihre Antriebe mit Gewalt zum Schweigen zu bringen, werden Sie nur einen tiefen inneren Konflikt und Widerstände hervorrufen. Dies wäre gefährlich. Versuchen Sie, Ihre Haltung durch Entspannung und Meditation zu festigen.

Zweite Linie: Sie werden von Ihren Zielen und von Ereignissen, die nicht Ihrem Verhalten entspringen, ständig weitergetrieben. Obwohl Sie gern innehalten und sich besinnen möchten, können Sie diesen Zustand nicht verändern. Diese Bedingungen bringen Unheil.

Unterste Linie: Da die Situation erst in ihrem Anfang steht, können Sie die Dinge sehen, wie sie sind. Außerdem sind Ihre Interessen und Motive nicht selbstsüchtig. Für den Fortschritt ist es nötig, diese objektive Haltung zu bewahren.

DIE ENTWICKLUNG
(ALLMÄHLICHER FORTSCHRITT)

Die nächtlichen Freuden des Han Hsi-tsai
(Ausschnitt)

Zugeschrieben Ku Hung-chun, T'ang-Dynastie (618 – 907)

Museum im Kaiserpalast   Peking

Dieser Ausschnitt aus einer Handschriftenrolle zeigt die abendlichen Vergnügungen der Hofbeamten. Eine junge Frau spielt für ihren Freund die Laute; er verfolgt wie gebannt jede ihrer Bewegungen. Das Paar entwickelt auf sehr traditionelle Weise ein tiefes Verständnis füreinander. Ein weiterer Freund, der hinter einem Wandschirm steht, beobachtet die Szene.

Dieses Bild wird zwar Ku Hung-chun zugeschrieben, doch einige Details brachten Historiker zu der Annahme, es sei mehr als zweihundert Jahre später, und zwar während der Südlichen Sung-Periode (1126 – 1279) entstanden. Viele Werke dieser Zeit beruhten auf Bildern früherer Perioden, besonders jener aus der T'ang-Dynastie (618 – 907). Die chinesische Aristokratie der Südlichen Sung-Dynastie fußte auf traditionellen Werten. Sie blickte in die Vergangenheit, um die Übernahme Nordchinas durch die Jurchen und Mongolen nicht sehen zu müssen.

53

漸。女歸吉。利貞。

象曰。山上有木。漸。君子以居賢德善俗。

Entwicklung. Der Entschluß, zu heiraten, verspricht gutes Gelingen. Im rechten Beharren liegt ein Vorteil.

Das Durchdringende (Holz) auf dem Unbeweglichen (Berg) bildet die Bedingung für die Entwicklung. Deshalb zeigt der Edle gutes Benehmen und stützt die soziale Ordnung.

Alles spricht für eine vorsichtige, natürliche Entwicklung der Dinge. Rasches, revolutionäres Wachstum ist jetzt fehl am Platze; ein vorsichtiges, behutsames Fördern ist jetzt der richtige Weg zum Erfolg. Nur eine langsame und stetige Entwicklung Ihrer Beziehung zu dem Bereich, der Ihnen wichtig ist, verspricht den erwünschten Fortschritt. Ruhe und Anpassungsfähigkeit, gepaart mit Herzensgüte und Beständigkeit, werden Ihnen helfen.

Obwohl alles langsam, manchmal sogar langweilig verläuft, ist es – gerade, wenn es um Macht oder Politik geht – richtig, maßvoll zu handeln. Eine schrittweise Entwicklung Ihrer Position bildet jetzt den Schlüssel für Ihren Erfolg. Wenn Sie Bündnisse eingehen wollen, sollten Sie sich langsam bewegen. Versuchen Sie nicht, durch Agitation ein Gefolge aufzubauen.

Diese langsame Entwicklung der Dinge muß auch im geschäftlichen Bereich beachtet werden. Dies ist keine Zeit für raschen Gewinn oder schnelle Fortschritte. Doch wenn Sie bei Ihrer Vision bleiben und sich an bewährte Geschäftspraktiken halten, wird Ihr Erfolg kommen. Wenn Sie die vielen Möglichkeiten, Chancen und Probleme in Ihren persönlichen Beziehungen betrachten, wird es Ihnen helfen, sich an bewährten sozialen Mustern zu orientieren. Diese Zeit ist offen für traditionelles und gemächliches Vorgehen. Die langsame Entwicklung einer Verlobung, die schließlich zur Heirat führt, ist im Urtext als Beispiel zu diesem Hexagramm angeführt. Hüten Sie sich vor hastigen oder leidenschaftlichen Handlungen und geben Sie sich eher einer romantischen Betrachtungsweise der Liebe hin.

Obwohl Sie vielleicht große Veränderungen in Ihrem Leben vornehmen wollen, liegt Ihr Weg augenblicklich in der traditionellen Entwicklung der Dinge. Versuchen Sie, sich selbst vor dem Hintergrund der überlieferten sozialen Werte zu sehen. Wenn Sie sich selbst und Ihre Pflichten in diesem Umfeld verstanden haben, können Sie echte Fortschritte machen. Die innere Ruhe, Ihr Pflichtgefühl und die Aufrichtigkeit, die mit dieser Sichtweise einhergehen, werden Ihnen soviel Gewicht verleihen, daß Sie anderen ein Beispiel geben können.

Die Wandlungen

Oberste Linie: Indem Sie in Ihrer persönlichen Entwicklung einen großen Schritt tun, geben Sie anderen ein Beispiel. Die Menschen, die Sie lieben, werden Ihnen nacheifern; und dies ist das höchste Lob. Gutes Gelingen für alle Beteiligten.

Fünfte Linie: Während Sie immer mehr Einfluß gewinnen, werden Sie vielleicht falsch eingeschätzt. Doch der Gedankenaustausch wird stattfinden und Ihnen Heil bringen.

Vierte Linie: Sie müssen jetzt flexibel bleiben. Es ist vielleicht nötig, Schwierigkeiten zu umgehen und Hindernissen auszuweichen oder sich aus der Gefahr zurückzuziehen. Das Wichtigste ist jedoch im Augenblick, Ihre innere Sicherheit zu bewahren. Sie schafft die Grundlage für einen späteren Erfolg.

Dritte Linie: Wenn Sie einen Konflikt provozieren oder einen forschen, gewaltsamen Vorstoß machen, werden Sie sich selbst und die Menschen, die Ihnen nahe stehen, in Gefahr bringen. Dies führt zu Unheil. Es wäre klüger, den Dingen ihren natürlichen Lauf zu lassen und einstweilen das zu sichern, was Sie haben.

Zweite Linie: Sie sind in einer sicheren Position. Wenn Sie wollen, können Sie Ihr Glück und Ihre Sicherheit mit anderen teilen.

Unterste Linie: Kritik ist jetzt unvermeidlich. Sie können sie jedoch zu Ihrer Weiterentwicklung nutzen und sie als Anstoß zur Verbesserung Ihrer Fähigkeiten sehen. Legen Sie so schon jetzt eine Grundlage für spätere Erfolge.

歸妹

DIE UNTERORDNUNG
(DAS HEIRATENDE MÄDCHEN)

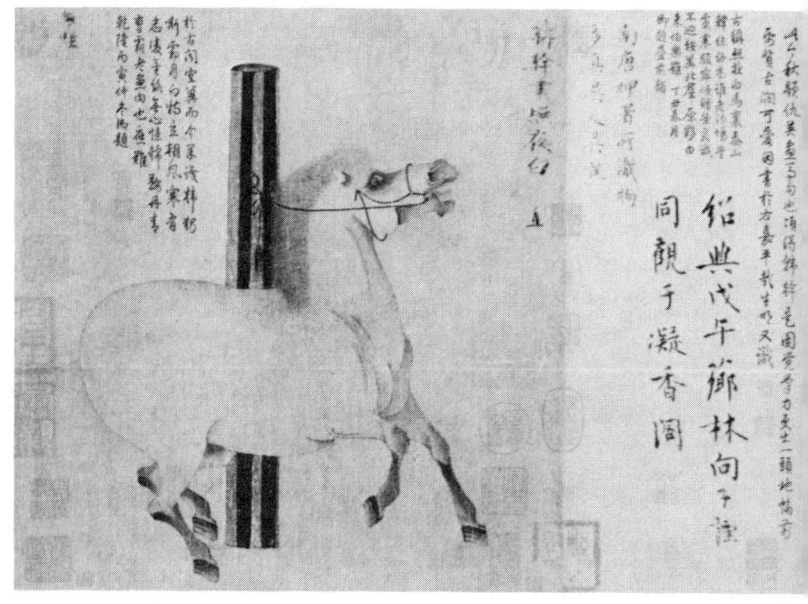

Chao-ye-po, das Pferd des Kaisers Ming Huan

Han Kan (zwischen 742 und 756)

Metropolitan Museum of Art   New York

250

Das Lieblingspferd des T'ang-Kaisers Huang, dessen Name ›Leuchtendes Licht in der Nacht‹ bedeutet, wird hier an einen Pfahl gebunden gezeigt. Es kämpft mit wogender Mähne, brennenden Augen und trommelnden Hufen gegen die Leine. Und doch muß sich das Pferd trotz seiner Kraft der Situation ergeben; es hat keine andere Wahl, als sich unterzuordnen und die gegenwärtige Lage zu akzeptieren. Obwohl nicht nur das Pferd, sondern auch das Gemälde dem Kaiser gehörte, zeigen die zahlreichen Inschriften, daß das Bild im Laufe der Jahrhunderte durch viele Hände ging.

Han Kan ist der berühmteste chinesische Maler von Pferden – ein Motiv, das während der T'ang-Dynastie (618 – 907) besonders beliebt war. Als Kind arbeitete Han Kan bei einem Weinhändler. Einer der Kunden, ein Maler vom Kaiserhof, bemerkte Han's Talent, als dieser im Straßenschmutz Pferde zeichnete. Er wurde an den Kaiserhof berufen, um dort die Malerei zu studieren. Han's Stil unterschied sich so sehr von dem seiner Lehrer, daß der Kaiser ihn zu sich rief. Han erwiderte auf dessen Frage, daß er eigene Lehrer hätte, nämlich die Pferde selbst im kaiserlichen Stall. Während dieser Zeit war China eine Großmacht, die aus vielen Ländern im zentralen und westlichen Asien Tribute, besonders Pferde, einforderte. Der Kaiser Min Huang hatte angeblich einen Stall mit mehr als vierzigtausend Pferden, von denen die meisten dressiert waren.

54

歸妹。征凶。无攸利。

象曰。澤上有雷。歸妹。君子以永終知敝。

Unterordnung. Fortschreiten bringt Unheil. Kein Ziel zu haben, ist günstig.

Das Erregende (Donner) über dem Offenen (See) bildet die Bedingung für die Unterordnung. Deshalb betrachtet der Edle die augenblicklichen Schwierigkeiten im Lichte der ferneren Zukunft.

Die Kräfte in dieser Situation scheinen ungerecht verteilt. Sie hängen völlig von Umständen ab, die Sie nicht selbst bestimmen können, während sich die Lage ohne Ihr Zutun weiterentwickelt. Wenn Sie forsch vorgehen oder sich unersetzlich machen wollen, werden Sie ins Unglück laufen. Es wäre jetzt in Ihrem Interesse, sich unterzuordnen: tun Sie dies mit angemessener Passivität und großer Vorsicht.

Wenn Sie eine neue berufliche Stellung übernommen haben, sollten Sie besonders auf frühe Fehler achten und sie still und rasch korrigieren. Handeln Sie zunächst wie ein Untergeordneter, so können Sie Irrtümer vermeiden. Versuchen Sie nicht, zu kreativ zu sein und mit Ihren Leistungen zu glänzen oder einen Vorgesetzten zu verdrängen. Jeder Versuch, nach vorn zu kommen, wird mit einer Katastrophe enden. Tun Sie nur das, wofür Sie eingestellt wurden; tun Sie es gut und belassen Sie es dabei. In der Politik ist es jetzt besser, sich in den Hintergrund zurückzuziehen, als Ihre Wichtigkeit zu beweisen. Nutzen Sie Ihre Kräfte statt dessen, um an Ihren Visionen zu arbeiten.

Ihre Individualität geht im Augenblick völlig unter. Falls man überhaupt auf Sie hört, achtet dennoch niemand auf Sie. Wenn Sie sich vordrängen, wird man Sie für unverschämt und anmaßend halten. Niemand interessiert sich für Ihren Standpunkt. Sie können keinen anderen Menschen beeinflussen, ohne mißverstanden zu werden.

In persönlichen Beziehungen werden Sie nicht so wahrgenommen, wie Sie wirklich sind. Sie werden mit Ihrer Rolle identifiziert und daran gemessen, wie gut Sie ihr gerecht werden. Ihre Unterordnung unter diese Rolle ist ein wenig erfreulicher Moment in Ihrem Gefühlsleben, doch er wird vorübergehen. Versuchen Sie in Ihren Beziehungen nicht, mit Gewalt etwas zu ändern, denn die Folgen könnten verhängnisvoll sein. Bleiben Sie für den Augenblick passiv und halten Sie sich so lange an die dauerhaften Grundlagen der Beziehung, bis eine andere Zeit kommt.

Wenn Sie gezwungen sind, sich unterzuordnen, ist nun der richtige Augenblick gekommen, um an die Zukunft zu denken. Entwickkeln Sie weitreichende Visionen. Dies wird Ihnen Kraft geben und Sie durch die schwierige Zeit bringen. Gleichzeitig werden Sie nur wenig Fehler begehen und Klarheit über Ihre Ziele bekommen.

Die Wandlungen

Oberste Linie: Führen Sie nur leere Bewegungen aus? Hat Ihr geschliffenes Betragen einen inneren Gehalt? Wenn Sie aus bloßem Beharren an der Form handeln, machen Sie sich nichts daraus. Es wird keine Folgen haben.

Fünfte Linie: Wenn Sie Ihre soziale Stellung überblicken und sich in den Dienst eines anderen stellen können, verspricht Ihnen das Zeichen gutes Gelingen. Um dies zu erreichen, müssen Sie Ihre Eitelkeit, Ihren Stolz und Ihr hochmütiges Verhalten ablegen. Sich anderen unterzuordnen verspricht gutes Gelingen.

Vierte Linie: Sie müssen sich jetzt zurückhalten, bis eine günstigere Zeit gekommen ist. Es mag Ihnen unterdessen so vorkommen, als ginge die Welt an Ihnen vorbei; doch die Belohnung für Ihre Geduld wird nicht ausbleiben.

Dritte Linie: Um Ihre Ziele zu erreichen, wird es nötig werden, sich selbst zu kompromittieren.

Zweite Linie: Die Situation ist enttäuschend. Es liegt an Ihnen allein, die ursprüngliche Vision umzusetzen. Diese Hingabe und Treue wird letzten Endes den Fortschritt bringen.

Unterste Linie: Sie können in dieser Situation nicht viel bewirken, doch Sie haben das Glück, von einem wichtigen Menschen ins Vertrauen gezogen zu werden. Durch Takt und Umsicht können Sie die Situation positiv beeinflussen.

DER HÖHEPUNKT (DIE FÜLLE)

![Ein Herr vor seinem Bildnis]

Ein Herr vor seinem Bildnis

Anonym. Nördliche Sung-Dynastie, gemalt zwischen 1100 und 1125

National Palace Museum   Taipeh, Taiwan

Der Herr, den wir auf diesem Blatt sehen, hat den Höhepunkt seines Lebens erreicht. Er ist sehr erfolgreich und kann sich daher mit schönen Möbeln und Objekten umgeben. Ein Diener schenkt ihm Wein ein, und er ist auf einem schmeichelhaften Portrait als beeindruckende Gestalt dargestellt. Trotzdem scheint er sich seiner luxuriösen Umgebung bewußt; er wirkt unsicher, als würde er befürchten, sie nicht für immer halten zu können.

Der unbekannte Maler dieses Bildes hat vermutlich während der Nördlichen Sung-Dynastie gelebt (960 – 1126). China war zu dieser Zeit für anderthalb Jahrhunderte ein geeintes, stabiles Land mit einer unvergleichlichen wirtschaftlichen Entwicklung; doch dann wurde es von Invasoren aus den Steppen des Nordens bedroht.

55

豐。亨。王假之。勿憂。宜日中。

象曰。雷電皆至。豐。君子以折獄致刑。

Der Höhepunkt bringt Fortschritt. Der Herrscher erreicht den Höhepunkt seiner Macht. Fürchte nichts, sondern sei wie die Mittagssonne.

Umfassende Intelligenz (Donner und Blitz) bildet die Bedingung für den Höhepunkt. Deshalb schlichtet der Edle Streitigkeiten und wählt angemessene Strafen.

Der Höhepunkt beschreibt die Größe in ihrer vollen Pracht, wie zum Beispiel den Vollmond, den längsten Tag des Jahres oder den Höhepunkt allgemeiner Wertschätzung. Dies ist eine Zeit des Überflusses. Potentiale werden verwirklicht, Ziele erreicht, es gibt nichts mehr zu erlangen. Doch der Höhepunkt ist nicht von Dauer. Der längste Tag des Jahres ist eben nur ein Tag. Der nächste Morgen ist schon der Beginn des Niedergangs.

Sie sollten in Ihrer Beziehung zu Ihrer Umwelt zufrieden sein. Wenn der Niedergang bevorsteht, wird der Edle nicht ängstlich; denn er sieht diese zyklische Veränderungen voraus. Statt dessen bemüht er sich, angesichts der Umstände das Bestmögliche zu tun. Mit dieser Haltung bleibt er sein eigener Herr. Verschwenden Sie keine Energie darauf, den Höhepunkt Ihrer Größe festzuhalten. Denken Sie nicht einmal darüber nach. Was Sie bisher erreicht haben, Ihr Sinn für Gerechtigkeit, Ihr Bild in der Öffentlichkeit, und auch all das, was Sie jetzt noch erschaffen, wird Ihnen durch die Zeit des Niedergangs helfen.

Erfolg und Wohlstand sind jetzt auch in geschäftlichen Dingen möglich; so können alle Ziele verwirklicht werden. Nutzen Sie Ihren Erfolg als Grundlage für späteres Wachstum. Wenn Sie Ihre Zeit in der Gesellschaft anderer Menschen verbringen, werden Sie feststellen, daß man Sie achtet wie nie zuvor. Sie dürfen es sich jetzt erlauben, Ihre Urteilsfähigkeit all Ihren Handlungen zugrunde zu legen. Dieses Festhalten an Ihren Prinzipien wird Ihnen einen Ruf verschaffen, der auch dann noch fortbestehen wird, wenn Ihre persönliche Macht nachgelassen hat.

In Ihren persönlichen Beziehungen sollten Sie besonders der spontanen Zuneigung einen großen Raum geben. Wenn Sie ein klares Verständnis für die Dinge haben, die beide Seiten von der Beziehung erwarten, werden sich die Details von selbst regeln.

Ihre Motivationen richten sich möglicherweise auf völlig neue Ebenen – gerade in dem Augenblick, in dem Sie sich am sichersten verankert fühlen. Der Höhepunkt der inneren Bewußtheit ist eine faszinierende Zeit, um sich selbst zu entdecken. Doch bewegen Sie sich rasch; denn diese Zeit wird bald vorbei sein.

Die Wandlungen

Oberste Linie: Ihr Streben nach Überfluß hat Sie stolz gemacht. Ihr Wunsch, ihn zu behalten, hat Sie isoliert. Sie sind nicht mit der Zeit in Harmonie und befinden sich nicht mehr in Kontakt mit den Menschen Ihrer Umgebung. Deshalb haben Sie Ihren größten Besitz bereits verloren.

Fünfte Linie: Lassen Sie sich von Menschen beraten, die Sie für geeignet halten. Solche Bescheidenheit verspricht gutes Gelingen und Heil für alle Beteiligten.

Vierte Linie: Obwohl Ihre Position nicht ideal ist, werden Sie schließlich die richtigen Elemente finden, die Ihnen beim Erreichen Ihres Zieles helfen. Begeisterung gepaart mit weisen Entscheidungen führt zu gutem Gelingen.

Dritte Linie: Die Unfähigkeit hat ihren Höhepunkt erreicht. Bleiben Sie geduldig.

Zweite Linie: Hindernisse, die nicht aus Ihnen selbst entstanden, behindern Ihren Fortschritt. Wenn Sie versuchen weiterzudrängen, werden Sie auf Neid und Mißtrauen stoßen. Die Möglichkeit zu einem glücklichen Ausgang besteht nur, wenn Sie völlig aufrichtig und wahrhaftig bleiben.

Unterste Linie: Die Zusammenarbeit mit einem Menschen, der ähnliche Ziele verfolgt wie Sie, bringt Ihnen Klarheit und Energie. Es ist kein Fehler, diese enge Beziehung fortzuführen, bis das Projekt abgeschlossen ist.

DAS REISEN (DER WANDERER)

Wanderer zwischen herbstlichen Bergen

Nach einem Bild von Fan K'uan von Wang Yun (1652 – 1735)

Museum of Fine Arts   Boston, Massachussetts

Diese sehr detailreiche Handschriftenrolle zeigt eine wuchtige Bergwelt mit winzigen Gestalten, die in ihr wandern. In weiter Ferne liegt ein kleines Dorf, in dem sie die Nacht verbringen werden. Sie sind dort willkommen, auch wenn sie sich gleichzeitig dem Mißtrauen aussetzten, das jedem Fremden entgegengebracht wird.

Wang Yun, der Sohn eines Malers von Blumen und Vögeln, lebte zur Zeit des Ch'ing-Kaisers K'ang-hsi, der von 1662 bis 1722 regierte. Der Kaiser war für seine Freundlichkeit Fremden gegenüber bekannt. Er studierte die Eigenschaften von Metallen und die Astronomie unter Anleitung der Jesuiten. Als ein Zerwürfnis zwischen den Jesuiten und Dominikanern es erforderlich machte, daß ein Sonderbotschafter aus Rom geschickt wurde, betrachtete K'ang-hsi dies als Mißachtung seiner Herrschaft und erlegte dem Orden starke Beschränkungen auf.

56

旅。小亨。旅貞吉。

象曰。山上有火。旅。君子以明愼用刑。而不留獄。

Reisen bringt Fortschritt in kleinen Dingen. Rechtes Beharren beim Reisen bringt Heil.

Das Leuchtende (Feuer) auf dem Ruhigen (Berg) bildet die Bedingung für das Reisen. Deshalb behält der Edle einen klaren Kopf und ist vorsichtig, wenn er Strafen festlegt. Er läßt sich auch nicht durch Streitigkeiten lähmen.

Sie sind in dieser Situation ein Reisender. Es ist unwahrscheinlich, daß Sie hier Wurzeln fassen und Ihr Leben einrichten. Sie probieren, schmecken, sehen sich um, sammeln Informationen. Doch was auch immer der Grund für Ihren Besuch ist, Sie werden weiterziehen. Aus diesem Grund können Sie keine langfristigen Ziele angehen. Der Reisende sollte sich bescheidene Ziele vornehmen und sich sittsam und angemessen verhalten. Menschen, die unterwegs sind, bieten gute Angriffsflächen. Seien Sie deshalb vorsichtig und zurückhaltend im Umgang mit den Menschen, die Sie auf Ihrer Reise treffen.

In keiner anderen Situation müssen Ihre Prinzipien so unerschütterlich stehen, wie während der Zeit des Reisens. Vermeiden Sie Gebiete des Niedergangs und folgen Sie nur Wegen, von denen Sie wissen, daß sie gut sind. Auf diese Weise schützen Sie sich vor Problemen, die Sie vielleicht nicht einmal als solche erkennen. Bleiben Sie hilfsbereit und demütig und halten Sie sich ganz allgemein im Hintergrund. Legen Sie sich nicht fest. Bleiben Sie beweglich. Dann werden Sie faszinierende Einsichten gewinnen, ohne in gefährliche Fallgruben zu stürzen.

In sozialen und persönlichen Beziehungen sollten Sie in diesem Augenblick keine langfristigen Verbindlichkeiten eingehen. Machen Sie sich ehrlich Ihre Position und Ihre Verpflichtung anderen gegenüber klar.

Zügeln Sie Ihre Leidenschaften. Dies ist nicht der rechte Augenblick, um Ihre Meinung kundzutun oder anderen Ihre Lebensart aufzudrängen. Sie sollten zuhören und lernen.

Dies könnte für Sie ein Lebensabschnitt sein, in dem Sie sich auf eine Reise nach Innen begeben, neue Ideen erforschen und sich neue Erlebnisse ausmalen – vielleicht ein neuer Beruf oder eine neue gesellschaftliche Rolle. Es ist möglich, daß Sie ganz alltägliche Situationen in einem seltsamen, neuen Licht sehen. Wahren Sie Ihre Integrität – sie sollte im Meer des Unbekannten Ihr Leuchtturm sein.

Die Wandlungen

Oberste Linie: Indem Sie sich im Drama der neuen Situation verlieren, und indem Sie sich in Details verstricken, die nichts mit der Entwicklung Ihrer eigenen Prinzipien zu tun haben, lösen Sie sich von Ihren ursprünglichen Zielen. Unheil.

Fünfte Linie: Es ist möglich, daß Sie sich in einer völlig neuen Umgebung erst Ihren Platz erobern müssen. Bescheidenheit und Großzügigkeit am Anfang werden mit einer entsprechenden Position und Bereitwilligkeit anderer Menschen belohnt.

Vierte Linie: Obwohl Sie zu Ihrem Ziel unterwegs sind, machen sie sich ständig bewußt, daß Sie es noch nicht erreicht haben. Diese Haltung gibt Ihnen ein unbehagliches Gefühl – Sie wissen, daß Sie weiterziehen müssen, und doch sind Sie ängstlich bemüht, das Erreichte festzuhalten und zu schützen.

Dritte Linie: Offensives und rücksichtsloses Verhalten wäre in Ihrer Position ein großer Fehler. Sie laufen Gefahr, die erreichte Sicherheit zu verlieren, wenn Sie sich in Dinge einmischen, die Sie nichts angehen. Die Menschen, die Ihnen bisher treu waren, werden sich zurückziehen und Sie Ihrem Schicksal überlassen.

Zweite Linie: Mit Zuversicht und Selbstvertrauen können Sie Unterstützung aus einer neuen Umgebung erhalten. Betrachten Sie dies als persönliche Anziehungskraft, die dem Gewicht Ihrer Prinzipien entspringt. Jemand ist bereit, Ihnen bei Ihren Unternehmungen zu helfen.

Unterste Linie: Lassen Sie sich nicht erniedrigen. Dies ist kein Weg, um Einlaß in eine Gruppe oder Situation zu erhalten. Durch Selbsterniedrigung machen Sie sich nur lächerlich. Bewahren Sie sich selbst gegenüber eine würdevolle Haltung.

DAS EINDRINGLICHE
(DAS SANFTE, DER WIND)

Hütte im Hochgebirge

Wu Pin (zwischen 1568 und 1626)

Asian Art Museum, Avery Brundage Collection San Francisco, Kalifornien

Auf den ersten Blick macht der Aufbau des Bildes es schwer, etwas anderes als die poetische Umschreibung des beständigen Windes an den hohen Klippen zu erfassen. Eine längere Betrachtung enthüllt jedoch die Spuren, die die Bewohner dieses Gebietes in langer und beharrlicher Arbeit in den Bergen hinterlassen haben. Der Maler zeigt hier die Wirkung beständigen Bemühens auf.

Wu Pin malte am Kaiserhof. Er war bekannt für seine Integrität und seinen Mut. Einmal kritisierte er den Eunuchen Wei Chung-hsien öffentlich, weil dieser seine Befugnisse überschritten hätte. Dafür wurde er verhaftet und eingesperrt und verlor seine Position am Hof. Dennoch war er schon zu Lebzeiten ein sehr geachteter Maler und wurde über Jahrhunderte hinweg nicht vergessen.

57

巽。小亨。利有攸往。利見大人。

象曰。隨風。巽。君子以申命行事。

Durchdringender Einfluß bringt Fortschritt in kleinen Dingen. Es ist von Vorteil, ein Ziel zu haben. Weiterer Vorteil liegt darin, den Führer aufzusuchen.

Das Sanfte, Durchdringende (Wind) folgt auf sich selbst und bildet die Bedingung für das Eindringliche. Deshalb zeigt der Edle seine Weisheit in seinen Geschäften.

Chinesische Bilder zeigen oft die Kräfte des Windes als unsichtbare Einflüsse, die die Landschaft gestaltet haben. Berge werden erodiert und zu faszinierenden Formen zerfressen gezeigt, Bäume sind gebeugt und zu seltsamen Umrissen verformt, Wolken rollen dramatisch über den Himmel und bringen den lebensspendenden Regen. Die Meditation über den Wind führte zu dem Bild des Eindringlichen und zu Überlegungen, wie es sich in menschlichen Dingen äußern könnte.

Sie stehen vor einer Situation, die nur allmählich beeinflußt werden kann. Sanftheit ist der Schlüssel. Gewalt und energische Bewegungen würden Ihre Mitmenschen nur aufschrecken und abstoßen. Um dennoch zu wirken, müssen Sie über eine lange Zeit klar definierte Ziele verfolgen. Ihre Bemühungen sollten so unauffällig wie möglich sein. Versuchen Sie, den sanften, unablässigen Wind nachzuahmen. Der Erfolg wird ganz allmählich kommen und eine immer größere Klarheit mit sich bringen.

Um eine Gruppe zu beeinflussen, müssen Sie ein tiefes Verständnis für den Geist der Gemeinschaft entwickeln. Wenn die Gruppe einen starken Führer hat, einen Helden oder ein Ideal, dann sollten Sie sich mit diesem wichtigen Element in Übereinstimmung bringen. Wenn Sie dann, im Bewußtsein der Gefühle der Menschen, zu sprechen und zu handeln beginnen, werden Sie sie allmählich beeinflussen können.

Gleichermaßen – auch mit nur einem allmählichen Einfluß – können Sie Ihre persönlichen Beziehungen weiterentwickeln. Übertriebene Gesten und emphatische Erklärungen schaffen nur Distanz. Die Zeit erfordert Geduld, eine langfristige Verpflichtung auf das Ziel und eine Vision von den Dingen, die Sie letzten Endes anstreben. Die Arbeit an Ihrer emotionalen und physischen Gesundheit wird ebenfalls in winzigen Schritten verlaufen.

Die Kraft, die der konzentrierte Geist besitzt, wird während der Zeit des Eindringlichen verstärkt. Große Menschen erreichen Bedeutendes durch beharrliches, beständiges Bemühen. Wenn Sie ein wichtiges Ziel erreichen wollen, sollten Sie Ihre Gedanken auf einen beständigen, ununterbrochenen Weg richten. Behalten Sie stets das im Auge, was Ihnen wichtig ist. Auf diese Weise werden Ihnen alle Ereignisse, die mit Ihrem Ziel zusammenhängen, den richtigen Weg zeigen, und alle Handlungen werden Sie ihm näherbringen.

Die Wandlungen

Oberste Linie: Sie haben Ihre Energie verschwendet, indem Sie die unzähligen Möglichkeiten der Situation erfassen wollten. Verständnis ohne Entscheidungen führt zu nichts. Unheil.

Fünfte Linie: Wenn Sie Ihr Ziel erreichen und die Situation verändern wollen, müssen Sie wachsam bleiben und einen beständigen Einfluß ausüben. Obwohl der Anfang Probleme mit sich bringt, steht am Ende gutes Gelingen. Doch auch nach der Veränderung sollten Sie sich immer wieder auf die Ergebnisse besinnen.

Vierte Linie: Energisches Handeln wird zu guten Ergebnissen führen. Sie werden fähig sein, alle Ihre Bedürfnisse zu befriedigen, wenn Sie Ihren Gegnern bescheiden, doch zuversichtlich entgegentreten.

Dritte Linie: Menschen, die sich über ein bestimmtes Ereignis, über seine möglichen Folgen und ähnliche Phantasien, zu viele Gedanken machen, verlieren ihre Antriebskraft und ihre Fähigkeit, Einfluß zu nehmen. Dies führt zu Erniedrigung.

Zweite Linie: Versteckte Motive, Schwächen oder Vorurteile liegen tief in der Situation verborgen und beeinflussen sie. Sie müssen sie beseitigen. Sobald dies getan ist, können Sie Ihr Ziel erreichen.

Unterste Linie: Seien Sie entschlossen. Wenn Sie sich undiszipliniert treiben lassen, können Sie nichts erreichen. Treffen Sie eine Entscheidung und halten Sie daran fest.

DIE ERMUTIGUNG
(DAS HEITERE, DER SEE)

Gelehrte der Nördlichen Ch'i-Dynastie beim Studium
klasischer Texte

Nach einem Bild von Yen Li-p'en aus dem siebten Jahrhundert
(elftes Jahrhundert n.Chr.)

Museum of Fine Arts   Boston, Massachussetts

Yen Li-p'en (siebtes Jahrhundert) war bekannt für seine Schilderungen historischer Ereignisse. Diese Handschriftenrolle, die auf einem seiner Bilder beruht, zeigt eine Gruppe von Gelehrten des Kaiserhofes bei der Diskussion und der Zusammenstellung klassischer chinesischer Werke. Diese Arbeit wurde 556 vom Kaiser in Auftrag gegeben, denn er wünschte, seinen Thronerben umfassend auszubilden.

Auf dem Bild hat der unbekannte Künstler die Stimmung eines ermutigenden Ideenaustausches eingefangen, der zur Entstehung einer der ersten Anthologien der chinesischen Literatur führte.

Kunsthistoriker vermuten, daß dieses Bild während der Nördlichen Sung-Dynastie (960 – 1126) entstanden ist, zu einer Zeit, als intellektuell geschulte Maler bekannt wurden, die ihre Bilder oft mit weisen Sprüchen über die Ästhetik versahen. Während dieser Zeit bewahrte China trotz massiver Drohungen von Nachbarstaaten zum erstenmal seit vielen Jahren ein Gefühl der Einheit. Die Führer interessierten sich eher für die Kunst des Friedens und die Entwicklung der Kultur, als für die Schrecken des Krieges; und die ersten gedruckten Bücher der Welt erschienen.

58

Ein ermutigender Austausch bringt Fortschritt. Im rechten Beharren liegt ein Vorteil.

兌。亨利貞。

象曰。麗澤兌。君子以朋友講習。

Offenes (See) auf Offenem (See) bildet die Bedingung für die Ermutigung. Deshalb findet sich der Edle mit seinen Freunden zu einem Gedankenaustausch zusammen.

Die Zeit ist gekommen, in der Sie Ihre Ziele mit Hilfe der Ermutigung anderer Menschen erreichen können. Wenn Sie dagegen andere ermutigen, müssen Sie tief im eigenen Herzen die unverbrüchliche Wahrheit spüren. Dann können Sie freundlich und großzügig auf Ihre Mitmenschen zugehen. Diese angenehme Stimmung fördert Treue, Zusammenarbeit und letztlich auch den Erfolg. Achten Sie jedoch darauf, daß die Situation nicht zu unkontrollierter Fröhlichkeit oder falschem Optimismus degeneriert. Die unverbrüchliche Wahrheit sollte immer im Mittelpunkt stehen.

In Ihrem Sozialverhalten erleben Sie jetzt einen Höhepunkt. Ihre Ermutigung und Ihre Freundlichkeit wird die Herzen Ihrer Freunde öffnen und Ihnen und Ihren Mitmenschen den Weg zu bedeutenden sozialen Verbesserungen ebnen. Bemühen Sie sich, im Einklang mit Ihrer Gesellschaft zu handeln, indem Sie andere bei deren persönlichen Zielen ermutigen.

In geschäftlichen und politischen Dingen wird Freundlichkeit, Offenheit und Weitherzigkeit ein starkes Gefühl der Loyalität erzeugen. Helfer werden jede Belastung und jedes Opfer auf sich nehmen, um das gemeinsame Ziel zu erreichen, während sie zugleich außerordentliche Freude in ihrer Arbeit finden und sehr stolz auf ihr Werk sind; auf diese Weise wird die Situation allen Beteiligten großen Nutzen bringen.

In persönlichen Beziehungen haben Sie die Chance, sich intensiver als je zuvor mit anderen auszutauschen. Ein tiefes Verständnis, gepaart mit gutem Willen, wird Ihren Beziehungen neue Bereiche eröffnen.

Allgemein sollte man die Zeit der Ermutigung mit anderen Menschen verbringen. Jede Art von Austausch verläuft günstig und eröffnet Ihnen die Möglichkeit, mit Ihren Mitmenschen eine tiefe, philosophische Übereinstimmung zu erreichen. Stellen Sie Ihre Ideale auf die Probe. Erforschen Sie die tiefsten Tiefen Ihrer Gefühle. Diskutieren Sie mit anderen und lernen Sie von ihnen. Suchen Sie nach dem Körnchen Wahrheit, das in allen Dingen verborgen ist. Auf diese Weise werden dogmatische und in Gewohnheiten erstarrte Denkmuster von Ihnen abfallen; Ihr Charakter wird neue Züge bekommen und sich verjüngen.

Die Wandlungen

Oberste Linie: Sie sind völlig von äußeren Bedingungen abhängig. Ihr Wohlgefühl entspringt nicht Ihrem Innern, sondern der Befriedigung, die Sie in der Außenwelt finden. Aus diesem Grund sind Sie dem Zufall ausgeliefert und hängen von anderen Menschen ab.

Fünfte Linie: Sie denken über eine Beziehung nach, die ein schädliches Element enthält. Eine derartige Bindung ist gefährlich, denn sie wird Ihnen Unheil bringen. Sie müssen Ihre Freunde sorgfältiger auswählen, um sich zu schützen.

Vierte Linie: Sie leiden unter Ihrer Unentschlossenheit, die einer bevorstehenden Entscheidung zwischen minderen und höheren Freuden entspringt. Wenn Sie dies erkennen und sich für die höheren und konstruktiveren Formen der Freude entscheiden, werden Sie das wahre Glück finden.

Dritte Linie: Völlige Hingabe an äußere Freuden und Ablenkungen ist nur für den Augenblick erfüllend. Dieses Aufgehen in oberflächliche Ablenkungen wird Unglück bringen.

Zweite Linie: Indem Sie Ihre Integrität stärken, werden Sie nicht von Zerstreuungen abgelenkt, die Ihre Aufmerksamkeit nicht wert sind. Auf diese Weise brauchen Sie nichts zu bedauern, weil Sie Ihre persönlichen Kräfte nicht verschwendet haben.

Unterste Linie: Sicherheit über Ihren Weg und Festigkeit in Ihren Prinzipien führt zu gutem Gelingen. Mit dieser Haltung sind Sie nicht mehr von äußeren Umständen abhängig, um Ihr Glück zu finden.

DIE WIEDERVEREINIGUNG
(DIE AUFLÖSUNG)

Der Yueh-yang-Turm

Hsia Yung (etwa 1340)

Freer Gallery of Art, Smithsonian Institution   Washington, D.C.

Dieses Bild des Yueh-yang-Turmes, ein Bauwerk der T'ang-Dynastie (618 – 907), zeigt kleine Menschengruppen, die Informationen und Freundlichkeiten miteinander austauschen, während sie den Ausblick über den Tung-t'ing-See genießen. Obwohl das Bild viele Details enthält, hat es nichts Starres. Dem Künstler ist es gelungen, die behagliche und kraftvolle Atmosphäre der Wiedervereinigung von Familienmitgliedern und alten Freunden einzufangen.

Dieses Bild stammt von Hsia Yung, der mit Vorliebe Bauwerke als Motive wählte. Zu seiner Zeit schlossen sich chinesische Aufrührer mit Deserteuren aus der herrschenden Armee der Mongolen zusammen und zersetzten langsam die mongolische Herrschaft über ihr Land.

59

象曰。風行水上。渙。先王以享於帝立廟。

渙。亨。王假有廟。利涉大川。利貞。

Wiedervereinigung bringt Fortschritt. Der Herrscher nähert sich dem Versammlungsort. Es ist von Vorteil, die kosmische Ordnung aller Dinge zu spüren. Weiterer Vorteil liegt im rechten Beharren.

Das Druchdringende (Wind) bewegt sich über das Abgründige (Wasser) und bildet die Bedingung für die Wiedervereinigung. Deshalb richteten die alten Herrscher einen Versammlungsort ein, um dem großen Plan zu dienen.

Alle Zivilisationen kennen jenen entscheidenden Augenblick, wenn sich zersplitterte Fraktionen im Volk auflösen und einer allgemeinen Begeisterung und der Hingabe an ein gemeinsames Ziel weichen. Eine solche außergewöhnliche Situation, die nur selten eintritt, ist ein wichtiger Augenblick für die Entwicklung der ganzen Bevölkerung und für das Wohlbefinden des einzelnen.

Tun Sie alles Nötige, um sich mit anderen Menschen aus Ihrem sozialen Umfeld zusammenzuschließen. Es ist an der Zeit, mit Dingen, die Sie bisher entzweiten, zu brechen; denn die Isolation erzeugt Mißstimmigkeiten und blockiert die schöpferische Energie. Sie müssen sich einer Sache oder einer Aufgabe widmen, die für die Welt wirkliche Bedeutung besitzt, oder sich vielleicht an einem Ereignis beteiligen, das die Mitglieder Ihrer Gemeinschaft zusammenbringt. Diese Zusammenkunft sollte von tiefen Gefühlen getragen werden.

Wer mit kreativen Dingen zu tun hat, sollte jetzt auf den Austausch mit anderen besonderen Wert legen. Vermeiden Sie bei Ihrer Arbeit elitäres oder egoistisches Verhalten, denn dadurch würden Sie Ihre schöpferische Kraft verlieren. Suchen Sie nach Symbolen, Rhythmen und Mustern, die seit langem die

Menschheit inspirierten, und bringen Sie sie in Ihr Werk ein. Machen Sie einen aufrichtigen Versuch, der sozialen Verantwortung des Künstlers gerecht zu werden: Bringen Sie die Menschen mit ihrer Realität in Kontakt. Dies gilt für alle weltlichen Dinge. Streben Sie jetzt danach, Güter und Leistungen anzubieten, die ihren Zweck erfüllen und ein möglichst weites Publikum finden.

Diese Zeit ist für persönliche und familiäre Beziehungen besonders wichtig. Die Familie ist ein Spiegelbild der Gesellschaft; denn sie ist deren kleinste soziale Einheit. Eine Gesellschaft oder eine Familie, die vergißt, woher sie kam, kann nicht wissen, wohin sie geht. Bemühen Sie sich, die Abgründe zwischen Ihnen selbst und anderen Menschen zu überbrücken. Konzentrieren Sie sich auf Dinge, die die Menschen in Übereinstimmung zusammenbringen.

Die Wandlungen

Oberste Linie: In dieser Zeit ist es für Sie und für die Menschen, die Ihnen teuer sind, wichtig, allen Gefahren aus dem Weg zu gehen. Dies sollte auf jede erdenkliche Weise getan werden. Wenn nötig, verlassen Sie die Situation. Man wird es Ihnen nicht vorwerfen.

Fünfte Linie: In Zeiten des Mißklangs und der Uneinigkeit ist eine große Erklärung oder eine beflügelnde Idee nötig, um die Menschen wieder zu vereinen. Auf diese Weise können sie ihre Fraktionskämpfe aufgeben und wieder zusammenarbeiten.

Vierte Linie: Es liegt an Ihnen, die Mißstimmung und die Uneinigkeit zu beenden. Der Weitblick, der aus weitreichenden Idealen und der Sorge um das Wohlergehen der Allgemeinheit herrührt, wird es Ihnen erlauben, die Parteilichkeit zu beenden. Auf diese Weise werden Sie außergewöhnlichen Erfolg haben.

Dritte Linie: Die vor Ihnen liegende Aufgabe ist so umfassend und schwierig, daß Sie alle persönlichen Sorgen zunächst außer acht lassen müssen. Die Arbeit an gemeinsamen Zielen wird Sie innerlich sehr stärken; Sie werden diese Selbstlosigkeit nicht bedauern.

Zweite Linie: Ihre Probleme entspringen Ihrem Innern. Sie müssen Ihre Haltung verändern und das Gefühl der Entfremdung überwinden. Wenn Sie Ihre Gefühle gegenüber Ihren Mitmenschen neu gestalten, werden Sie sich unnötiges Leid ersparen.

Unterste Linie: Sie können den Anfang der Uneinigkeit sehen. Dies ist ein Heil; denn es ist leichter, die Zersplitterung zu überwinden, wenn sie erst am Anfang steht. Gutes Gelingen.

DIE BESCHRÄNKUNG

![Bambus]

Bambus

Anonym. Yuan-Dynastie, vierzehntes Jahrhundert

Museum of Fine Arts   Boston, Massachussetts

Die Bambuspflanze symbolisiert alle Eigenschaften eines erleuchteten Menschen. Sie ist stark, anpassungsfähig und aufrecht. In diesem Bild hat sich der Künstler große Zurückhaltung bei der Pinselführung auferlegt und nur einen kleinen Teil der Seidenfläche benutzt. Wir sehen hier das gebrochene Ende einer lebenden Bambuspflanze.

Dieses Bild eines unbekannten Künstlers stammt aus dem vierzehnten Jahrhundert. Zu jener Zeit beherrschten die Mongolen ganz China. Sie bauten Straßen, die die Teile ihres großen Reiches miteinander verbanden; es reichte vom heutigen Polen bis nach Korea. Trotz der Machtfülle machte allein die Größe des Reiches das Land unregierbar; und innerhalb eines Jahrhunderts verloren die Herrscher die Kontrolle.

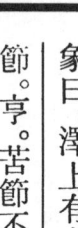

節。亨。苦節不可貞。

象曰。澤上有水。節。君子以制數度。議德行。

Bechränkung bringt Fortschritt. Schwere Beschränkungen jedoch sind keine Tugend.

Das Abgründige (Wasser) über dem Weiten (See) bildet die Bedingung für Beschränkung. Deshalb entwickelt der Edle Regeln und bestimmt, was das rechte Verhalten ist.

Die älteste Sorge der Menschheit gilt der Regelung der Produktion und des Verbrauchs innerhalb der von der Natur gesetzten Grenzen. Deshalb wurden Beschränkungen ausgesprochen, um die Zivilisation zu schützen. Vielleicht war der Kalender das erste Gesetzbuch. Der Wechsel der Jahreszeiten bringt die Zeit und die Ordnung ins Leben, das sich wiederum in den Beschränkungen seiner Umwelt ausbalanciert.

Sparsamkeit ist jetzt besonders wichtig. Beschränken Sie Ihre Ausgaben auf ein Minimum; egal, ob es sich um Geld, Energie oder Gefühle handelt. Allgemein ist es jetzt klug, jedes überschwengliche Verhalten zu vermeiden. Wenn Sie eine radikale Veränderung oder einen gleichgültigen Rückzug planen, befinden Sie sich nicht in Harmonie mit der Zeit.

Es ist jetzt von Vorteil, Regeln oder Pläne aufzustellen, die jedes extravagante Verhalten zügeln. Beschränkungen sind auch bei Ihren Geschäften erforderlich. Obwohl diese Beschränkungen sehr lästig sein können, ist dies angesichts der augenblicklichen Lage der beste Weg. Vergewissern Sie sich, daß Ihre Position sicher ist, falls Schwierigkeiten bevorstehen. Auf diese Weise werden Sie und Ihre Partner während der Veränderungen des wirtschaftlichen Klimas geschützt sein. Treiben Sie es aber mit der Beschränkung nicht zu weit, weil sich sonst unglückliche Verhältnisse entwickeln. Erlegen Sie also auch Ihren Beschränkungen Beschränkungen auf.

Vermeiden Sie Extreme in persönlichen Beziehungen – extreme Versprechungen, Projektionen und Leidenschaften. Akzeptieren Sie Ihre Mitmenschen, wie sie sind, und Ihre Beziehungen werden neue Kraft gewinnen.

Auch für Künstler sind jetzt Beschränkungen notwendig, wenn sie ihr volles kreatives Potential verwirklichen wollen. Beschränkungen und Grenzen sind mit dem persönlichen Schicksal und Wachstum verknüpft und sollten auf konstruktive Weise erforscht und akzeptiert werden. Beschränkungen erzeugen ein Gefühl für Moral und Ethik und geben Ihrem Ausdruck mehr Kraft. Indem Sie sich Leitlinien und Prinzipien auferlegen, können Sie etwas wirklich Bedeutendes erreichen.

Die Wandlungen

Oberste Linien: Wenn Sie andere stark einschränken, werden Sie letztlich auf Widerstand stoßen. Auf diese Weise können Sie nichts Bedeutendes erreichen, und würden schließlich ins Verderben laufen. Mit der Zeit jedoch wird das Bedauern schwinden.

Fünfte Linie: Sie müssen, wenn Sie andere beeinflussen, ein Beispiel geben. Wenn Begrenzungen und Einschränkungen nötig sind, dann erlegen Sie sie zuerst sich selbst auf. Auf diese Weise vergewissern Sie sich, daß sie annehmbar sind. Gutes Gelingen.

Vierte Linie: Gestatten Sie Ihren Begrenzungen, eine natürliche Seite Ihres Verhaltens zu werden. Passen Sie sich den feststehenden Bedingungen Ihrer Umgebung an. Kümmern Sie sich um das Naheliegende. Gutes Gelingen.

Dritte Linie: Ihr extravagantes Verhalten und Ihr Mangel an Zurückhaltung haben Sie in Schwierigkeiten gebracht. Wenn Sie dies nun ehrlich bedauern, werden Sie in Zukunft Fehler vermeiden.

Zweite Linie: Gelegenheit und Möglichkeit entwickeln sich. Wenn Sie zögern, sobald der richtige Augenblick gekommen ist, werden Sie Ihre Chance verpassen. Schlechtes Zeitgefühl beruht auf übermäßigen Beschränkungen.

Unterste Linie: Obwohl Sie in diesem Augenblick gewisse Dinge in Angriff nehmen möchten, sollten Sie sofort innehalten, wenn Sie auf Hindernisse stoßen. Bleiben Sie innerhalb der Begrenzungen und sammeln Sie Ihre Kräfte im stillen.

DIE EINSICHT (INNERE WAHRHEIT)

![image]

Ein Mann, der versucht, ein Pferd zu fangen

Hao Ch'eng, 1107

Museum of Fine Arts   Boston, Massachussetts

Diese fast komische Szene zeigt einen Mann und ein Pferd, die aufeinandertreffen. Jeder beobachtet die Bewegungen des anderen, jeder versucht, das Verhalten des anderen vorauszusehen – der eine in der Absicht, das Pferd zu fangen, der andere in der Absicht, weiter in Ruhe zu grasen. Durch kaiserlichen Erlaß waren die Maler jener Zeit verpflichtet, all ihre Motive sehr detailliert darzustellen. In diesem Blatt ist es Hao Ch'eng gelungen, dieser Vorschrift zu genügen und dennoch darüber hinauszugehen, indem er auch den flüchtigen Augenblick der Einsicht darstellt, in dem Mann und Tier sich der Motive und Absichten des anderen bewußt werden.

Als dieses Bild gemalt wurde, herrschte in China der Kaiser Hui Tsung, der als Maler, Kunstmäzen und Sammler bekannt war. Immer wieder wählte er Minister aufgrund ihrer künstlerischen Fähigkeiten aus, und er erhob die Akademie für Malerei von einem Anhängsel der Dichterschule zum Rang einer eigenständigen, separaten Institution.

61

中孚。豚魚吉。利涉大川。利貞。

象曰。澤上有風。中孚。君子以議獄緩死。

Einsicht bewegt sogar Schweine und Fische. Gutes Gelingen. Es ist von Vorteil, die kosmische Ordnung aller Dinge zu spüren. Weiterer Vorteil liegt im rechten Beharren.

Das Durchdringende (Wind) über dem Offenen (See) bildet die Bedingung für die Einsicht. Deshalb vermittelt der Edle bei Streitigkeiten und beschwichtigt harte Menschen.

Die Zeit ruft nach konsequent durchgeführten Veränderungen, die auf der Kraft der Einsicht beruhen. Um diese Einsicht zu erzielen, ist es nötig, sich vertrauensvoll auf die innere Kraft und Stimmigkeit des eigenen Charakters zu verlassen, während die Kräfte Ihrer Umgebung auf Sie einwirken. Auf diese Weise stellen Sie einen direkten Kontakt her, mit dessen Hilfe Sie diese Kräfte verstehen und meistern können.

Öffnen Sie sich völlig und betrachten Sie unvoreingenommen den Gegenstand Ihrer Frage. Verzichten Sie auch auf die Objektivität, bis Sie eine Haltung des reinen Beobachtens und Akzeptierens einnehmen. Lassen Sie Ihren Geist von den Dingen, die Sie beobachten und erfahren, beeinflussen. Dann halten Sie inne. Ziehen Sie sich wieder in sich selbst zurück, auf Ihre Prinzipien, in Ihren eigenen Mikrokosmos, und nehmen Sie das tiefe Verständnis und die Einsicht mit, die auf der direkten Erfahrung beruhen. Stellen Sie sich vor, Sie verkörperten den Geist eines anderen oder würden den Platz eines anderen einnehmen. Sie werden bei dieser emphatischen Reise weder Ihre Perspektive verlieren noch Ihre Prinzipien in Gefahr bringen. Statt dessen erhalten Sie eine wertvolle Einsicht in etwas, das vielleicht einen Teil Ihres Lebens beherrscht. In diesem Begreifen liegt ein großer Vorteil. Sie werden wissen, was Sie zu sagen haben und instinktiv fühlen, welche Handlungen Sie vollbringen müssen, um den Verlauf der Ereignisse positiv zu gestalten.

In Beziehungen sollte Ihre Freundschaft auf Höherem als auf bloßer Interaktion oder müßigem Genuß beruhen. Allgemein ist dies eine ausgezeichnete Zeit, um einen bedeutungsvollen Austausch mit Ihren Mitmenschen in Gang zu bringen und die dadurch entstehenden Energien in bedeutende Werke umzusetzen.

Indem Sie Ihre Einsicht entwickeln, werden Sie letztlich in sich selbst einen wertvollen Charakterzug erschaffen, der Ihnen den Umgang mit allen Aspekten Ihrer Umwelt erleichtert. Es ist die natürliche Übereinstimmung mit dem Kosmos, die in dieser Zeit gefördert wird. Mit Ihrer Einsicht können Sie anderen vorangehen oder sich für ein stilles, gesundes Leben entschließen, in dem es wenig Störungen und einen großen Reichtum an Erfahrung gibt.

Die Wandlungen

Oberste Linie: Ihr Charakter hat sich bis zu einem Punkt entwickelt, an dem Sie offen um Unterstützung bitten können, wenn es um große Ziele geht. Allerdings ist Ihre Position für derartige Vorhaben nicht richtig. Das Verfolgen großer Ziele bringt Unheil und Bedauern.

Fünfte Linie: Dies ist die Position eines wahren Herrschers. Ein solcher Mensch hält an seinen tugendhaften Zielen und Prinzipien fest und spendet anderen das überwältigende Licht seiner Stärke. Andere klammern sich an ihn; doch liegt darin kein Makel.

Vierte Linie: Richten Sie Ihre Aufmerksamkeit auf einen für Sie wichtigen Menschen oder ein edles Ideal und versuchen Sie, Ihre Einsicht in seine Kraft zu vergrößern. Kein Makel.

Dritte Linie: Sie hängen von äußeren Bedingungen ab, die Ihr Befinden bestimmen oder Ihr Selbstvertrauen dämpfen. Dies kann Sie zu höchster Freude führen und in die tiefste Verzweiflung stürzen. Vielleicht genießen Sie diese emotionale Bandbreite.

Zweite Linie: Einsicht und Einfluß erreichen hier ihren Höhepunkt. Ihr Verhalten und Ihre Worte rühren an die Herzen und Seelen der Menschen in Ihrem sozialen Umfeld. Sie können eine schöne und wohltuende Antwort von Ihrer Umgebung erwarten.

Unterste Linie: Verlassen Sie sich auf Ihre Prinzipien und vertrauen Sie Ihrer Selbstkenntnis. Wenn Sie sich um Hilfe von außen bemühen, gehen Sie möglicherweise im Chaos unter. Alle folgenden Handlungen könnten unzentriert und unangemessen sein.

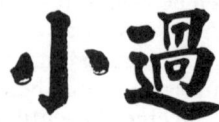

DIE GEWISSENHAFTIGKEIT
(DES KLEINEN ÜBERGEWICHT)

Fischen mit Kormoranen

Anonym. Ming-Dynstie (1368 – 1644)

Freer Gallery of Art, Smithsonian Institution　　　Washington, D.C.

Das Fischen mit Kormoranen ist sowohl eine Kunst als auch ein Broterwerb. Wie bei der Falknerei arbeiten ein Mann und ein Vogel bei der Jagd zusammen. Diese chinesischen Männer stechen gewissenhaft die Fische ab, während sich ihre Vögel konzentrieren und tauchen. Zusammen können sie die schwierige Aufgabe erledigen und die Nahrung für ihr Überleben beschaffen.

Der unbekannte Maler dieses Werkes lebte während der Ming-Dynastie, als China völlig von seinen inneren Vorgängen gefangen war. Das Land befand sich in einem Zustand der Isolation, und China konzentrierte sich darauf, sich von der jahrelangen Herrschaft der Mongolen zu erholen.

62

Gewissenhaftigkeit bringt Fortschritt. Im rechten Beharren liegt Vorteil. Kleine Dinge können getan werden, doch große Dinge sollte man lassen. Wenn die Vögel hoch fliegen, verliert sich ihr Lied. Es ist nicht gut, nach oben zu drängen; besser ist es, unten zu bleiben. Dies verspricht gutes Gelingen.

Das Aktive (Donner) über dem Wartenden (Berg) bildet die Bedingung für die Gewissenhaftigkeit. Deshalb zeigt der Edle äußersten Respekt. Verluste schmerzen ihn sehr, und bei Ausgaben ist er sparsam.

Sie müssen in Ihrem Verhalten so gewissenhaft wie möglich sein. Ihr Zeitgefühl war nie wichtiger als jetzt. Selbstkontrolle und Aufmerksamkeit für Details sind die Charakterzüge, die es Ihnen ermöglichen, Ihr Ziel zu erreichen. Dies ist nicht die Zeit, um den Höhenflügen Ihrer Träume nachzugehen. Halten Sie sich an Ihre Alltagsgeschäfte und übersehen Sie nichts.

Wenn es um Macht oder Politik geht, sollen Sie besonders darauf achten, wie Sie Ihre Angelegenheiten erledigen. Lassen Sie nichts unbemerkt, seien Sie nicht rebellisch oder vorlaut. Dies ist nicht die Zeit für große Unternehmungen. Fördern Sie Ihre Gewissenhaftigkeit bei Ihren Aufgaben und Verantwortlichkeiten, und Sie werden Erfolg haben.

In Ihren Beziehungen zu anderen Menschen werden Sie am besten fahren, wenn Sie den bewährten sozialen Leitbildern folgen. Jeder Versuch, zu glänzen und sich in den Vordergrund zu stellen, wird zur Katastrophe führen. Schlichte, aus dem Herzen kommende Gefühle werden Sie in Harmonie mit anderen bringen, während Vorurteile oder hochmütiges Verhalten Gefahren heraufbeschwören würden. Halten Sie sich an bewährte Verhaltensweisen.

象曰。山上有雷。小過。君子以行過乎恭。喪過乎哀。用過乎儉。

小過。亨利貞。可小事。不可大事。飛鳥遺之音。不宜上。宜下。大吉。

Ihre innere Entwicklung erfordert eine gewisse Demut. Jede Äußerung von Stolz bringt Sie von wichtigen Einsichten ab. Die Kräfte, die jetzt am Werk sind, fördern keine ehrgeizigen persönlichen Unternehmungen. Am Ende steht gutes Gelingen, wenn Sie sich zurückhalten und Ihr Lebenswerk gewissenhaft und mit persönlicher Würde vollbringen.

Die Wandlungen

Oberste Linie: Vielleicht sind Sie zu ehrgeizig. Ein aggressiver Versuch, ein unrealistisches Ziel zu erreichen, wird zum Unheil führen.

Fünfte Linie: Ihre Kraft reicht aus, um voranzutreiben, was Sie wünschen, doch Sie sind nicht in der richtigen Position. Sie werden die Hilfe anderer Menschen brauchen. Bitten Sie bescheiden um die Unterstützung geeigneter Personen, dann werden Sie Ihre Ziele erreichen.

Vierte Linie: Versuchen Sie nicht, Ihre Ziele durch Drängen zu erreichen. Erzwingen Sie nichts. Halten Sie sich zurück und bleiben Sie innerlich beharrlich.

Dritte Linie: Gefahren lauern. Durch Gewissenhaftigkeit können sie vermieden werden. Treffen Sie Vorkehrungen.

Zweite Linie: Benutzen Sie alle Verbindungen zu anderen Menschen, um in eine sichere Position zu kommen. Egal, welche Verbindung Sie herstellen, es ist die Verbindung selbst, die zählt. Halten Sie sich dabei jedoch so eng wie möglich an die traditionellen Rollen.

Unterste Linie: Wenn Sie einen außergewöhnlichen Plan ins Auge gefaßt haben, sollten Sie ihn besser vergessen. Ihr Schicksal liegt augenblicklich im Traditionellen, im Gewöhnlichen. Alles, was darüber hinausgeht, würde Sie in große Gefahr bringen.

既濟

NACH DER VOLLENDUNG

Illustration aus dem Keng-chih t'u
(Die Kunst des Ackerbaus und der Seidenherstellung)

Zusammengestellt von Chiao Ping-chen
(spätes 17. Jahrhundert)

Die letzten Körbe mit Getreide werden in ein Haus in einem Dorf gebracht, während die Nachbarn sich in einiger Entfernung bei einem Becher Tee vom langen Arbeitstag bei der Ernte erholen. Die Vorbereitungen für den kommenden Winter sind erledigt und die Dorfbewohner richten sich auf die Jahreszeit ein. Sie sind erleichtert, weil die schwere Feldarbeit vollbracht ist, doch sie wissen genau um die schwere Zeit, die vor ihnen liegt.

Dieses Bild stammt aus einem Werk über die Künste des Ackerbaus und der Seidenmanufaktur, das im späten siebzehnten Jahrhundert im Auftrag des Ch'ing-Kaisers K'ang-hsi zusammengestellt wurde. Er übertrug diese Arbeit Chiao Ping-chen, einem Mitglied der Akademie für Astronomie, der in westlichen Maltechniken und Stilen sehr bewandert war. Unter K'ang-hsi wurden die Literatur und die Malerei sehr gefördert, und die bis dahin vollständigste Enzyklopädie des chinesischen Lebens und der Sitten des Landes zusammengestellt. Der Kaiser glaubte, daß diese Informationen seine Dynastie stärken und schützen würden.

63

象曰。水在火上。既濟。君子以思患而預防之。

既濟。亨。小利貞。初吉終亂。

Nach der Vollendung kommt Fortschritt in kleinen Dingen. Am Anfang gutes Gelingen; am Ende Verwirrung.

Abgründiges (Wasser) im Bewußten (Feuer) bildet die Bedingung für die Zeit nach der Vollendung. Deshalb besinnt sich der Edle auf mögliche Widrigkeiten und bereitet seine Verteidigung vor.

Ein Zustand völligen Gleichgewichts ist erreicht. Alles scheint in bester Ordnung. Die Verwandlung ist vollendet, und Sie könnten dazu neigen, sich zu entspannen und zu ruhen. Diese Tendenz spüren Sie möglicherweise während des Höhepunktes oder nach der Vollendung einer Phase.

Die allgemeine Tendenz ist jedoch, sich auf etwas weniger Ideales hinzubewegen. Sie müssen diese kommende Veränderung benutzen, um vorsichtig Ihre innere Kraft zu entwickeln. Durch diese Tugend bleiben Sie in Situationen wachsam, denen Sie ausweichen oder die Sie rasch und entschlossen verändern müssen. Achten Sie auf alle Details.

Der erfolgreiche Ausgang kleiner Bemühungen wird hier angezeigt. Sie können zwar dem Niedergang, der nach der Vollendung kommt, nicht ausweichen, doch Sie können es lernen, solche Zeiten zu überleben, um mit gestärktem Geist und Charakter aus ihnen hervorzugehen.

Vor allem dürfen Sie nicht an der Illusion der Vollkommenheit festhalten, die im Augenblick besteht. Sie täuschen sich damit nur selbst, und es ist eine Täuschung, die große Gefahren mit sich bringt. Diese Haltung ist nicht in Harmonie mit dem Kosmos und wird Ihr Zeitgefühl so sehr verwirren, daß Sie sich ungeschützt dem Chaos ausliefern könnten.

In sozialen und persönlichen Beziehungen entwickeln sich vielleicht Probleme, die aber zu überstehen sind, wenn Sie sich darauf vorbereiten. Wenn Sie im voraus wissen, daß Sie emotionalen Schwierigkeiten entgegengehen, werden Sie nicht hilflos sein, sobald sie auftauchen. Auch im geschäftlichen oder politischen Bereich sollten Sie sehr vorsichtig sein. Karrieren, die ihren Höhepunkt erreicht haben, könnten einem raschen Wandel unterworfen werden; vor langer Zeit eingeleitete Prozesse könnten plötzlich nicht mehr funktionieren. Ihre Tugendhaftigkeit und Aufmerksamkeit kann Sie gegen das Unheil wappnen. Mit vorausschauenden Vorbereitungen können Sie jedoch auch umfassende Veränderungen überstehen.

Die Wandlungen

Oberste Linie: Sie haben etwas Bedeutendes erreicht. Doch glauben Sie nicht, die Dinge nähmen den richtigen Lauf, wenn Sie einfach zusehen und warten. Sie haben die Verantwortung für sich selbst übernommen. Sich davor zu drücken, würde große Gefahren heraufbeschwören.

Fünfte Linie: Es ist nicht die richtige Zeit für prahlerische Darstellungen Ihres persönlichen Erfolges. Sie werden mehr erreichen, wenn Sie in kleinen Schritten weitergehen, anstatt Ihre Macht zur Schau zu stellen.

Vierte Linie: In der Situation, die Ihre Frage betrifft, treten Elemente des Niedergangs zutage. Seien Sie vorsichtig.

Dritte Linie: Es ist möglich, ein hochgestecktes Ziel zu erreichen. Es wird lange Zeit erfordern, und Sie werden sich erschöpfen. Arbeiten Sie nur mit den am besten geeigneten Menschen zusammen.

Zweite Linie: Sie sind plötzlich verwundbar, durch Ihre eigene Hand oder durch Umstände, die nicht Ihrer Kontrolle unterliegen. Tun Sie nichts. Diese unruhige Zeit wird bald vorüber sein.

Unterste Linie: Wenn Sie mit Ihren Plänen fortfahren, wird sich vor Ihnen ein Gegendruck aufbauen und Sie zur Besinnung zwingen. Sie werden von Ereignissen betroffen werden, die Sie verursacht haben, doch erleiden Sie keinen Schaden, denn Sie haben recht.

VOR DER VOLLENDUNG

Winterlandschaft:
Wanderer in einer Gebirgsschlucht

Anonym. Ming-Dynastie (1368 – 1643)

Freer Gallery of Art, Smithsonian Institution   Washington, D.C.

Eine kleine Gruppe von Wanderern bahnt sich an einem kalten Wintertag langsam und mühselig einen Weg durch eine Gebirgsschlucht. Die Wanderer wissen um den langen Weg, der vor ihnen liegt, doch sie können nicht über die nächste Biegung hinausblicken oder vorhersehen, was ihnen noch vor dem Ende ihrer Reise begegnen wird.

Diese von einem unbekannten Künstler gemalte Landschaft ist vermutlich während der Ming-Dynastie entstanden, als sich die chinesischen Herrscher in ihre prunkvolle Welt und auf ihre kulturellen Errungenschaften zurückzogen. Die Ming-Kaiser ignorierten die Probleme des Reiches, die durch kaiserliche Nachlässigkeit und korrupte Beamte heraufbeschworen wurden.

64

未濟。亨。小狐汔濟。濡其尾。无攸利。

Vor der Vollendung kommt Fortschritt. Doch wenn der junge Fuchs, der den Strom fast durchquert hat, einen nassen Schwanz bekommt, gibt es kein Heil.

Das Bewußte (Feuer) über dem Gefährlichen (Wasser) bildet die Bedingung für die Zeit vor der Vollendung. Deshalb unterscheidet der Edle sorgfältig in seiner Umgebung und ist sich seiner Position bewußt.

In menschlichen Angelegenheiten bietet sich ein einzigartiger, umfassender Blickwinkel. Chaotische Situationen können geordnet werden. Da Sie in diesem Augenblick mit den Elementen des Gegenstandes Ihrer Frage ungewöhnlich vertraut sind, können Sie sie bewerten und verändern, wie es nötig ist, um Ihr Ziel zu erreichen. Es sollte Ihnen relativ leicht fallen, Gruppen von Menschen um sich zu versammeln. Indem Sie die Psyche jedes einzelnen verstehen, können Sie innerhalb der Gruppe die Bedürfnisse der Menschen befriedigen und auf diese Weise ihre Unterstützung gewinnen. So gibt Ihnen die Zeit vor der Vollendung besonders im politischen oder geschäftlichen Bereich eine gute Möglichkeit, Ihre Angelegenheiten reibungslos zu regeln.

Doch es wäre ein Fehler zu glauben, daß mit dem Erreichen Ihrer Ziele alles getan wäre und daß Ihre Urteilsfähigkeit und die Ordnung nun ein dauerhafter Zustand sind. Die Zeit vor der Vollendung kann mit einer langen Wanderung über ein hohes Gebirge verglichen werden. An einem bestimmten Punkt, bevor Sie den Gipfel erreicht haben, können Sie genau erkennen, wie weit Sie noch reisen müssen. Sie werden die Schwierigkeiten abwägen können, weil Sie beim Aufstieg bis zu diesem Punkt Erfahrungen gesammelt haben. Wenn Sie jedoch den Gipfel erreicht haben, den

Sie während so vieler Tage vor sich gesehen haben, wissen Sie, daß noch viel vor Ihnen liegt. Mit übermäßigem Selbstvertrauen hinauf- und auf der anderen Seite hinunterzustürmen, würde Unheil bringen.

Der Text des *I Ging* warnt vor der Gefahr, in der Zeit der Vollendung sorglos voranzugehen. Sie müssen sich wappnen und sich zurückhalten. Die vor Ihnen liegende Situation wird Sie in jeder Hinsicht stärken; mehr als alles, was Sie bisher erlebt haben. In der nächsten Zukunft werden Sie jedoch aus Ihren Erfahrungen nicht profitieren können, weil diese Zeit in vieler Hinsicht einer Wiedergeburt ähnelt.

Die Idee der Wiedergeburt ist der Schlüssel zum gesamten *I Ging*. Das Buch endet mit einem neuen Beginn und schließt so den Kreis zum ersten Hexagramm, der schöpferischen Kraft, für jetzt und alle Ewigkeit.

Die Wandlungen

Oberste Linie: Nach dem Kampf stellt sich ein Gefühl des Wohlbehagens ein, das aus der vielversprechenden neuen Zeit herrührt. Feiern Sie diesen Augenblick, doch geben Sie sich nicht der Maßlosigkeit hin.

Fünfte Linie: Aufrichtige Entschlossenheit und vernünftige Prinzipien werden die Schwierigkeiten bändigen. Große Dinge können ohne Fehler erreicht werden.

Vierte Linie: Vor Ihnen liegt ein Kampf, dem Sie nicht ausweichen können; vielleicht eine prinzipielle Auseinandersetzung. Entwickeln Sie Disziplin und Entschlossenheit. Gutes Gelingen.

Dritte Linie: Wenn Sie weiter auf Ihr Ziel losgehen, werden Sie enttäuscht; denn in der augenblicklichen Situation können Sie es nicht erreichen. Wenn Sie das Ziel unbedingt erreichen müssen, wäre es besser, noch einmal von vorn anzufangen und die Hilfe gleichgesinnter Gefährten in Anspruch zu nehmen.

Zweite Linie: Die Zeit zum Handeln ist noch nicht gekommen. Doch wenn Sie Ihre innere Entschlossenheit zum Fortschreiten bewahren, werden Sie erfolgreich sein. Lassen Sie sich durch diese Verzögerung nicht von Ihrem Ziel abbringen.

Unterste Linie: Sie sehen nicht alle Auswirkungen und Konsequenzen Ihrer Handlungen. Jede Handlung wird Ihnen Probleme und vielleicht sogar Unheil bringen.

oberes ▷ Trigramm / unteres Trigramm ▽	CH'IEN ☰	CHEN ☳	K'AN ☵
CH'IEN ☰	1	34	5
CHEN ☳	25	51	3
K'AN ☵	6	40	29
KEN ☶	33	62	39
K'UN ☷	12	16	8
SUN ☴	44	32	48
LI ☲	13	55	63
TUI ☱	10	54	60

KEN	K'UN	SUN	LI	TUI
☶	☷	☴	☲	☱
26	11	9	14	43
27	24	42	21	17
4	7	59	64	47
52	15	53	56	31
23	2	20	35	45
18	46	57	50	28
22	36	37	30	49
41	19	61	38	58

HEYNE
TASCHENBÜCHER
zum Thema: Esoterik

Esoterik

Bill Schul / Ed Pettit
**Die geheimnisvollen
Kräfte der Pyramide**
01/5425 - DM 5,80

E. L. Abel
**Die geheimnisvollen
Kräfte des Mondes**
01/7058 - DM 5,80

Helen Wambach
Leben vor dem Leben
01/7123 - DM 5,80

C. Fiore / A. Landsburg
**Begegnungen im
Jenseits**
01/7140 - DM 5,80

Kurt Allgeier
**Morgen soll es
Wahrheit werden**
01/7149 - DM 7,80

Kurt Allgeier
**Die großen
Prophezeiungen des
Nostradamus in
moderner Deutung**
01/7180 - DM 5,80

**Weltalmanach des
Übersinnlichen**
01/7192 - DM 12,80

Jürgen vom Scheidt
Wiedergeburt
01/7200 - DM 5,80

Patricia Carrington
**Das große Buch der
Meditation**
01/7210 - DM 9,80

Friedrich W. Doucet
**Parapsychologie in
Rußland**
01/7226 - DM 6,80

Robert Brier
**Zauber und Magie
im alten Ägypten**
01/7242 - DM 9,80

Jürgen vom Scheidt
**Das große Buch
der Träume**
01/7256 - DM 9,80

Alan Watts
Zeit zu leben
01/7257 - DM 9,80

Ostrander / Schroeder
PSI-Training
01/7258 - DM 9,80

Kurt Allgeier
**Die übersinnliche
Frau**
01/7260 - DM 7,80

Friedrich W. Doucet
**Traum und
Traumdeutung**
08/4418 - DM 5,80

Peter und Gisela
Ripota
**Die Kunst des
Handlesens**
08/4683 - DM 5,80

Bhagwan Shree
Rajneesh
**Das Buch der
Geheimnisse**
08/4798 - DM 9,80

Florence Eymon
**Karten legen –
Karten deuten**
08/4969 - DM 6,80

Jean-Pierre Spilmont
Hellsehen
08/4987 - DM 6,80

Anton Kielce
Tarot
08/4988 - DM 6,80

Jean-Pierre Splimont
Magie
08/4989 - DM 6,80

Cécile Sagne
Handlesen
08/4990 - DM 6,80

Patrick Ravignant
Orakel
08/4991 - DM 6,80

Anton Kielce
Die Träume
08/4992 - DM 6,80

Bhagwan Shree
Rajneesh
Die Tantrische Vision
08/9016 - DM 7,80

Peter Walden
**Die hohe Schule der
Traumdeutung**
08/9024 - DM 9,80

Jean-Michel Varenne
Zen
08/9100 - DM 6,80

Anton Kielce
Taoismus
08/9101 - DM 6,80

Patrick Ravignant
**Geheimwissen
Indiens**
08/9102 - DM 6,80

Jean-Michel Varenne
**Tibetischer
Buddhismus**
08/9103 - DM 6,80

Preisänderungen
vorbehalten.

HEYNE
TASCHENBÜCHER
zum Thema: Esoterik

Esoterik

Patrick Ravignant
Reinkarnation
08/9104 - DM 6,80

Jean-Michel Varenne
Yogis
08/9105 - DM 6,80

Jean-Michel Varenne
Tantrismus
08/9106 - DM 6,80

Anton Kielce
Sufismus
08/9107 - DM 6,80

Alix de Montal
Schamanismus
08/9108 - DM 6,80

Anton Kielce
I Ging
08/9109 - DM 6,80

Cécile Sagne
Geheiligter Eros
08/9110 - DM 6,80

Patrick Ravignant
Derwische
08/9111 - DM 6,80

**Das geheime Wissen
von Schamanen,
Magiern und
Medizinmännern**
09/121 - DM 9,80

Grenzbereiche der Esoterik

Herbert Gottschalk
**Lexikon der
Mythologie**
01/7096 - DM 16,80

Jürgen Holtorf
**Die verschwiegene
Bruderschaft**
– Freimaurerlogen –
01/7225 - DM 7,80

Jean-Marie Pelt
**Das Leben der
Pflanzen**
01/7244 - DM 9,80

Kurt Allgeier
Der Halleysche Komet
Alles über das
geheimnisvolle
Himmelsphänomen
01/7269 - DM 7,80

Richard Hittleman
**Yoga – das
28-Tage-Programm**
08/4546 - DM 6,80

Malte W. Wilkes
**Der Biorhythmus
bestimmt unser Leben**
08/4640 - DM 5,80

Bhagwan Shree
Rajneesh
Meditation
08/4668 - DM 7,80

Henry G. Tietze
Kräfte der Hypnose
08/4679 - DM 6,80

Christiane Brand-Hetzel
Autogenes Training
08/4855 - DM 5,80

Kevin Martin
**Das große Zigeuner-
Wahrsagebuch**
08/4865 - DM 7,80

Richard Hittleman
**Yoga – das
24-Stunden-Programm**
08/4923 - DM 7,80

Richard Hittleman
Yoga für totale Fitneß
08/4965 - DM 7,80

Alfred Bierach
Bio-Elektrizität
08/4975 - DM 7,80

Stephan Pálos
Atem und Meditation
08/9003 - DM 7,80

**Richard Hittleman's
Yoga-Meditation**
08/9018 - DM 9,80

Astrologie

Carola Martine
**Die Sinnlichkeit
der Sternzeichen**
01/7166 - DM 7,80

Gerhard Ritter
**Das chinesische
Horoskop**
08/4537 - DM 5,80

Roger Elliot
**Die chinesische
Astrologie**
08/4591 - DM 6,80

Kurt Allgeier
**Chinesisches
Horoskop
selbst erstellen**
08/4635 - DM 5,80

Preisänderungen vorbehalten.

 # HEYNE SACHBUCH

*Die Information
unserer Zeit.
Wissenswert,
aktuell, lesbar.*

01/7263 - DM 19,80

01/7281 - DM 7,80

01/7256 - DM 9,80

01/7282 - DM 16,80

01/7261 - DM 9,80

01/7278 - DM 9,80

01/7268 - DM 16,80

01/7283 - DM 19,80

Heyne Taschenbücher.
Das große Programm von Spannung bis Wissen.

HEYNE
BÜCHER

Jeden Monat erscheinen mehr als 40 neue Titel.